中华译学馆立馆宗旨

以中华为根 译与学并重

弘扬优秀文化 促进中外交流

拓展精神疆域 驱动思想创新

丁酉年冬月许钧撰 罗卫东书

中華譯學館·中华翻译研究文库

许　钧◎总主编

林语堂翻译研究

李　平◎主编

林语堂先生

（1895—1976）

总　序

改革开放前后的一个时期，中国译界学人对翻译的思考大多基于对中国历史上出现的数次翻译高潮的考量与探讨。简言之，主要是对佛学译介、西学东渐与文学译介的主体、活动及结果的探索。

20 世纪 80 年代兴起的文化转向，让我们不断拓宽视野，对影响译介活动的诸要素及翻译之为有了更加深入的认识。考察一国以往翻译之活动，必与该国的文化语境、民族兴亡和社会发展等诸维度相联系。三十多年来，国内译学界对清末民初的西学东渐与"五四"前后的文学译介的研究已取得相当丰硕的成果。但进入 21 世纪以来，随着中国国力的增强，中国的影响力不断扩大，中西古今关系发生了变化，其态势从总体上看，可以说与"五四"前后的情形完全相反：中西古今关系之变化在一定意义上，可以说是根本性的变化。在民族复兴的语境中，新世纪的中西关系，出现了以"中国文化走向世界"诉求中的文化自觉与文化输出为特征的新态势；而古今之变，则在民族复兴的语境中对中华民族的五千年文化传统与精华有了新的认识，完全不同于"五四"前后与"旧世界"和文化传统的彻底决裂与革命。于是，就我们译学界而言，对翻译的思考语境发生了根本性的变化，我们对翻译思考的路径和维度也不可能不发生变化。

变化之一，涉及中西，便是由西学东渐转向中国文化“走出去”，呈东学西传之趋势。变化之二，涉及古今，便是从与“旧世界”的根本决裂转向对中国传统文化、中华民族价值观的重新认识与发扬。这两个根本性的转变给译学界提出了新的大问题：翻译在此转变中应承担怎样的责任？翻译在此转变中如何定位？翻译研究者应持有怎样的翻译观念？以研究“外译中”翻译历史与活动为基础的中国译学研究是否要与时俱进，把目光投向“中译外”的活动？中国文化“走出去”，中国要向世界展示的是什么样的“中国文化”？当中国一改“五四”前后的“革命”与“决裂”态势，将中国传统文化推向世界，在世界各地创建孔子学院、推广中国文化之时，“翻译什么”与“如何翻译”这双重之问也是我们译学界必须思考与回答的。

综观中华文化发展史，翻译发挥了不可忽视的作用，一如季羡林先生所言，“中华文化之所以能永葆青春”，“翻译之为用大矣哉”。翻译的社会价值、文化价值、语言价值、创造价值和历史价值在中国文化的形成与发展中表现尤为突出。从文化角度来考察翻译，我们可以看到，翻译活动在人类历史上一直存在，其形式与内涵在不断丰富，且与社会、经济、文化发展相联系，这种联系不是被动的联系，而是一种互动的关系、一种建构性的力量。因此，从这个意义上来说，翻译是推动世界文化发展的一种重大力量，我们应站在跨文化交流的高度对翻译活动进行思考,以维护文化多样性为目标来考察翻译活动的丰富性、复杂性与创造性。

基于这样的认识,也基于对翻译的重新定位和思考,浙江大学于 2018 年正式设立了“浙江大学中华译学馆”,旨在“传承文化之脉,发挥翻译之用,促进中外交流,拓展思想疆域,驱动思想创新”。中华译学馆的任务主要体现在三个层面:在译的层面,推出包括文学、历史、哲学、社会科学的系列译丛,“译入”与“译出”互动,积极参与国家战略性的出版工程;在学的层面,就翻译活动所涉及的重大问题展开思考与探索,出版系列翻译研究丛书,举办翻译学术会议;在中外文化交流层面,举办具有社会影响力的翻译家论坛,思想家、作家与翻译家对话等,以翻译与文学为核心开展系列活动。正是在这样的发展思路下,我们与浙江大学出版社合作,集合全国译学界的力量,推出具有学术性与开拓性的“中华翻译研究文库”。

积累与创新是学问之道,也将是本文库坚持的发展路径。本文库为开放性文库,不拘形式,以思想性与学术性为其衡量标准。我们对专著和论文(集)的遴选原则主要有四:一是研究的独创性,要有新意和价值,对整体翻译研究或翻译研究的某个领域有深入的思考,有自己的学术洞见;二是研究的系统性,围绕某一研究话题或领域,有强烈的问题意识、合理的研究方法、有说服力的研究结论以及较大的后续研究空间;三是研究的社会性,鼓励密切关注社会现实的选题与研究,如中国文学与文化“走出去”研究、语言服务行业与译者的职业发展研究、中国典籍对外译介与影响研究、翻译教育改革研究等;四是研究的(跨)学科性,鼓励深入系统地探索翻译学领域的任一分支领域,如元翻译理论研究、翻译史研究、翻译批评研究、翻译教学研究、翻译技术研究等,同时鼓励从跨学科视角探索翻译的规律与奥秘。

青年学者是学科发展的希望,我们特别欢迎青年翻译学者向本文库积极投稿,我们将及时遴选有价值的著作予以出版,集中展现青年学者的学术面貌。在青年学者和资深学者的共同支持下,我们有信心把“中华翻译研究文库”打造成翻译研究领域的精品丛书。

许　钧

2018 年春

前　言

自1981年[1]林语堂的著作重新与中国大陆读者见面后，认识他的人越来越多，学界的研究成果也越来越显著。林语堂翻译研究的论文且不用说，专著也有不少，如李平的《译路同行——林语堂的翻译遗产》[2]、褚东伟的《翻译家林语堂》[3]、吴慧坚的《重译林语堂综合研究》[4]、王少娣的《跨文化视角下的林语堂翻译研究》[5]、冯智强的《中国智慧的跨文化传播——林语堂英文著译研究》[6]，然而至今没有一本林语堂翻译研究论文集。十多年前笔者在香港城市大学攻读博士期间，读到《林语堂评说七十年》[7]这本书，发现其中没有收录翻译研究论文，当时就立下宏愿，希望以后有机会填补这一空缺，把林语堂翻译研究的代表作汇集成册，编一本"林语堂

---

① 1981年5月29日宋庆龄逝世，其中一张七人合影纪念照的说明全文是："一九三三年二月十七日，宋庆龄在家里宴请英国文豪萧伯纳等，并合影留念。前排左起：美国记者史沫特莱、中国现代著名教育家蔡元培、中国现代伟大的文学家鲁迅；后排左起：萧伯纳、宋庆龄、美国记者伊罗生、中国现代散文家林语堂。"详情参见：倪墨炎．鲁迅照片出版的曲折历程．档案春秋，2008(6)：4-9.

② 李平．译路同行——林语堂的翻译遗产．北京：中央编译出版社，2014.

③ 褚东伟．翻译家林语堂．上海：上海外语教育出版社，2012.

④ 吴慧坚．重译林语堂综合研究．广州：花城出版社，2012.

⑤ 王少娣．跨文化视角下的林语堂翻译研究．上海：上海外语教育出版社，2011.

⑥ 冯智强．中国智慧的跨文化传播——林语堂英文著译研究．青岛：中国海洋大学出版社，2011.

⑦ 子通．林语堂评说七十年．北京：中国华侨出版社，2003.

翻译研究"论文集。然而,这本论文集的最终出版,却是许钧教授促成的。2019 年 10 月,他应邀来南京农业大学外国语学院座谈,笔者借此机会介绍了专著《林语堂著译互文关系研究》,得到其认可。他同时建议我主编一本论文集,把林语堂翻译研究的优秀论文汇成一册。这与我的想法一拍即合。

本书所选论文有些是作者长期研究的结晶,有些可能是一时灵感爆发而偶然为之。这些论文的选择基于三个原则:新观点、新方法、新材料。全书分为三篇:上篇是林语堂翻译观的研究;中篇是林语堂翻译研究的多维视角;下篇是专题研究。最早探讨林语堂翻译理论的几篇文章,尤其具有历史意义。从变译、互文性、叙事性等理论视角来研究林语堂的著译,至今仍是热点。专题研究包括自译研究、《浮生六记》与《红楼梦》英译研究。林语堂的自译是世界文学中的一种独特现象,对中国文化"走出去"、双语写作和跨文化研究具有重要意义,值得引起研究者的注意。而《浮生六记》的翻译研究,是一座富矿,一直是英语界的研究热门,长盛不衰。至于林语堂对《红楼梦》的英译,虽然因一手材料稀缺而暂时很少有人研究,但这是一座待开发的富矿,一旦《红楼梦》译本公开发行,将成为未来的研究热点。据笔者统计,林语堂中英文著译 65 部,其中汉译英 16 部,英译汉 8 部(含自译)。林语堂研究专家王兆胜曾说:"林语堂研究还处于初级阶段……不要说与鲁迅、老舍、巴金,就是与沈从文、张爱玲、梁实秋甚至与萧红等人相比,林语堂研究也是不能望其项背,这充分反映了林语堂研究在中国现代文学研究中的滞后状态。"[①]这种滞后状态在中国翻译研究中同样存在。

香港大学刘靖之教授在《名家名论名译》代序中指出:"我们要遵循前辈的足迹,重视他们外译中、中译外的经验体会,从中归纳出有启发、有指

① 王兆胜. 林语堂与中国文化. 北京:社会科学文献出版社,2007:358.

导性的规律,加上吸取欧美于我们有益的营养,逐步建立我们自己的翻译理论建构。"①我们研究林语堂的翻译,就是为了挖掘其翻译思想和实践精神,为中国翻译理论和实践提供支持。常言道,成功的道路并不拥挤,因为坚持下来的人并不多。从事林语堂翻译研究的人不少,但是长期坚持下来的却只有屈指可数的几人。笔者主编这本书,就是希望找到更多的同路人,一起研究并传承林语堂的译论、译评和译技。相信这也是诸多作者的期望。因此,本书的编辑出版,得到了诸多作者②的大力支持,笔者内心充满感激。

编完全书,编者觉得还有几个问题需要做一下交代:

一是引文不统一。特别明显的是林语堂《论翻译》的引文,有的引自《林语堂名著全集(第19卷):语言学论丛》,有的引自罗新璋主编的《翻译论集》或刘靖之主编的《翻译论集》,文字上略有出入,本书原则上遵循原文作者所引,不做改动。读者、研究者如果引用该文,最好以1933年林语堂主编的《语言学论丛》为准。

二是译名不统一。林语堂的许多作品用英文出版,其译名也有出入,例如,*My Country and My People* 有《吾国与吾民》《吾国吾民》《中国人》等多个译名,其实林语堂在《〈语堂文集〉序言及校勘记》一文中就明确了 *My Country and My People* 及其他英文作品的译名。*The Wisdom of India and China* 同样一律译为《中国与印度之智慧》。编者在一般情况下均进行了统一,但涉及必须保留其他译名的具体语境,则仍然尊重原文作者。

三是格式体例难以完全统一。一本众多作者的文集,难免存在所选

① 刘靖之. 翻译理论研究的传统与发展(代序)//张经浩,陈可培. 名家名论名译. 上海:复旦大学出版社,2005:序2.

② 所有文章均注明了作者的姓名及出处。少数作者因种种原因(如去世、退休、离开学术圈)未能取得联系。若原作者或出版方对此有任何异议,请与我联系。

文章格式体例不一，有些文章的格式甚至不完全符合当前的学术规范，没有摘要、关键词，文内引文不规范，引文不标明出处，文末参考文献也不规范等现象。对此，编者在编辑过程中，已尽可能予以更正、补充和完善，但格式体例仍可能有不完全统一的现象，敬请谅解。

李　平

2020 年 3 月

目　录

上篇　林语堂翻译理论研究

中篇　多维视角研究

下篇 个案研究:自译、《浮生六记》与《红楼梦》英译

上篇　林语堂翻译理论研究

一篇不该忽视的译论

——从《论翻译》一文看林语堂的翻译思想[①]

陈荣东

林语堂这个往日颇有争议的名字，如今似乎又被人们客观公正地接受了。现在我们承认他是一位杰出的文学家、哲学家、语言学家和幽默大师。他是一位国际知名的学者和作家，作品数量丰厚，影响巨大。他用中英两种文字写作，作品被译成多种文字在各国出版。有趣的是，作为中国读者，我们读到的这位中国作家、学者的许多作品并非是他的原作，而是经由别人翻译而来的"译作"。这些译作包括《京华烟云》《红牡丹》《中国人》等等。尽管林语堂也英译过许多中国文学作品，如沈复的《浮生六记》与一些古诗词，但他并不是以翻译而成名。但是他发表的一些译论无疑具有深刻见解，至今仍有深入探讨、再认识的必要。

一、林语堂翻译思想简介[②]

林语堂，这位以"两脚踏东西文化，一心评宇宙文章"为座右铭的集中西文化之大成者，1895 年出生于福建龙溪县的一个传教士家庭。他早年

---

① 编者注：原文格式不规范，既无摘要、关键词，引文标注也不规范，在文末有参考文献，文内引用却无标注。但是，该文是国内外最早探讨林语堂翻译理论的文章，具有历史意义，因此，这里保留了原文的格式。

② 编者注：原文无小标题，为了保持论文集的一致性，编者根据内容添加了小标题。

求学于厦门寻源书院和上海圣约翰大学，后留学美国哈佛大学获文学硕士学位，在德国莱比锡大学获语言学博士学位。1923 年回国，他先后执教于北京大学、北京师范大学、北京女子师范大学和厦门大学。1936 年起，他客居美国，直至 1966 年到中国台湾定居。1975 年 4 月，被国际笔会维也纳大会第 40 届大会选举为副会长，并于同年被提名为诺贝尔文学奖候选人之一。1976 年他病逝于中国香港。

从以上对林语堂的简介可以看出，他是我国少有的于中西文化、语言、文学皆有高深造诣的大学者。客观上来讲，他完全具备成为一个大翻译家和翻译理论家的条件。这样一个大学者的译论，自然是留给翻译工作者的一笔财富，我们应当予以挖掘整理。

林语堂一生中曾经发表过不少翻译理论方面的文章，然而其中最系统、最有分量的译论当数长篇论文《论翻译》(1933)。这是他为吴曙天编选的《翻译论》一书(1937 年 1 月，光华书局出版)所作的序论(后又收入林氏的《语言学论丛》一书中)。这篇论文很长，共分四个部分。第一部分提出了翻译标准的三个方面，即忠实、通顺和美的原则。第二部分具体论述了忠实标准的方方面面的问题，指出"直译"与"意译"名称不妥，并提出了"字译"与"句译"两个概念。他倡导句译，反对字译，强调"忠实非字字对译之谓"，且"忠实需求传神"。第三部分主要讨论了通顺问题，强调了译者对本国读者之责任，主要从分析行文之心理出发，倡导译者须完全根据中文心理来行文。在文章最后部分即第四部分，作者讨论了美的问题，精辟地指出文章之美不在质而在体，因此译艺术文一定要把作者之风度神韵译出，并就体裁问题发表了自己的见解，即体裁有内外之分，翻译时应当给予充分注意。在文章结尾处，作者引用了克罗齐"翻译即创作"的说法，也表达了自己的态度。

多年来，人们提起林语堂的翻译思想，只是说他提出了翻译的三条标准，即忠实、通顺和美。由于这种提法和信达雅无多少不同，实际上人们对林语堂的译论并未给予充分的注意。

其实，《论翻译》一文的价值并不在于作者提出了翻译的三条标准，而是在于他在阐释这三条标准的说理过程中对于翻译美学涉及的几个重要方面所阐发的精辟见解。这些见解涉及对翻译审美客体(原作)、审美主体(译者)、审美过程(翻译思维和程序)、审美产物(译作)及审美评判原则(翻译批评标准)等几个方面的独到认识,它们散见于文章的各个部分之中,很多论点至今仍很有针对性,对于译论建设有很大的指导借鉴意义。

二、翻译审美客体

首先,我们来看看作者对翻译审美客体的一些论述。

对于作为翻译审美客体的原作,林语堂认为,“艺术文不可译”,他指出:“譬如诗为文学品类中之最纯粹之艺术,最为文字精英所寄托的,而诗乃最不可译的东西。无论古今中外,最好的诗(而尤其是抒情诗)都是不可译的。因为其为文字之精英所寄托,因为作者之思想与作者之文字在最好作品中若有完全天然之融合,故一离其固有文字则不啻失其精神躯壳,此一点之文字精英遂岌岌不能自存。凡艺术文大都如此……绝对忠实之不可能,但是于艺术文特觉显明。”作者的这种见解虽然显得有些悲观,却不过分。我们读文学翻译作品,总觉得不如读原著来得痛快,虽然偶尔也有一些译作让人读了十分开心、引人入胜,但是,这样的译作只存在两种情况。一是译者根本没有做真正意义上的翻译工作,他其实是在译写、编译或者说创作(用克罗齐的话说就是 production, 而非 reproduction),林纾的译作即属此例,读来令人兴趣盎然,尤其是他翻译的狄更斯作品,在幽默风趣上丝毫不逊于原作。但是他的译作经不起与原文的对照研究,编译和发挥的成分都很大,给翻译研究者留下了莫大的遗憾。当然我们也应肯定林译仍有相当价值。此外还存在另一种情况,就是译者十分高明,对于原作的精神风貌把握得十分贴切,加上译者气质与原作者相似,又有相当高的母语水平,译作因而获得了巨大的成功。这方面国内公认的例子有丰子恺的《猎人笔记》与杨必的《名利场》等少数译著。

但是,我们不能不承认在诗歌翻译领域中,尽管有很多才华横溢的译者在孜孜不倦地追求译诗,并已达到相当高的水平,可是我们仍然觉得译出的诗作无法充分传达原诗的美,失掉的总是大于得到的。这种心情也许只能用一句话来表达,那就是"诗不可译,但是还要译"。

针对上面提到的问题,林语堂研究了翻译客体存在的具体情况,给出了令人信服的解释:"其原因则艺术文有二等。一发源于作者之经验思想,一则艺术之美在文字自身(即此经验思想具体表示之方法,事实上两种自难完全分开)……前者较不倚赖作者之本国文字,后者则与本国文字精神固结不能分离,欲译此第二种,几等于万不可能之事。"

对于审美客体(原作)的体裁,林语堂也有深刻精辟的认识,他指出:"体裁有外的有内的(outer form and inner form)。外的体裁问题,就是如句之长短繁简及诗之体格等;内的体裁,就是作者之风度文体,与作者个性直接有关系的,如像理想,写实,幻想,奇想,乐观,悲观,幽默之各种,悲感,轻世等。"有了这个认识,便为译好原作打下了坚实的基础,对指导翻译有极大意义。

三、翻译审美主体

翻译审美主体(译者)在翻译中起决定性的作用,直接对审美客体进行分析加工,经过主体大胆的审美处理,才能创造出审美的最终产物——译作。

审美主体处于翻译活动的中枢地位,林语堂对此有足够的认识,他在《论翻译》一文中对翻译主体应具备的条件和翻译心理(程序)都做了翔实的论述。

对于审美主体的条件,他在论文开头就明确提出,"谈翻译的人首先要觉悟的事件,就是翻译是一种艺术。凡艺术的成功,必赖个人相当之艺才,及其对于该艺术相当之训练。此外别无成功捷径可言"。他进而提出了对译者的三项要求:"第一是译者对于原文文字上及内容上透彻的了解；第二是译者有相当的国文程度，能写清顺畅达的中文；第三是译事上的训练，译者对于翻译标准及手术的问题有相当的见解。”另外，林语堂还提出了译者的三个责任，即译者对原著者的责任、对中国读者的责任、对艺术的责任，并指出，三个责任齐备才具备真正译家的资格。在论及内的体裁的问题时，林语堂对译者又提出了新的要求：“至于所谓内的体裁问题，就全在于译者素来在文学上之经验学识为基础，非文学之教员或指导书所能代为指明。译者必自信其于原文文学上之神趣已全数领会，然后可以着手翻译。若不能如此而苦无良法，则须记得不译亦是一法。”在这里，他对审美主体的文学素质和译德提出的要求是很有见地的。

不过，笔者认为，林语堂在这里漏谈了一个很重要的问题，即审美主体的气质与性格。文学翻译想取得真正的成功，译者最好应与原作者气质性格相近相符。这样一方面利于译者感受原作的“神韵”，即文章的内的体裁；另一方面也有利于译者以同样的文风再现原作的神韵。

至于翻译审美心理(程序)，作者更是做了一番深入的探究。首先，他批驳了直译与意译的提法，认为“这两个名词……不但不能表示译法的程序，并且容易引起人家的误会”。据他的观察，提倡直译导致了“死译”，而提倡意译又往往导致“胡译”，危害不浅。事实上，直译与意译这两种提法也确有不严谨之处。译者对此的理解各不相同导致了很多争论，至今仍然不休。初学者更是难以把握直译与意译的界限，容易陷入迷惘的境地。译论发展到今天，笔者认为，如今再为直译与意译这两个词争论个喋喋不休，也实在令人悲哀。为了平息争论，笔者认为应该允许直译与意译这两个提法继续存在下去，但是要加上一条限制语，那就是“无论采用直译还是意译，都应以最大限度地传达再现原作的信息为原则”。

批驳了直译与意译的提法后，林语堂提出了自己对翻译心理的见解，认为应该提倡句译，反对字译，并细致地研究了译者的心理，作为他的理论观点的基础。他首先分析了认知心理，一针见血地指出：“字译是以字解字及以字译字的方法；其对于字义相信其有可与上下文分开独立之存在，译者须把逐字意义一一译出；把这些零碎独立的字义，堆积起来，便可得全句之意义。”在实践中，我们不能否认，部分译者的心理活动正是如此，因而导致译文生硬奇特、莫名其妙，读来费力而不知所云。因此，林语堂先生提倡句译，因为“句译者所最怕的是把字义看得太板，字义每每因在文中之用法而生变化，或者极难捉摸；译者无字字对译之必要，且字字对译常是不可能之事，所以句译家对于字义是当活的看，是认一句为有结构有组织的东西，是有集中的句义为全句的命脉；一句中的字义是互相连贯互相结合而成一新的‘总意义’，此总意义须由活看字义和字的连贯上得来”。然后，“译者必将原文全句意义详细准确的体会出来，吸收心中，然后将此全句意义依中文语法译出。……行文时须完全根据中文心理”。

在“行文之心理”这一小节中，林语堂先生对于为什么要句译而不能字译才能使译文达到通顺这一点上做了更深一步的阐释。他指出，“我们须觉得此通顺问题与寻常作文之心理必以句为本位，译文若求通顺亦必以句译为本位，寻常作文之心理程序，必是分析的而非组合的，先有总意义而后分裂为一句之各部，非先有零碎之辞字，由此辞字组成一句之总义；译文若求达通顺之目的，亦必以句义为先，字义为后。……凡做文章通顺之人，行文时未下笔之先，必先有一句要说的意思在心里，即所谓总意象(total concept)，心知其所欲言，直至下笔成文之时，然后不得不依习练之语法一字一字写出来，决非先由各字之意义堆积成句，然后明其所欲言之全句意义。若行文顺转，必于笔未下时，文句自现，宛然于耳中预先闻见此字句之声响，若待到处再求辞字，由辞字而后堆成句者，其文必不雅驯”。这些见解，既是作者的经验之谈，也是经过了证明的思维理论，对于做翻译的人非常有指导借鉴意义，很有说服力。然而，我们也不应当躺在前人的成果上睡大觉，一点不知道发展前人的理论。在此应当指出，句译也是有局限性的。实践证明，要想正确地理解并译好原文，也不能孤立地理解、翻译句子，而应把它放在篇章的范围内进行考虑，才能确保不误解原句，避免受歧义句的干扰，避免对某些含义丰富的句子把握不准。也只有这样，才能更好地把握并译出原文的气质神韵来。因为气质虽很难描述，但却可感，而想感知它，必须做到全文在胸。否则，原文虽妙趣横生,译者却只能睁大眼睛看着它在眼边溜过却毫无察觉。

四、翻译审美三标准

翻译的最终目的是为读者奉献译品,那么,译品应该达到什么水平才能算是合格或是优秀呢?为了具体说明译作应当达到的水平,林语堂先生提出了著名的三条翻译审美评判标准,即忠实、通顺和美。

所谓译作要忠实,林语堂指出,忠实的第一义就是忠实非字字对译之谓,应忠实零字所组成的意义,而不是原文的零字。忠实的第二义是不但须求达意,还须以传神为目的。译文须忠实原文之字神句气与言外之意。至于忠实能达到的程度,林语堂客观地指出,“一百分的忠实,只是一种梦想。翻译者能达七八成或八九成之忠实,已为人事上可能之极端”,因为“凡文字有声音之美,有意义之美,有传神之美,有文气文体形式之美,译者或顾其义而忘其神,或得其神而忘其体,决不能把文义文神文气文体及声音之美完全同时译出”。

所谓译作要通顺,林语堂首先强调了译者要在对原著负责的基础上,注意对本国读者负责任,即要说通顺的中国话。接着他强调译者须完全根据中文心理,译文一定要是地道的中国话,而不能太守西洋心理,写出非中国话之中国话,以“欧化”之名自为掩饰。对“欧化”的问题,国内有人过分看重引进西方的表达方式和句法来丰富祖国的语言,在翻译上就表现为不敢越雷池一步,以尊重忠实原文形式为借口,译出的文章“洋”腔十足,唯一的功能就是消灭读者的兴趣。对此,林语堂先生有他高明的见解,他说,“欧化之大部分工作在词汇,若语法乃极不易欧化,而且不能句句皆欧化也”。其实这个道理很简单,就比如我们写英语作文或是做中译英,写出或译出的英文如果“中”化,那么以英语为母语者读了必定大呼难懂,说这是 Chinglish。因为他们根本就不这么说,即使语法正确,也还有个用词太牵强、太离谱或太死板的问题。而且我们也常强调要写或译地道的英文,尽管我们很难做到这一点。我们的目的是交际,是要让对方理解我们,只能这样做。可是对于我们中国自己的读者,有些译者却不顾大家能否接受,只顾一心生产"欧化"的译文,以求丰富祖国语言的表达方式。对于某些译者来说,这其实是给自己翻译才华贫乏的实质找借口开脱,应该受到批评。

对于译文美的标准,林语堂先生首先提出,"理想的翻译家应当将其工作做一种艺术。以爱艺术之心爱它,以对艺术谨慎不苟之心对它,使翻译成为美术之一种(translation as a fine art),且所译原文,每每属于西洋艺术作品,如诗文小说之类,译者不译此等书则已,若译此等书则于达用之外,不可不注意文字之美的问题"。其次,林语堂先生提出的又一项重要论点是:"译艺术文最重要的,就是应以原文之风格与其内容并重。不但须注意其说的什么,并且须注意怎么说法。……一作家有一作家之风度文体,此风度文体乃其文之所以为贵。……故文章之美,不在质而在体。体之问题即艺术之中心问题。"所以,他倡导译文要不仅仅译出原作之质,更要译出其体。至于如何译出"体"的问题,林语堂指出,文章的体有外的体裁与内的体裁,译文如能充分再现这两种体,也就接近了美的标准。他的这些见解很高明,有大学者风范,值得我们认真揣摩领会。

五、结　语

林语堂在20世纪30年代写就的这么一篇翻译论文,其实还有很多方面可以挖掘。大学者的特点便是微言大义,这篇万余字的论文蕴含的信息相当丰厚,本文只是尝试从翻译美学的角度对这篇论文的几个方面做了一些粗浅的分析,遗漏的远远大于得到的。但是人们每每谈起林语堂的译论时,往往只是简单地说他提出了和严复见解相似的翻译三标准,这对他是很不公平的。对于他的译论思想,我们应该尽力加以发掘整理。同时,笔者认为,既然论文写于20世纪30年代,难免存在一些说法不够令人信服之处,对此我们不能对作者过分苛求,而应当批判地加以吸收。这也应当是我们对于一切古今中外译论的态度。

参考书目

[1] 陈福康. 中国译学理论史稿. 上海:上海外语教育出版社,1992.

[2] 林语堂. 中国人. 上海:学林出版社,1994.

[3] 刘宓庆. 现代翻译理论. 南昌:江西教育出版社,1989.

[4] 罗新璋. 翻译论集. 北京:商务印书馆,1984.

[5] 杨自俭. 翻译新论. 武汉:湖北教育出版社,1994.

(陈荣东,解放军外国语学院三系;原载于《中国翻译》1997 年第 4 期)

林语堂的翻译观

周仕宝

内容提要：综观当今翻译界，对林语堂的价值认同尚缺乏足够的深度和力度，他的翻译理论始终以边缘的姿态游离于主流之外。文章试图对林语堂的翻译观做出新的价值认定，认为学贯中西的林语堂是中国译学史上第一个明确提出将现代语言学和心理学作为翻译理论学理剖析基础的学者，他无疑给中国的译学理论提供了全新的视角和现代性的理论基点，从而提升了理论本身的学理品性。

关键词：林语堂，译学，句译法，"字神"

一、引　言[①]

在"五四"以后的中国文坛上，抛弃传统文化的束缚，建构新的价值体系，乃当时进步知识分子们的共识，而西方先进文化的映照，使中国传统文化中守旧的一面更加突兀地呈现出来。因此，为寻找中国的出路，革新陈旧的文化，"五四"的先觉者们自觉担负起了介绍西方文化的责任，翻译遂成为当时的一种热潮，译坛上明星迭出。鲁迅、茅盾、郑振铎、林语堂等人既是文坛创作的生力军，也成为译坛的名家，他们以自己的翻译实绩和

---

① 编者注：文中小标题为编者所加。

理论阐述为中国的翻译事业做出了丰厚的贡献,并推动了我国译学理论的发展。在这些大家中,林语堂以其独特的双语创作与译学理论呈现出与众不同的气质。他以学贯中西的底蕴,"两脚踏东西文化,一心评宇宙文章",既把渊深的中国文化通俗地介绍给世界,也把先进的西方文化传播给中国大众。熟谙中西文化的功底,使林语堂的翻译理论也别具色彩。然而,综观现今的翻译理论界,对林语堂的价值认同尚缺乏足够的深度和力度,他的翻译理论始终以边缘的姿态游离于主流之外。因此,本文试图对林语堂的翻译观做出新的价值认定,意在彰显林语堂翻译观的价值,而不是对其翻译理论做系统的介绍。

二、翻译理论的语言学学理剖析

林语堂是中国译学史上第一个明确提出将现代语言学和心理学作为翻译理论学理剖析基础的学者,并以此为基点建构了他的翻译理论。这一立论与他深厚的语言学造诣密不可分,他最初即是以语言学家的身份现身文坛。在林语堂看来,中国文坛素来讨论翻译问题的文章并不多,仅有的也只是"或泛论译法,或单论译名,都是直接出于经验的话,未尝根据问题上的事实做学理的剖析"[①]。因此,文章的立论往往出于作者的主观想象,内在的理性思辨却被无意地放逐。针对这种译学理论的误区,林语堂提出,翻译的问题"可以说是语言文字及心理的问题",认为倘使我们要于此问题得比较客观的解决,自当以语言文字心理的剖析为立论根基。必先明语言文字及行文心理的事实,然后可以做译者标准应如何、态度应如何的结论,充分肯定和阐述了翻译的现代语言学和心理学基础。林语堂的翻译观是以此为生发点,用现代语言学和心理学的理论主张来推演和阐释翻译问题的。为说明译者在翻译过程中不但要达意而且更要传神

---

① 林语堂. 论翻译//林语堂. 林语堂名著全集(第 19 卷):语言学论丛. 长春:东北师范大学出版社,1994:307.

的问题，林语堂根据现代语言学和心理学的理论做了如下科学的阐释：

> "神气"是什么，就是一字之逻辑意义以外所夹带的情感上之色彩，即一字之暗示力。凡字必有神采（即"传神达意""神"字之义），即西文所谓 Gefühlston，feeling-tone。语言之用处实不只所以表示意象，亦所以互通情感；不但只求一意之明达，亦必求使读者有动于中。[①]

林语堂从学理的角度明确了译文必须忠实于原文的字神句气和言外之意，用语言的暗示力使读者获得一种共鸣，引起幻象，产生身临其境之感。在林语堂看来，如果译文只能达意而不能传神，就不但不能被称为翻译原文，而恰恰是暗杀原文。在林语堂之前，茅盾已明确提出翻译不可失却"神气句调"，即神韵；郭沫若也曾强调翻译必须不失原作的"风韵"。林语堂显然继承了他们的理论主张。可贵的是，林语堂并没有局限于茅盾和郭沫若的理论本身，而是为之做了学理的提升，从语言学和心理学的角度去阐释传神问题，从而丰富了"传神"的翻译主张。

在此基础上，林语堂对当时译坛上风行的直译、意译之争也提出了富有见地的主张。"五四"以来，关于直译和意译的讨论一直是当时译坛的热门话题。鲁迅提出了"按板规逐句，甚而至于逐字译"的"硬译"理论，认为"译得'信而不顺'的至多不过看不懂，想一想也许能懂，译得'顺而不信'的却令人迷误，怎么想也不会懂，如果好像已经懂得，那么你正是入了迷途了"[②]。鲁迅认为曲解原文的译法显然对引进异质文化以改造中国不利。因此，鲁迅在自己的翻译实践中也努力遵循硬译方法，"除了几处不得已的地方，几乎是逐字译"[③]，甚而至于"大抵连语句的前后次序也不甚

---

① 林语堂．论翻译//林语堂．林语堂名著全集（第19卷）：语言学论丛．长春：东北师范大学出版社，1994：314．

② 鲁迅．几条"顺"的翻译//鲁迅．鲁迅全集（第4卷）．北京：人民文学出版社，1981：344．

③ 鲁迅．译了《工人绥惠略夫》之后//鲁迅．鲁迅全集（第10卷）．北京：人民文学出版社，1981：169．

颠倒”[①]。从鲁迅的表述来看，逐字译或者说硬译可能是当时最好的翻译方法之一。这种硬译理论的提出无疑蕴含有鲁迅独特的意图和深切思考，他希望翻译不但能输入新的内容，而且能输入新的表现方法来丰富中国的语言文字。但是，过度拘泥于逐字译必然会造成译文的晦涩、别扭，确切地说就是死译。

梁实秋曾撰文大力批判鲁迅的硬译理论，赵景深也主张翻译宁“顺而不信”。林语堂则更为率直地提出，所谓直译和意译，这种名称的存在本身就是不恰当的，它们不但不能表示译法的程序，而且容易引起误会，以为翻译有两种并行的标准。其实，标准只有一个。林语堂对直译、意译名称的否定，在某种程度上也是对此话题的一次全面返观和总结，表达了自己的言说态度。当然他的界定并非完全正确，直译和意译是客观存在的两种翻译方法，是被中国的译者广泛采用的翻译策略，不能一言否定之。真正成功的翻译应该是这两者融为一体，一面力求不失原意，一面又译文流畅，如朱光潜在《谈翻译》中所说的“理想的翻译是文从字顺的直译”，而不应存在直译与意译的分别。因此，林语堂提出了他的字译与句译说，并进而明确地断言，句译是对的，字译是不对的。因为字义是活的，是与上下文连贯融合在一起的，如果强行拆开，必然会造成断章取义的错误。他认为：

> ……句译家对于字义是当活的看，是认一句为有结构有组织的东西，是有集中的句义为全句的命脉；一句中的字义是互相连贯互相结合而成一新的“总意义”(Gesamtvorstellung)，此总意义须由字的活用和字的连贯上得来。其对于译文方面，是取一种态度，先把原文整句的意义，明白准确的体会，然后依此总意义，据本国语言之语法习惯重新表示出来。若能字字相对固善，若此总意义在本国文不能用同样之辞字表出，就不妨牺牲此零字，而别求相当的，或最近的表

---

① 鲁迅.《出了象牙之塔》后记//鲁迅. 鲁迅全集(第10卷). 北京：人民文学出版社，1981：245.

示方法。倘是一成语，在本国语中果能最准确翻译原义，就是不与原文所用的相同，也不妨用：与其求守原文逐字意义，毋宁求达原文语意。这是字译和句译的区别。①

林语堂从语言学的角度阐释了翻译不能是以字为主体的字译，不能采用以字解字、以字译字的方法，而只能是以句为本位的句译。唯有此，才能使译文真正达到通顺的境地。因为按照通常作文的心理程序，是先有总意义，然后才分裂为句中零散的字辞；译文若想达到通顺的目的，也必须以句义为先，字义为后，即需以句译为本位。因此，译者必须先将原文全句的意义详细准确地体悟出来，吸收到自己的心中，然后再将全句的意义按照中文的语法翻译出来，这才是翻译策略的正确选择。林语堂尤其强调“译者须完全根据中文心理”，因为任何一种语言都有自身的语法、句法和一定的习惯，如果据字直译，必然形成似中国话实非中国话、似通而不通的尴尬文本。为了创作和翻译出真正中国化的作品，林语堂又提出“语录体”之说，即“白话的文言”。他认为：“语录简练可如文言，质朴可如白话，有白话之爽利，无白话之噜苏。”②由于提倡“白话的文言”，很多人误以为他反对白话，其实林语堂提倡语录体，但并不反对白话文。他只是对一些形为白话，实则烦琐枯涩的文字非常反感。《宇宙风》第3期上有一篇林语堂的题为《不知所云》的文章，形象地批评了《自由谈》上署名“梅雨”者的文章，“可以拗断你的廿八根牙齿而吃不到一口东西”。徐訏曾回忆当年与林语堂一起编辑《人间世》时，林语堂对来稿的语言要求非常高，尤其对那种欧化的中文不满意，觉得如果听任这种“洋白话”发展下去，最终会导致一种弱小民族自卑自侮之风。由此可见，他将文学语言的重要性与一个国家的民族风范相提并论。

---

① 林语堂．论翻译//林语堂．林语堂名著全集(第19卷)：语言学论丛．长春：东北师范大学出版社，1994：310．

② 林语堂．语录体举例．论语，1934(40)：750．

三、句译与可译性

林语堂提出的句译法与鲁迅所提倡的“逐字译”以求引进新的表达方式去改造和完善中国的现代语言形成了观念上的对峙，也在某种程度上批评了当时文坛盛行的语言欧化之风，修正了过激的语言行为。毫无疑问，林语堂所提出的句译主张是对前人正确的翻译方法的理论总结，并且已被现今的译学界普遍接受。

林语堂的句译原则从语言文字上阐释了译文的信达要求，但是正如他自己所说，“翻译于用之外，还有美一方面须兼顾的，理想的翻译家应当将其工作做一种艺术。以爱艺术之心爱它，以对艺术谨慎不苟之心对它，使翻译成为美术之一种(translation as a fine art)”①。既然翻译是艺术的一种，那么除达用之外，更应讲究文字之美。由此，林语堂非常明确地提出了翻译本身就是一种艺术、翻译即创作的理论主张，并进一步认为，真正的艺术作品都是不能译的，“因为作者之思想与作者之文字在最好作品中若有完全天然之融合，故一离其固有文字则不啻失其精神躯壳，此一点之文字精英遂岌岌不能自存。凡艺术文大都如此”②。20世纪20年代初，郑振铎在《译文学书的三个问题》中自信地表示，“文学书是绝对的能够翻译的，不惟其所含有的思想能够完全的由原文移到译文里面，就是原文的艺术的美也可以充分的移植于译文中”③。现在，林语堂的“不可译”的观点无疑与郑振铎形成鲜明的对立。郑振铎是在“文学书能够译么”这一问题争论的大背景中来高呼他的主张的，当时盛行的不可译论显然阻碍了西方文化的传播和中国翻译事业的发展，因

---

① 林语堂．论翻译//林语堂．林语堂名著全集(第19卷)：语言学论丛．长春：东北师范大学出版社，1994：318.

② 林语堂．论翻译//林语堂．林语堂名著全集(第19卷)：语言学论丛．长春：东北师范大学出版社，1994：319.

③ 转引自：陈福康．中国译学理论史稿．上海：上海外语教育出版社，2000：223.

此他的观点在当时有一定的实用价值，但急功近利的心态必然造成理论上的偏颇。不可否认，原作中的韵味、用字的精妙、整体的风格等往往是很难移植的。我们可以将卞之琳译的拜伦的《滑铁卢前夜》中的一段与原诗做一番比较：

There was a sound of revelry by night,
夜深深，纵饮狂欢，乐不可支，
And Belgium's capital had gather then
比利时京城从四处集聚了一厅
Her Beauty and her Chivalry, and bright
那么些美貌再加那么些英姿，
The lamps shone o'er fair women and brave men,
华灯把美女英雄照得好鲜明；
A thousand hearts beat happily, and when
千颗心快乐的跳着；然后只一听
Music arose with its voluptuous swell,
荡人心魄的音乐海潮样四涌，
Soft eyes looked love to eyes which spake again,
温柔的眼睛跟眼睛就反复传情，
And all went merry as a marriage bell;
大家都欢欣鼓舞得像结婚打钟；
But hush! hark! A deep sound strikes like a rising knell!
可是听！听啊！什么声音像丧钟的轰隆！①

在此，笔者并不想评论译诗与原作孰优孰劣。卞之琳无疑是富有才情的诗人，"你站在桥上看风景，看风景的人在楼上看你"的名句，早已奠定了他在中国诗坛的地位，也展示了诗人对诗的高度敏感和热情，对诗的

---

① 转引自：孙梁. 英美名诗一百首. 北京：中国对外翻译出版公司，1987：170-171. 原文作者弄错了题目，误认为是《恰尔德·哈洛德漫游记》。

思维、诗的情绪、诗的韵律的执着追求。但是，当我们认真地诵读原诗和译作的时候，会深切地感受到，原文语言所形成的那种韵律和韵味、节奏和音色的美，在译诗中已基本失却。这不能归咎于卞之琳。汉语和英语这两种语言本身从读音、语法到意义都存在极大的差异，语言的变更必然造成语言韵律感的流失，而诗是如此讲究内在的情绪和韵味，随着它们在不经意间无奈地失去，原作中的精神气韵必然受到影响。虽然自觉地意识到诗歌翻译的不可为，但不同民族、国家之间的语言差异性所形成的接受障碍与相互交流文化的迫切愿望，使得语言互译成为唯一的选择。林语堂就曾译过苏轼和李清照的词，还把黛玉的《葬花词》翻译成英文。

由于清醒地知道不同语言之间的差异性，林语堂在翻译时非常注重不同语言所形成的意境的转换。他译李清照的“寻寻觅觅，冷冷清清，凄凄惨惨戚戚”十四个字时，真是费尽思量，因为他深知这首词全阕的意思，就在于梧桐更兼细雨那种“怎生得黑”的意境，如何用英语表达出这种意境？最后，他采用双声方法，译成 so dim, so dark, so dense, so dull, so damp, so dank, so dead 十四词，而最后 dead 一词分量最重，确实表现出中文词中那种黄昏细雨无可奈何孤单寂寥的情怀。在中国历代诗人中，林语堂最心仪钦佩的就是苏东坡，而他自认为翻译最得意也是最爱的，是将苏东坡在惠州时悼爱妾朝云所作的《梅花》译成英文，如下：

玉骨那愁瘴雾，
冰姿自有仙风。
海仙时遣探芳丛，
倒挂绿毛幺凤。
素面翻嫌粉涴，
洗妆不褪唇红。
高情已逐晓云空，
不与梨花同梦。

Bones of jade, flesh of snow,
May thy ethereal spirit stand unafraid,
Though the dark mist and the swamp wind blow.
May the sea sprites attend thee,
The paroquets and cockatoos befriend thee,
Thy white face doth powder spurn;
Vermilion must yet from thy lips learn.
Flesh of snow, bones of jade,
Dream thy dreams, peerless on,
Not for this world thou art made.

这首词的末两句“高情已逐晓云空,不与梨花同梦”是全阕的意眼所在,林语堂对它们的处理是用字虽与原文字面完全不同,但与诗人细腻缠绵的寄寓之情则一致。

林语堂的翻译实践正是对翻译需要性的积极认同,是知其不可为而为之。他强调翻译文学作品“应以原文之风格与其内容并重”,因为“一作家有一作家之风度文体,此风度文体乃其文之所以为贵”,因此“凡译艺术文的人,必先把其所译作者之风度神韵预先认出,于译时复极力发挥,才是尽译艺术文之义务”①。这从一个角度阐释了使译文保有欣赏价值的翻译策略,肯定了风格的独特地位。

四、结　语

综观林语堂的翻译理论,我们没有理由再对之疏忽轻视。他从现代语言学和心理学的角度阐释翻译问题,无疑给中国的译学理论提供了全新的视角和现代性的理论基点,从而提升了理论本身的学理品性。至于

---

① 林语堂. 论翻译//林语堂. 林语堂名著全集(第 19 卷):语言学论丛. 长春:东北师范大学出版社,1994:319-320.

对直译和意译、字译和句译、艺术文能否译等译学基本问题的细致讨论和清晰表达，更是林语堂贯通中西文化和文字基础上的科学结论。他的句译观、翻译即创作说，虽然无法抹去前人的影响，但继承上的发展明晰可见，也正是这些发展，彰显出林语堂独特的价值贡献。因此，对林语堂的翻译理论做出正确的价值认定和学理评价就显现出一种必要性，这也是科学品评历史人物、促进中国译学理论发展的迫切需要。

（周仕宝，浙江绍兴文理学院外国语学院；原载于《外语学刊》2004 年第 2 期）

论林语堂基于总意义的分析翻译法

褚东伟

内容提要：林语堂在《论翻译》一文中强调，一个句子有其总意义，翻译时要采用分析的方法。通过林氏自己的翻译实例，我们可以透彻地了解这种分析翻译法。林氏有关论述的意义首先在于译员发展和翻译培训方面；另外，他也为翻译本体的研究提供了一种新的思路，把人们从“直译”和“意译”的二元论和“信”“达”“雅”的三元论中解放出来，拓宽了译界人士的视野。

关键词：林语堂，意义，分析法，翻译

作为翻译家的林语堂近年来越来越被学界关注，人们研究他的翻译作品，也研究他的译学思想。在他的翻译论述中，1935 年撰写的万言长文《论翻译》尤为研究者注目。文中提出的基于总意义的分析翻译方法深得翻译之精髓，本文结合林氏译作对该方法进行阐述和意义评价。

一、有关论述及理论基础

林语堂主张以句子为本位进行翻译，反对逐字翻译，在主张句译的同时，提出了分析翻译的方法并对之进行了详细的论述，他说：“字译是以字解字及以字译字的方法；其对于字义相信其有可与上下文分开独立之存在，译者须把逐字意义一一译出；把这些零碎独立的字义，堆积起来，便可得全句之意义。句译与此正相反：句译者所最怕的是把字义看得太板，字

义每每因在文中之用法而生变化，或者极难捉摸；译者无字字对译之必要，且字字对译常是不可能之事。所以句译家对于字义是当活的看，是认一句为有结构有组织的东西，是有集中的句义为全句的命脉；一句中的字义是互相连贯互相结合而成一新的'总意义'(gesamtvortellung)，此总意义须由字的活用和字的连贯上得来。其对于译文方面，是取一种态度，先把原文整句的意义，明白准确的体会，然后依此总意义，据本国语言之语法习惯重新表示出来。若能字字相对固善，若此总意义在本国文不能用同样之辞字表出，就不妨牺牲此零字，而别求相当的，或最近的表示方法。倘是一成语，在本国语中果能最准确翻译原义，就是不与原文所用的相同，也不妨用：与其求守原文逐字意义，毋宁求达原文之语意。这是字译与句译的区别。"①

从语言学的角度来看，什么是句子的总意义呢？"句子是由一组单词构成的完整单位，通常有一个主语和一个谓语，表示陈述、提问、感叹或命令，有一个主句，有时也有一个或多个分句。"②Encarta 百科全书对句子的解释是："具有意义的语言单位：表达一个完整思想、感情或想法的一组单词或一个单词，通常具有或明或暗的主语和一个包含限定动词的谓语。"③由此可见，所谓句子的总意义，就是句子最高层次上的"完整思想(a complete thought)"或一个完整的信息单位(a complete piece of information)，而这一完整思想，就是现代语言哲学和语义学所谓的命题(proposition)。句子的意义就是句子表达的一个或多个命题。命题被认为是句子意义的基本要素，是过滤掉句子的一些语法信息之后抽象出来

---

① 林语堂. 论翻译//林语堂. 林语堂名著全集(第 19 卷)：语言学论丛. 长春：东北师范大学出版社，1994：309-310.

② Pearsall, J. *New Oxford English Dictionary*. Shanghai: Shanghai Foreign Language Education Press, 2001: 1694.

③ Encarta Encyclopedia Online. http://encarta.msn.com/dictionary_1861717879/sentence.html.

的东西,是对某些情况的陈述[1]。表示陈述、提问、感叹或命令的句子中都有基本的命题存在,所以我们分析句子的总意义,就是从分析句子最高层次上的命题开始,找出一个句子的各种命题和它们的构成要素以及命题之间的关系。

林语堂的分析翻译法一方面继承和发展了严复的信达雅,另一方面我们也能从中找到西方译论的影子。在西方翻译史上,有一种介于字译和自由译中间的传统翻译策略——释义翻译法。其源头是耶柔米(Jerome)的意义翻译法(sense-for-sense),到德莱顿(Dryden)时,这位翻译家便明确地提出了区别于字译(metaphrase)和仿作(imitation)的释义翻译法(paraphrase)[2]。林语堂在后来的英文译介作品《孔子的智慧》的引言中说该书的英译的方法是 paraphrase,而且这种方法是最好的翻译方法[3]! 这说明林语堂对西方的译论是有研究的,他的分析翻译法可以有不同的表述形式。我们无法知道林语堂当时是否看过耶柔米和德莱顿的译论,但是《论翻译》提到了克罗齐(Croce)的"凡真正的艺术作品都是不能译的",也提到了"Schlegele 之译莎士比亚,Fitzgerald 之译 Sophocles, Omar Khayyam, Morris 之译 Volsunnga,Carlyle 之译 Wihelm Meister 等"[4],进一步印证了他曾对海外译学有所关注。可见,他用浅近的话语阐述的分析翻译的方法有着深厚的中西译学基础。

---

① Saeed, J. I. *Semantics*. Beijing: Foreign Language Education and Research Press, 2000: 15.

② Baker, M. *Routledge Encyclopedia of Translation Studies*. Shanghai: Shanghai Foreign Language Education Press, 2004: 166-167.

③ Lin, Y. T. *The Wisdom of Confucius*. New York: Random House, 1938: 48-52.

④ 林语堂. 论翻译//林语堂. 林语堂名著全集(第 19 卷):语言学论丛. 长春:东北师范大学出版社,1994:319.

二、分析法操作:总意义的再现

下面我们根据林语堂英译的《浮生六记》片段①,看看他本人是怎样通过分析的方法再现总意义的:

> 余生乾隆癸未冬十一月二十有二日,正值太平盛世,且在衣冠之家,居苏州沧浪亭畔,天之厚我可谓至矣。东坡云:"事如春梦了无痕",苟不记之笔墨,未免有辜彼苍之厚。
>
> I was born in 1763, under the reign of Ch'ienlung, on the twenty-second day of the eleventh moon. The country was then in the hey-day of peace and, moreover, I was born in a scholars' family, living by the side of the Ts'anglang Pavilion in Soochow. So altogether I may say the gods have been unusually kind to me. Su Tungpo said, "life is like a spring dream which vanishes without a trace." I should be ungrateful to the gods if I did not try to put my life down on record.

如果所有的句子都像"天厚我"这么简单,翻译的问题也就没有那么复杂。实际上基本句子成分是可以扩展的,一级一级扩展下去就构成了一个意义层级结构(hierarchy)。所谓分析句子的意义就是从高到低揭示各层意义的过程。

"天之厚我可谓至矣"包括两个命题,一个是"X 可谓至矣",另一个就是嵌入主语部分的 X,即"天厚我"。"事如春梦了无痕"包括两个命题,一个是主命题"事如春梦",另一个是嵌入补语部分的命题"春梦了无痕"。"苟不记之笔墨,未免有辜彼苍之厚"是一对条件关系的主从句,"苟不记之笔墨"为从,"未免有辜彼苍之厚"为主,用逻辑式表达就是:If not-p

① 沈复. 浮生六记. 林语堂,译. 北京:外语教育与研究出版社,1999:3-4.

then q. 其中 p 是条件中所含的命题,not-p 是对该命题的否定,q 是主句中的命题。再进一步分析,“彼苍之厚”还是一个嵌入的命题“苍厚我”,自身是一个完整的“思想”(thought),也就是前面的“天厚我”。翻译的时候就是要这样从高到低地分析出句子总意义的构成部分,然后根据译入语的特点把它们重组,从而再现句子的总意义。“天之厚我可谓至矣”,林语堂译为:So altogether I may say the gods have been unusually kind to me. 把“天厚我”这一命题突显出来,而把原来的主要命题“X 可谓至矣”隐含起来。原文的语法与字词已经不重要。“事如春梦了无痕”,林语堂译为:life is like a spring dream which vanishes without a trace. 把两个命题都翻译了出来,其中第二个命题嵌入到了春梦的定语之中,同时原文字词已经不重要,“事”不一定用“life”,比方说 things in this world 也不应该有什么问题,“了无痕”也不一定非用 vanishes without a trace 不可。“苟不记之笔墨,未免有辜彼苍之厚”,林语堂译为:I should be ungrateful to the gods if I did not try to put my life down on record. 译出条件和结果,至于条件和结果的放置顺序,则根据英文的行文习惯进行颠倒,对于“笔墨”之措辞,用 on record 可以,用 in writing,with my pen,in ink 之类也未尝不可,“彼苍之厚”在前文已经提到,省略无可厚非。

当然,上面所述的以命题为核心的句义分析是基于对句子的常规意义(conventional meaning)的分析,这种工作是分析翻译的主体工作,但翻译工作中的意义分析比这要复杂得多。现代语言学认为,句子的意义有多种,包括音韵意义(prosodic meaning)、语法意义(grammatical meaning)、语用意义(pragmatic meaning)、社会意义(social meaning)和命题意义(propositional meaning)①,所以在分析句子的意义的时候,也要兼顾命题意义之外的其他方面的意义。

句子层面的意义解决了之后,下一步分析的层面便落实到作为句子

① Crystal, D. *The Cambridge Encyclopedia of Language*. 2nd ed. Beijing: Foreign language and Research Press, 2000: 107.

总意义构成部分的短语和字词。林语堂并不排斥字字对译，如果有现成的对应词语当然最佳，“十一月二十有二日”就是 the twenty-second day of the eleventh moon，“苏州沧浪亭畔”就是 by the side of the Ts'anglang Pavilion in Soochow，这里变通的空间很小，但是“太平盛世”“天之厚我”“事如春梦”“了无痕”“记之笔墨”等都不是非一种说法不可，译者不能不以意义为中心从候选词语中确定他认为是最合适的一个。当然这中间有个各种词语的协调问题，当你确定用 life 表示“事”，你会更可能使用“Life is like a spring dream...”，而当你用了 things in this world，你会更可能用“Things in this world are like spring dreams...”，所以，在再现句子总意义的过程中，从一定意义上讲，具体的字词可以是重要的，但也可以是不重要的。

三、分析法翻译的意义

林语堂的基于总意义的分析翻译法，具有深刻的理论基础，但其在《论翻译》中的表述是通俗的。《论翻译》本来就是大师说给初学翻译者的话，至今仍可以作为翻译学习的快速入门教材，所以，其意义首先在于译员自身的发展和翻译培训方面。

林氏分析翻译法另外一方面的意义在于它对翻译本体(translation proper)的研究提供了一种新的思路，把人们从“直译”和“意译”的二元论和“信”“达”“雅”的三元论中解放出来，拓宽了译界人士的视野。

另外，林语堂的分析法虽然是在论述以句子为本位时提出的，但它适用于翻译操作的各个层面，上至篇章，下至字词，甚至字词的意义都可以通过成分分析(componential analysis)来进行。它的提出对翻译实践具有全面的指导意义。

（诸东伟，广东外语外贸大学高级翻译学院；原载于《肇庆学院学报》2005 年第 4 期）

语言哲学视阈下林语堂翻译思想的多维解读

冯智强

内容提要：林语堂的翻译思想在中国翻译史上具有独特的历史地位。本文从语言哲学的高度追根溯源，解读了林语堂翻译艺术论的美学根源、翻译标准的语言学基础以及“美译”理论的多重背景，探讨了林语堂的翻译观与其语言观、文化观、创作观、美学观以及文艺观之间的互动关系。

关键词：林语堂，翻译思想，语言哲学

一、引　言

“两脚踏东西文化，一心评宇宙文章”的林语堂是蜚声中外的翻译家和语言学家，其创作和翻译得到了中外读者的广泛认同与好评。更为难得的是，林语堂还为我们留下了宝贵的翻译理论资源。作为中国翻译史上第一个提倡“美译”的翻译家，林语堂首次探讨了翻译的美学思想，并提出了忠实、通顺和美的翻译标准。林语堂是中国翻译史上最明确地以现代语言学和心理学为基础全面探讨翻译的性质、标准、方法以及翻译心理等问题的第一人。林语堂的翻译思想“不仅奠定了我国翻译理论的基础，还启发了后来的翻译工作者。20 世纪五六十年代的翻译理论基本上没有

超出严复和林语堂这两位大师所讨论过的范畴,所异者只是表达方式而已"①。但长期以来,对于林语堂的翻译思想同时也存在着许多误解和误读。本文将从语言哲学的高度追根溯源,探讨林语堂的翻译观与他的语言观、文化观、创作观、美学观以及文艺观之间的互动关系,以期从本源上解读林语堂的翻译思想。

二、翻译本质的美学探源

林语堂的翻译思想主要集中体现在《论翻译》一文中。在该文中,林语堂首先阐明了他对翻译本质的认识,即"翻译是一种艺术"。这种翻译艺术论与他对中国文化的理解有着密切的关联。林语堂一向反对西方科学主义的泛滥和逻辑主义的极端,深信"中国文化的精神就是人文主义的精神",这种文化观也充分体现在其翻译理论与实践中。林语堂认为,翻译艺术得以实现所依赖的条件"第一是译者对于原文文字上及内容上透彻的了解;第二是译者有相当的国文程度,能写清顺畅达的中文;第三是译事上的训练,译者对于翻译标准及手术的问题有正当的见解"②。基于以上对翻译本质及条件的认识,林语堂进而提出了"翻译即创作"的论断。

以往的研究者大多忽略了林语堂这种翻译艺术观和翻译创作论的理论基础及两者之间的互动关系。正如刘宓庆所言:"翻译理论与文艺美学的结合,正是我国翻译理论的基本特征。"③实际上,林语堂的这种观念是受到西方的表现主义美学理论和中国的传统美学的双重影响,尤其是前者。林语堂曾选译过克罗齐的《美学:表现的科学》,深得其精髓,深受其"艺术即表现即直觉"的影响,并演绎出"表现即艺术"的结论。在林语堂看来,现实生活中任何心灵的表现都是艺术活动,人人都是艺术家,时时

---

① 刘靖之. 重神似不重形似//罗新璋. 翻译论集. 北京:商务印书馆,1984:856.

② 林语堂. 论翻译//罗新璋. 翻译论集. 北京:商务印书馆,1984:417.

③ 刘宓庆. 新编当代翻译理论. 北京:对外翻译出版公司,2005:217.

刻刻都在创造艺术，这种艺术也就是与维特根斯坦所谓的生活形式最贴近的艺术。而翻译作为一种具有极强的主观性和不确定性的创造性活动当然也不例外。林语堂一向主张要“把翻译自身事业也当作一种艺术”，就是秉承了克罗齐所谓的“翻译即创作，not reproduction but production之义”，同时也源于老子关于“信”的基本美学思想。另一方面，林语堂也赞同克罗齐“真正的艺术作品都是不能译的”说法，“因为作者之思想与作者之文字在最好作品中若有完全天然之融合，故一离其固有文字则不啻失其精神躯壳，此一点之文字精英遂岌岌不能自存”[①]。他清楚地认识到，所谓的翻译标准“实不过做一种普通方针之指导而已”[②]，在具体的翻译实践中并无成规。这显然是由艺术本身的特性决定的。林语堂认为，这就是翻译中的“个人自由之地”，翻译之所以可称为艺术，正是基于此种意义，也就是说，翻译中的这种弹性和多变性决定了翻译的艺术特质。

学界历来有翻译是科学还是艺术之争，从语言哲学的角度看，这种对立根本不是同一层面上的问题。正如语言哲学家卡西尔所言：“艺术和科学是在完全不同的平面上行进的，所以它们不可能彼此相矛盾或相反对。科学的概念解释并不排斥艺术的直观解释。每一方都有自己的观察角度，并且可以说都有自己的折射角度。”[③]翻译活动有两个层面：一是语言转换活动本身，二是对这一转换过程的研究。前者兼具科学性和艺术性，而对后者的研究可以使其成为一门科学，即翻译学或称为翻译研究(translation studies)。因此，林语堂认为“翻译是一种艺术”显然是就语言转换活动本身的创造性而言，对于像汉语这样偏重感性和审美的语言来说更是如此。同时，林语堂并不排斥翻译的科学性，他对翻译心理等的研究便是明证。所有这一切都显示出林语堂对翻译活动的准确理解和把握。

---

① 林语堂．论翻译//罗新璋．翻译论集．北京：商务印书馆，1984：430．

② 林语堂．论翻译//罗新璋．翻译论集．北京：商务印书馆，1984：432．

③ 卡西尔．人论．甘阳，译．上海：上海译文出版社，2004：235．

三、翻译标准的语言学考量

翻译归根到底是一种语言活动。不管人们给翻译下过多少种定义，“翻译始终是关于语言的翻译”，翻译研究也必然以语言问题为核心。以怎样的语言观看待翻译中的语言问题是不可回避的，因为“不同的语言观会带来不同范式的翻译研究”①。翻译理论的发展无不与语言学研究的成果有着密切的关系。可以说，每一种译论的出现背后都深藏着某种语言学思想。对此林语堂更是有着深刻的认识：“其实翻译上的问题，仍不外乎译者的心理及所译的文字的两样关系，所以翻译的问题，就可以说是语言文字及心理的问题。”②基于此，林语堂提出了翻译的三条标准：忠实、通顺和美。这三条标准分别体现了译者对原文和原作者、译文和译文读者，以及艺术本身的责任，是林语堂翻译思想中最重要的组成部分。

1. 忠实标准与“字神”论及“以意念为中心”语言观

对于译者第一责任的忠实标准，林语堂认为最重要的是对忠实应如何解释的问题。根据对忠实理解的程度不同，林语堂认为通常有直译、死译、意译、胡译四种现象，其中死译、胡译分别是直译、意译的极端，而直译和意译这两种提法本身也存在着问题和流弊。如何才能做到忠实呢？林语堂逐一阐明了“忠实非字字对译之谓”“忠实须求传神”以及“绝对忠实之不可能”三要义的道理。实际上，林语堂提出的忠实三要义说的是同一问题的几个不同方面，而其根源首先是他的字义观以及在此基础上提出的独具特色的“字神”论。“‘字神’是什么？就是一字之逻辑意义以外所夹带的情感上之色彩，即一字之暗示力。凡字必有神(即‘传神达意’‘神’字之义)，即语言学所谓 Gefühlston(依 Sapir 在英文作‘feeling-tone’)。语言之用处实不只所以表示意象，亦所以互通情感；不但只求一意义之明

---

① 吕俊. 建构翻译学的语言学基础. 外语学刊，2004(1)：99.

② 林语堂. 论翻译//罗新璋. 翻译论集. 北京：商务印书馆，1984：419.

达，亦必求使读者有动于中。诗与散文之别，则诗人能运用语言文字之直接的传感力，使于意义之外，读者能得一种暗示，受一种冲动。"①

由此可见，林语堂的"字神"论建立在对字句的深刻理解之上，并且超越了字句的表层意义，其最终目的是为了传神。"字义是活的，随时随地随用法而变化的，一个字有几个用法，就有几个不同意义。其所以生此变化，就是因为其与上下文连贯融合的缘故。"因此，"句译家对于字义是当活的看，是认一句为有结构有组织的东西，是有集中的句义为全句的命脉；一句中的字义是互相连贯互相结合而成一新的'总意义'(Gesamtvorstellung)，此总意义须由字的活用和字的连贯上得来"②。林语堂显然是受了美国语言学家萨丕尔文化人类学的语言观及德国语言哲学家洪堡特语言世界观和句子观的影响。萨丕尔在论述语言与情感的关系时说："绝大多数的词，像意识的差不多所有成分一样，都附带着一种情调(feeling-tone)，一种由愉快或痛苦化生的东西，通常是温和的(然而是实在的)，也有时突然变得强烈。"③"一个命题，不管它的内容多么抽象，都要跟具体感觉世界在某点或某些点上联结起来，否则是人所做不到的。"④而洪堡特的语言世界观则认为："每一种语言里都包含着一种独特的世界观。"⑤也就是说，语言本身就负载着人类丰富的情感，因而"凡字必有神"。"每一种陈述，哪怕是不那么完整的陈述，从讲话者的角度看都构成一个完整的思想，因此可以说，讲话者的出发点始终是句子。"⑥洪堡特的句子观则进一步揭示了其与林语堂句译观之间的暗合关系。同时，林语堂的"字神"并不意味着他对语言采取原子主义的态度，而恰恰相反，他明确反

---

① 林语堂．论翻译//罗新璋．翻译论集．北京：商务印书馆，1984：425-426.

② 林语堂．论翻译//罗新璋．翻译论集．北京：商务印书馆，1984：422-423.

③ 萨丕尔．语言论．陆卓元，译．北京：商务印书馆，1985：35.

④ 萨丕尔．语言论．陆卓元，译．北京：商务印书馆，1985：82.

⑤ 洪堡特．论人类语言结构的差异及其对人类精神发展的影响．北京：商务印书馆，1999：45.

⑥ 洪堡特．论人类语言结构的差异及其对人类精神发展的影响．北京：商务印书馆，1999：170.

对字译与欧化，而大力提倡句译，认为“译者所应忠实的，不是原文的零字，乃零字所组者的语意”①。由此可见，“字神”论的语言基础来源于语言的生命意识，这与以往单纯的语言工具观大不相同。正如庞秀成所言：“‘字神’超越意义之外，不等于意义或包含于意义，它是主客观的统一。”②

林语堂之所以提倡“以句为主体”的句子层面上的忠实而反对“字字对译”，除“字神”论以外，还源于他“以意念为中心”的语言观。他一贯认为，语言是意念的载体和表达意念的工具，人们说话时先有意念，明确了说什么，再选用表达意念的方式，决定怎么说。从这种对语言的认识出发，林语堂提出，语言的第一要义是达意，而不是一字一词间的纠缠，应注重意念的整体表达，这是建立在字译基础上的格式塔式的整体翻译。因此，林语堂反复强调：“译者所应忠实的，不是原文的零字，乃零字所组者的语意。”③也唯有如此，才能达到林语堂提出的忠实的第二要义——传神。

“字神”论直接导致了所谓的忠实只能是相对的，绝对的忠实是不可能的，这是林语堂忠实论的第三要义。这种见解源自他对各国语言语性清醒的认识，译者“尽量依本国语之语性，寻最相当之译句表示出来，务必使原文意义大体上满意的准确的移译出来”④。这实际上是对忠实悖论的超越。这种忠实相对论同时也受到了其节译的克罗齐“论表现之相仿佛”一节的影响。“自然艺术作品有相类似之处，正犹如个人与个人也有类似之点……这些不过是常人所谓同一家人相貌的相似，所以互相仿佛”⑤。因为有这些类似之点，所以翻译是相对可能的。这种论断类似于维特根斯坦提出的家族相似性，即“各种语言游戏仿佛是一个家族的成员，它们

① 林语堂．论翻译//罗新璋．翻译论集．北京：商务印书馆，1984：425．

② 庞秀成．翻译的文化视角与辩证思维．长春：吉林大学出版社，2008：264．

③ 林语堂．论翻译//罗新璋．翻译论集．北京：商务印书馆，1984：425．

④ 林语堂．论翻译//罗新璋．翻译论集．北京：商务印书馆，1984：427．

⑤ 克罗齐．论翻译之相仿佛//林语堂．林语堂名著全集(第27卷)：女子与知识　易卜生评传　卖花女　新的文评．长春：东北师范大学出版社，1994：234．

之间有许多相似之处,但没有任何一个完全相同的共同点"①。这昭示出忠实标准的相对性。

2. 通顺标准与创作观及语性论

对于通顺标准而言,林语堂认为同样也是忠实的问题。"忠实非说不通中国话之谓",这是对读者负责任的问题。而要做到通顺,必须研究"行文的心理",第一,"须以句为本位";第二,"须完全根据中文心理"。林语堂对于翻译中通顺问题的认识与其创作观是高度一致的。"我们须觉得此通顺问题与寻常作文之通顺问题无甚差别,且其行文之心理亦必根本相同。寻常作文之心理必以句为本位,译文若求通顺亦必以句译为本位,寻常作文之心理程序,必是分析的而非组合的,先有总意义而后分为一句之各部,非先有零碎之辞字,由此辞字而后组成一句之总意义",由此得出"译文若求达通顺的目的,亦必以句义为先,字义为后"②的论断。这些观点又与林语堂"以意念为中心"语言观相关联。"凡做文章通顺之人,行文时于未下笔之先,必先有一句要说的意思在心里,即所谓总意象(total concept),心知其所欲言,直至下笔成文之时,然后不得不依习练之语法一字一字写出来,决非先由各字之意义堆积成句,然后明其所欲言之全句意义。故行文者,必于笔未下时,文句自现……"③"总意象之分析"就是他所谓的"寻常行文之心理"。

为了实现通顺的标准,作为中国翻译史上最明确地将现代语言学和心理学作为翻译立论基础的第一人,林语堂十分重视创作与翻译中的行文心理和中文心理(即译入语心理)。正如他所言,"讨论翻译须研究其文字及心理的问题","翻译的问题,就可以说是语言文字及心理的问题。倘是我们要于此问题得比较客观的解决,自当以语言文字心理的剖析为立论根基。必先明语言文字及行文心理的事实,然后可以做译者标准应如

① 维特根斯坦. 哲学研究. 陈嘉映,译. 上海:上海人民出版社,2001:49.
② 林语堂. 论翻译//罗新璋. 翻译论集. 北京:商务印书馆,1984:428.
③ 林语堂. 论翻译//罗新璋. 翻译论集. 北京:商务印书馆,1984:428.

何、态度应如何的结论”[1]。因此,他极力反对白话文运动过程中有些人提出的语体欧化的主张。早在《旧文法之推翻与新文法之建造》中,林语堂就批评了《马氏文通》削足适履,将中国古文配入英文文法格律里的做法,并受到叶斯柏森等人的语法哲学思想启发,提出文法研究应该“专在活动的语言中,作精细的观察,体会其变通,而于说者的心理,求其所以如此说法之故”[2],并发前人之所未发,再次提出语言研究应当从人的心理出发去研究其表现形式。只有这样才能实现他一向主张的“清顺自然”的行文风格。

同时,林语堂对通顺问题的认识也与他的语性论密切相关。“一语言有一语言的语性,语法句法如何,皆须跟从一定之习惯。……凡与此习惯相反者即所谓‘不通’”,“译文太牢守西洋心理者”,则必有太多的“非中国话”而过分欧化,若使译文通顺,务必要使其经过“国化”的过程[3]。在《论“他、她、它”及“他(她、它)们”的怪物》中,他再次阐明了自己的看法:“所有各国的文法皆是由习惯所结成,即‘约定俗成’而已,条理不一定说得通。凡是约定俗成的都可称为‘通顺’,也可称为合于‘文法’。这是文法之正当看法。”[4]可见对语性的了解和深入研究对行文通顺的重要性。

林语堂彻底否定了字译和胡译,同时也摆脱了直译和意译的桎梏。从达意到传神,在充分尊重原著者和本国读者的基础上,以译语文化的阅读习惯为标准,以译语的行文规范为准绳,直达美的境地——声音之美、意义之美、传神之美、文气文体形式之美。也就是说,忠实标准、通顺标准的最终目标都是为了达到美的标准。简言之,林语堂的翻译标准实质上就是美的标准。以句译为形式基础,内容上以达意、传情、求美为旨归,林

---

① 林语堂. 论翻译//罗新璋. 翻译论集. 北京:商务印书馆,1984:419.

② 林语堂. 旧文法之推翻与新文法之建造//林语堂. 林语堂名著全集(第13卷):剪拂集 大荒集. 长春:东北师范大学出版社,1994:227-228.

③ 林语堂. 论翻译//罗新璋. 翻译论集. 北京:商务印书馆,1984:429.

④ 林语堂. 论“他、她、它”及“他(她、它)们”的怪物//林语堂. 林语堂名著全集(第16卷):无所不谈合集. 长春:东北师范大学出版社,1994:216.

语堂最终提出了他的翻译理想——“美译”理论。

四、“美译”理论的多维透析

翻译作为一种艺术，林语堂认为必然还有更重要的问题需要考究，即美的问题。“翻译于用之外，还有美一方面须兼顾的”。相对于雅而言，美有着更丰富的内涵。依林语堂看来，翻译，特别是文学翻译，最重要的问题“就是应以原文之风格与其内容并重。不但须注意其说的什么，并且须注意怎么说法”，且“一作家有一作家之风度文体，此风度文体乃其文之所以为贵”，所以，“凡译艺术文的人，必先把其所译作者之风度神韵预先认出，于译时复极力发挥，才是尽译艺术文之义务”①。

首先，强调风格与内容的并重，主要源于林语堂关于内外体裁的和谐观，是林语堂由内到外的语法观的延续。他一向认为，“语法是表现的科学，一切的语法形式和结构只是表达意念的手段”②，并在《开明英文文法》中成功地实践了叶斯柏森由内到外的研究路线。林语堂创造性地发展了语言哲学家洪堡特的“外的语言形式”(指语音形式)和“内的语言形式”(指纯粹的和智力的方面)，把文字形式界定为“外的体裁”与“内的体裁”(outer form and inner form)③。林语堂特别重视内外体裁的协调一致，因为只有内外体裁的和谐才能达到美的境地。

其次，风格与内容的并重又与林语堂“以自我为中心，以性灵为格调”的创作原则高度一致。林语堂一向笃信“性灵就是自我”，主张尊重译者的个性，发挥其个人自由，以达到翻译“必由译者之自出心裁”。由此可见，只有深刻领悟原文作者的风度、文体、格调以及个性等，做到形式和内容上的完美统一，才能打破“艺术文之不可译”的神话，超越忠实的悖论，

---

① 林语堂. 论翻译//罗新璋. 翻译论集. 北京：商务印书馆，1984：430-431.

② 林语堂. 开明英文文法. 上海：开明书店，1933：序言.

③ 林语堂. 论翻译//罗新璋. 翻译论集. 北京：商务印书馆，1984：431.

从而达到林语堂心目中理想的美的标准。

最后,强调风格与内容的和谐一致与林语堂的艺术观也是一脉相承的。林语堂的艺术观不但受克罗齐、斯平加恩(Spingarn)等西方表现派美学家的影响,同时也根植于中国传统美学,特别是老庄的道家美学,与其有着割舍不断的血缘关系。“以和为美”的农耕文明使中国人逐渐形成了宁静平和的心态,而林语堂深得中国文化的这种和谐精神的精髓。正如《中国人》一书中所言:“平静与和谐是中国艺术的特征,它们源于中国艺术家的心灵。”[①]同西方艺术相比,“中国艺术的精神则较为高雅,较为含蓄,较为和谐于自然”[②]。这种和谐的艺术观自然会体现在翻译这种林语堂心目中的艺术上。

五、结　语

由于特殊的历史原因,林语堂的翻译思想在大陆始终没有得到应有的重视。从美学、语言学、文化学、文艺学等多维度地对其展开深入的研究具有十分重要的意义。林语堂在跨文化传播中国文化过程中卓有成效的翻译成果和丰富的翻译思想对于指导翻译实践和促进翻译理论建设具有不可替代的作用。

(冯智强,天津外国语大学中央文献翻译研究基地;原载于《天津外国语学院学报》2009 年第 4 期)

---

① 林语堂. 中国人. 郝志东,沈益洪,译. 上海:学林出版社,1994:282.(《中国人》是林语堂《吾国与吾民》的另一个译本。——编者注)

② 林语堂. 中国人. 郝志东,沈益洪,译. 上海:学林出版社,1994:284.

对林语堂“文化变译”的再思考

卞建华

内容提要:以目的论为核心的德国功能派翻译理论不再把翻译看作一个静态的语言学现象,而是看作一种目的性跨文化交际行为。翻译研究因而从对译作与原作等值的关注转向对译作发起人、译者和目标语接受者等译作影响因素的关注,为我们重新思考、评价林语堂的“文化变译”现象提供了一个新视角。

关键词:功能派翻译理论,林语堂,文化变译,翻译目的

一、引　言

“两脚踏东西文化,一心评宇宙文章”①的林语堂是我国文学和翻译史上杰出而又颇有争议的人物,曾被美国文化界列为“20 世纪智慧人物”之一②,获得诺贝尔文学奖提名,并被推选为国际笔会副会长。他一生著译颇丰,其中有相当一部分英文作品是属于创作、翻译一体化的“文化变译”作品——对中国文化典籍的介绍和编译。按照传统的以“忠实”和“对等”为核心概念的翻译观,这些作品都被排除在严格意义上的翻译之外,因而

① 林语堂曾撰联自说“两脚踏东西文化,一心评宇宙文章”,可见其心胸抱负。参见:施建伟. 林语堂传. 北京:北京十月文艺出版社,1999:678.

② 林太乙. 林语堂传. 西安:陕西师范大学出版社,2002:出版说明.

很少有人将其作为翻译作品进行研究和评价。如何看待这些作品的文化影响、文学意义及其在中外文化交流史上的作用？怎样对它们进行历史、客观、合理的评价？诞生于20世纪70年代的德国功能派翻译理论①是西方翻译理论中一个颇有影响力的流派。该理论以其对等值观念的质疑、对译文功能的重视、对翻译目的的强调、对翻译的重新定义、对翻译行为参与者(发起人、译者、使用者、译文接受者)和翻译过程发生的环境条件(时间、地点、媒介)的关照以及对原文与译文关系的阐述动摇了"原文至上"的传统翻译观念，扩大了翻译研究的范围，不但为我们客观评价那些"忠实"译本，而且为我们客观评价那些"非忠实"译本提供了理论根据。本文拟从功能派目的翻译理论的角度，对林语堂"文化变译"现象进行探讨，旨在对影响其翻译行为的诸多因素做出思考，并对译作评价问题提出自己的观点。

二、林语堂的"文化变译"

林语堂一生用英汉双语创作了大量著作，其作品有的被选为美国大学教材，有的被政府高层当作了解中国之必读，一直被视为阐述东方文化的权威著述。事实上，在林氏的英文作品中，有许多是包含着节译或编译的中译英作品，如 *My County and My People*(《吾国与吾民》，New York：Reynal & Hitchcock, Inc., 1935)、*The Importance of Living*(《生活的艺术》，New York：Reynal & Hitchcock, Inc., 1937)、*The Wisdom of Confucius*(《孔子的智慧》，New York：Random House, 1938)、*The Wisdom of Laotse*(《老子的智慧》，New York：Random House, 1948)、*A Nun of Taishan and Other Translations*(《英译老残游记及其他选译》，上

① 德国功能派翻译理论主要包括凯瑟琳娜·赖斯(Katharina Reiss)的语篇类型和翻译批评理论、汉斯·弗米尔(Hans Vermeer)的目的论、贾斯塔·霍尔兹-曼塔利(Justa Holz-Manttari)的翻译行为理论和克里斯蒂安·诺德(Chirstiane Nord)的以翻译为导向的语篇分析理论。

海:商务印书馆,1935)、*Famous Chinese Short Stories*(《英译重编中国传奇小说》,New York: The John Day Company,1952)、*The Importance of Understanding: Translations from the Chinese*(《古文小品译英》,Cleveland and New York: World Publishing Company,1960)、*The Chinese Theory of Art: Translation from the Master of Chinese Art*(《中国画论》,New York: G.P. Putnam's Sons,1967)等。

长期以来,这种在中西方文化交流史上特定时期极为独特的现象,没有引起翻译研究界的足够重视。如果我们用传统的翻译观去审视这些编译作品,就会发现,它们与原文在很大程度上是"不等值"的,然而这些作品又的确在文化交流史上产生了很大影响。笔者认为,按照雅各布森(Roman Jakobson)"语内翻译"(intralingual translation)、"语际翻译"(interlingual translation)和"符际翻译"(intersemiotic translation)的分类①及霍尔兹-曼塔利(Justa Holz-Manttari)对"翻译行为"②的界定,林语堂"根据特定条件下特定读者的特殊要求,采用增、减、编、述、缩、并、改等变通手段摄取原作有关内容的翻译活动"③,就是一种特殊形式的文化翻

① Munday, J. *Introducing Translation Studies: Theories and Applications*. London and New York: Routledge, 2001: 5.

② 霍尔兹-曼塔利避免使用严格意义上的"翻译"(translation)一词,她用一个杜撰的、含义更为广泛的新词"翻译行为"(translational action)来代替"翻译"这个词,以包括各种各样的跨文化交际行为,包括翻译、改编、编译,甚至包括那些不涉及原文与译文的行为,如与外来文化有关的编辑、查阅等行为。她使用信息传递(message transmission)来指文本、图片、声音、肢体语言等各种各样的跨文化转换,把翻译界定为一种"为实现特定目的的复杂活动"(Nord, C. *Translation as a Purposeful Activity: Functional Approach Explained*. Shanghai: Shanghai Foreign Language Education Press,2001: 13.)。在这种"行为"里,译者像一个根据委托人要求设计"产品规范"(product norm)的专家,生产出符合接受者文化语境特定需要的"信息传递物"。译作也不再寻求与原文的等值,而只是一份满足委托人需要的目标语文本(谢天振. 当代西方翻译研究的三大突破和两大转向. 四川外国语学院学报,2003(5):108-114; Gentzler, E. *Contemporary Translation Theories*. 2nd rev. ed. Clevedon: Multi-lingual Matters Ltd., 2001: 71.)。

③ 黄忠廉. 变译理论. 北京:中国对外翻译出版公司,2002:96.

译活动——文化变译。今天,我们以历史的眼光重新审视林语堂先生的翻译活动,不难发现林氏带有明确的翻译目的,其翻译活动除受到译者主观因素影响外,还受到诸如社会环境、翻译发起人和赞助人等诸多客观因素的制约。

三、影响林语堂“文化变译”的主要因素

1. 译者个人因素——译者的翻译观

林语堂既重视翻译实践,又有一套相对完整的翻译思想,这集中体现在他的长篇论文《论翻译》①及其散文和译序、跋中。在《论翻译》中,林氏曾对翻译主体(译者)、翻译客体(原作)、翻译思维和程序、译作及翻译批评标准进行过详细论述。他反对字译,提倡句译,提出译者应遵从“寻常作文之心理”的观点,认为译者无字字对译之必要,且字字对译常是不可能之事。这既是林语堂的经验之谈,又是经过证明的思维理论,我们可以在林氏的翻译作品中深切地体会到这一点。林语堂赞同克罗奇(Croce)“凡真正的艺术作品都是不能译的”观点,只可重作,译文即译者之创造品。他认为,诗是文学品类中最纯粹之艺术,古今中外,最好的诗(尤其是抒情诗)都是不可译的。“绝对忠实之不可能,但是于艺术文特觉显明。”这种观点显示出译者在翻译艺术文时的无奈心理,但却不无道理。林语堂向西方读者译介的作品大多是古典哲学、小说、散文和诗词方面的作品,翻译难度很大。想必正是受上述翻译观的影响,同时为了获得最大的社会效益,他没有选择西方汉学家惯常采用的学院式的翻译道路——面向源语文本的策略(source-text oriented strategy),而是走了一条着眼于普通英语读者的大众化、通俗化的道路——面向目的语文本的策略(target-text oriented strategy),做了不少编译、选译或仿译。例如,为了让西方普通读者较为全面地了解孔子、老子、庄子等中国古代哲人的思

① 林语堂. 论翻译//罗新璋. 翻译论集. 北京:商务印书馆,1984:417-432.

想，他从译文的预期功能出发，采用了他认为得体的翻译策略和必要的变通手段，对《论语》《道德经》《庄子》进行了重组改写处理，更名为《孔子的智慧》《老子的智慧》等。他将原文篇章结构抛开，将原文内容分门别类，加上自己对孔子、老子和庄子的介绍，使这几部融创作与翻译为一体的作品成为逻辑严密、有头有尾、可读性更强的书。

正如诺德所指出的那样，译者要对读者负责，必须向他们解释自己所做的一切以及这样做的原因。[①] 林语堂在许多作品的序言中，对自己的翻译策略都有说明。他在《英译重编中国传奇小说》导言中说明，“有时严格翻译实不可能。语言风格之差异，必须加以解释，读者方易了解。而在现代短篇小说之技巧上，尤不能拘泥于原文，毫无改变，因此本书乃采用重编办法，而以新形式写出。……若干故事中，作者曾有所省略，有所增加，冀其更加美妙动人。……虽有更动，必求不背于正史”[②]。在《苏东坡传》序中也说：“原文中引用的诗，有的我译为英诗，有的因为句中有典故，译成英诗后古怪而不像诗，若不加冗长的注解，含义仍然晦涩难解，我索性就采用散文略达文意了。”[③]

林语堂的翻译观直接影响了其翻译目的。循着这样的翻译目的，林氏有选择、有策略地向西方读者译介了代表中国古典文化的书籍，采取了归化和异化相结合的翻译策略，如，林氏作品中既有将“观世音菩萨”“花果山”“天命之谓性”“博弈”分别译为“the Goddess of Mercy”“Monkey Kingdom”“What is God-given is what we call human nature”和“play chess”的归化译法，也有将“马褂”“燕窝汤”“玉碎香埋”“落花流水”“树欲静而风不止，子欲养而亲不待”分别译为“makua”“bird's nest soup”“like

---

① Nord，C. *Translation as a Purposeful Activity：Functional Approach Explained*. Shanghai：Shanghai Foreign Language Education Press，2001：125.

② 林语堂. 林氏英文本导言. 张振玉，译//林语堂. 林语堂名著全集(第 6 卷)：中国传奇. 长春：东北师范大学出版社，1994：导言 5-6.

③ 林语堂. 原序. 张振玉，译//林语堂. 林语堂名著全集(第 11 卷)：苏东坡传. 长春：东北师范大学出版社，1994：序 9.

broken jade and buried incense”“like dropping petals and flowing waters”和“The tree desires repose, but the wind will not stop; The son desires to serve, but his parents are already gone”的异化之笔，在当时西方广大读者中产生了很大影响，较好地实现了译文的预期功能——让更多的西方普通读者了解并接受中国文化。

2. 社会环境因素

林语堂所处的时代，大多数西方人对包括中国在内的东方的情况非常隔膜，不甚了解，他们头脑里有关中国的知识，大部分是被歪曲和变形的东西①。有些在中国待过一段时间的西方人，回国之后便以“中国通”自居，著书立说，但那些著作不过是些海外猎奇的东西，或者是对小脚、辫子之类现象的所谓“披露”。他们宣称“容貌丑陋、长辫小脚、不守时刻、不懂礼貌、爱好嫖赌、不讲公德、溺婴杀生、见死不救、虐待动物”等是中国人的秉性，甚至竟然断言中华民族是一个劣等民族。而在当时，生活在高度工业化社会中的现代西方人，被飞速的生活节奏压得透不过气来。②

为改变西方人对中国人的偏见，从小深受东西方文化熏陶的林语堂在东西文化的夹缝中另辟幽径，以他自己特有的中西合璧文化观，在《吾国与吾民》中，向西方人讲述了一个中国人对自己祖国和民族的真实看法。赛珍珠(Pearl Buck)评价该书是“迄今为止最真实、最深刻、最完备、最重要的一部关于中国的著作”。为医治当时西方人的“现代文明病”，他有目的地选择了那些宣扬中国诗人旷怀达观、高逸退隐、陶情遣兴、涤烦消愁的人生哲学。在《生活的艺术》中，林语堂摆出了一副为西方文化的人生价值观的弊端寻找疗救药方的架势，不过，他没有简单地以中国文化的人生价值观来代替西方的东西，而是着眼于重新唤醒美国人头脑里也

① 鸦片战争以后，帝国主义列强对中国进行了疯狂侵略，于是东方世界被野蛮化、丑化，中国被弱化、异国情调化了，被排斥到世界历史的主流之外，成为“边缘”“非中心”，这种对东方的片面看法，用美国学者爱德华·萨义德(Edward Said)的话语来说，就是东方主义。

② 施建伟. 林语堂传. 北京：北京十月文艺出版社，1999：351，393.

曾经有过的，但在当时却已经丧失的自然主义哲学精神。这就不仅在认识功能上填补了西方读者对于中国的知识空白，而且还以东方文明的悠闲哲学批评了美国高度工业机械化所造成的人的异化①。由于林氏的“文化变译”行为有的放矢，《吾国与吾民》《生活的艺术》等作品摸准了美国读者的脉搏，风靡一时，高居当年美国畅销书目排行榜首。

当时的社会环境影响了林语堂的翻译目的，进而影响了他的翻译行为。林语堂顺应了社会环境的需要，在译介中国文化时，他所选择的文本基本符合西方文化的各种规范，能够满足当时西方人的文化心理需求，并采取了相应的变通手段和策略。例如，他在《吾国与吾民》的正文开头处写道，“... for behind the creations of literature and the events of history there is always the individual who is after all of prime interest to us(因为在文学创作和历史事件的背后，总是那些单个的人使我们产生最大的兴趣)”，这里的“我们”指的是英语读者。在《吾国与吾民》下面的行文中，林语堂也总是用“us”(我们)而不是“you”(你们)，在叙述口气上把自己当作读者中的一员，拉近了与他们的距离，使之倍感亲切。类似这种迎合西方人阅读心理的策略，使其“文化变译”作品比较顺利地进入了西方文化，赢得了大量的英语读者，达到了预期的翻译目的。

3. 翻译行为发起人/赞助人因素

林语堂在美国的成功与他和赛珍珠以及她的丈夫约翰·迪公司的出版商理查德·沃尔什(Richard Walsh)有很大关系，因此，作为林语堂翻译行为发起人和赞助人的赛珍珠夫妇对林语堂译介中国文化的策略也有较大影响。

沃尔什是一位精明的出版商，和纽约文化圈关系密切，而当时获得普利策奖的赛珍珠，作为描写中国题材作品的作家已名声大振。1934 年，赛氏夫妇与林语堂在中国见面。有感于当时西方人对中国人的种种误解，赛珍珠希望由中国人来写一本渗透着中国人的基本精神、阐述中国的著

① 施建伟. 林语堂传. 北京：北京十月文艺出版社，1999：406.

作,而林语堂也表示自己正想写一本书,谈谈对中国的真实感受。于是,双方一拍即合,林成为赛的特约撰稿人。次年,林语堂的《吾国与吾民》在赛珍珠夫妇大力推荐下获得成功。作为出版商的赛氏夫妇,从该书受欢迎的程度,认识到林语堂的写作笔调与西方的读者心理是对路的,于是邀请林语堂到美国写作。林氏到美国后,与赛氏夫妇关系非常密切,沃尔什在事业上是林的编辑、出版商、文学经纪人、新闻代理人以及公共关系顾问。[①] 事实上,林语堂的一系列著译活动都是与赛珍珠夫妇的要求和建议分不开的。林语堂曾谈及《生活的艺术》的写作,"起初,我无意写此书,而拟翻译五六本中篇名著。……然书局老板意见,作《生活的艺术》在先,译名著在后。因为中国人之生活艺术久为西方人所见称,而向无专书,苦不知内容……所以书局劝我先写此书。不说老、庄,而老庄之精神在焉;不谈孔孟,而孔孟之面目存焉。这是我写此书之发端。"[②]

在很多情况下,译者需要在自己的翻译目的和发起人或赞助人的翻译要求之间做出选择,与其达成共识或做出妥协。否则,翻译作品无法出版,从小处说,会影响译者自身的谋生之计,从大处说,会最终影响到文化译介目的的实现。作为林语堂翻译活动发起人和赞助人的赛珍珠夫妇,其出版目的和翻译要求对林氏翻译行为的影响不可谓不大。然而,正如弗米尔(Hans Vermeer)所言:"只有译者才是翻译行为的专家,他要对所承担的任务的执行以及译文的定稿负责。"[③]面对翻译发起人或赞助人的要求,译者并不只能是被动接受、唯命是从,他可以和翻译发起人或赞助人进行交流、磋商,提出自己的建议,阐明自己的主张,决定翻译策略。外因总是通过内因才可以起作用,因此,最终决定翻译策略的还是译者本人。

---

① 施建伟. 林语堂传. 北京:北京十月文艺出版社,1999:351; Qian, S. Q. Lin Yutang's Masterpiece. *ExChange*, 2002(4):20.

② 季维龙,黄保定. 林语堂书评序跋集. 长沙:岳麓书社,1998:328-329.

③ 转引自:Venuti, L. *The Translation Studies Reader*. London and New York: Routledge, 2000: 221.

四、对林语堂"文化变译"的评价

由于翻译目的明确，林语堂在对中西文化的深刻把握和娴熟扎实的中英文功底的基础上，对所译作品进行了精心选择，融翻译与创作于一体，灵活采用了归化、异化、编译、译述等策略，形成了简洁明了的行文方式和娓娓道来的叙事风格；再加上出版商的出版措施得力，林氏创译作品受到了西方读者的欢迎。1936—1954 年，仅美国《纽约时报》一家报纸就刊登林语堂或有关林语堂的文章 102 篇①。笔者在"雅虎中国"搜索到了林语堂网站，有来自世界 30 多个国家网友参加了林氏著译作品的讨论，这可以从一个侧面表明林语堂作品在西方读者中的影响之大。

一位身为大众传媒资深撰稿人和编辑的英语读者 Francis Chin 先生在与笔者的通信中道出了西方读者喜欢林氏作品的原因。首先，林语堂的行文风格颇有特色，其文笔精练、简洁、扼要、朴实、精巧，类似于弗吉尼亚 · 伍尔芙(Virginia Woolf)、约瑟夫 · 康拉德(Joseph Conrad)及其他 19 世纪末 20 世纪初英美作家的风格(大多数英语读者讨厌矫揉造作、辞藻华丽、冗长累赘的语言，也不喜欢乏味的、歇斯底里的行文方式)。其次，在当时西方读者对中国文化相对隔膜的历史条件下，林语堂的著译作品，使英语读者感受到了中国古典文学的魅力，让英语读者惊喜地发现自己被带进了中国文学的阿里巴巴山洞。再次，林语堂在作品中所表现出的东方人镇静、平和、从容的世界观，在冷战时期，乃至在当今激烈的东西方冲突中，都对人们的心灵起到了慰藉作用。国内研究林语堂的专家施建伟教授认为，《生活的艺术》等作品之所以能脍炙人口，除了内容上有的放矢，符合西方读者的口味之外，也借助于那种把读者当作知心朋友吐露

---

① Murray, R. M. Lighting a Candle and Cursing the Darkness: A Brief Biography of Lin Yutang. (1999-05-04)[2004-08-09]. http://groups.yahoo.com/group/linyutang/files/.

肺腑之言的"对话体"笔调,使读者亲切地感到:"林语堂在对我讲他的真心话。"[①]这种形式很适应西方读者的阅读心理。

20 世纪 60 年代,德国文艺理论家汉斯·罗伯特·姚斯(Hans Robert Jauss)提出了"期待视野"这一概念,它指的是"读者接受文学作品时自身所具有的某种思维定向和先在结构,它包括伽达默尔的历史视界和个人视界两方面的内涵"[②]。客观地说,林语堂对西方读者"期待视野"的"迎合",一方面使其译作中所蕴含的东方文化有效地渗透到了西方文化之中,并得到了众多西方读者的认可。另一方面,也在某种程度上造成了对中国文化传译的部分缺失,其译作中亦有个别归化过度的现象,如将"天""十金""尺""寸""里""亩"分别译为 the gods, ten dollars, foot, inch, mile, acre 等。因此,我们在赞誉林氏文化传播策略取得成功的同时,也并不讳言其文化变译作品的历史局限性。不过,在笔者看来,这是在特定历史条件下的无奈选择,是不得已而为之的权宜之计,也是中西方文化由隔膜走向共融的过程中需要经过的一个必然阶段。林语堂如此,严复、林纾、歌德、普希金、库恩又何尝不是如此呢?历史已变迁,时代在进步,今日之中国与昔日之中国在中西文化交流中的地位,自然不可同日而语,中西方读者的"期待视野"也发生了巨大变化,我们的翻译目的和翻译策略也随之发生了,或正在发生着相应的调整和变化。因此,如果我们用今日之标准去要求和框定林语堂当时的翻译目的和策略,那就有失公允了。

五、结　语

翻译,作为宇宙间最为复杂的活动之一,是选择的艺术。由于社会、历史、文化、语言、译者翻译观、翻译发起人或赞助人要求、读者接受等方面的影响和制约,译者在许多情况下很难做到完完全全再现原文的特点,

---

① 施建伟. 林语堂传. 北京:北京十月文艺出版社,1999:406.

② 马新国. 西方文论史. 北京:高等教育出版社,2002:585.

于是为达到特定的翻译目的，只能在诸多选择中，做出取舍和选择，对原文进行适当的保留或割舍。我们在评价译作时也应该全面考虑影响译作的各种因素，把其放到一个宏大的文化语境中去审视。只有这样，才能使翻译研究更加深入、客观地进行下去，并进一步向前发展。从这个意义上说，功能派翻译理论为我们提供了一个更为动态、开放的翻译研究视角，值得我们重视和借鉴。正如弗米尔所指出的那样，原文面向源语文化，总会受到源语文化的制约。译文则面向译语文化，而且最终应从译语文化的角度衡量它的适用性①。林语堂在特定的历史时期，站在中西文化的交汇面上，用中西比较的眼光，带着特定的翻译目的，采取了独特的翻译策略，达到了翻译的预期功能——“对西方人讲中国文化”。这些策略既受其翻译观的影响，又是当时社会环境与发起人、赞助人的翻译要求共同作用的结果。从林氏“文化变译”作品在西方的巨大影响来看，其“文化变译”策略无疑是成功的。

* 新加坡 *Today Newspaper* 技术编辑和撰稿人 Francis Chin 先生，林语堂网站创办人、英国的 David Harris 先生，以及美国的 Micah Arbisser 和 John Perry 先生给笔者来信，提供相关信息；南开大学外国语学院博士生任东升老师对本文的写作提出了宝贵的修改意见，特此致谢。

（卞建华，青岛大学外国语学院；原载于《北京第二外国语学院学报》2005 年第 2 期）

① 转引自：Venuti，L. *The Translation Studies Reader*. London and New York：Routledge，2000：222-223.

互文性视阈下的林语堂翻译探析

王少娣

内容提要：林语堂大量优秀的英文创作和汉英译作充分体现了他对英文的驾驭能力，而这些作品也从未脱离深厚的汉语、汉语文学及其文化背景的影响。从互文性这一视角来观察林氏的创作和翻译，可以看出中国传统的儒、道及佛教的精神，汉语的经典文学作品乃至汉语语言都在林氏的作品中留下了相应的印记。与英美文化本土出生的华裔作家相比，林语堂的创作与翻译作品彰显出他作为一位植根于中国文化的翻译家，在向西方介绍中国文化的过程中无法脱离的东方文化情结。

关键词：互文性，林语堂，翻译，东方文化

一、引　言

林语堂幼时在家庭教育中开始接触中国的儒家思想，后通过自己的努力为其汉语语言及传统文化历史知识打下了坚实的基础。同时，他自小所接受的教会英语教育及后来30余年的旅美生涯，使其具备了深厚的英文功底和对英语文化的深刻认识。由此，文化上的横贯中西，语言上的汉英皆通及信仰上的集基督教、儒家思想和道家伦理于一身，使得林语堂能够在文化和文学领域里穿梭于中西之间而游刃有余。“两脚踏东西文化，一心评宇宙文章”是林语堂的真实写照。

从20世纪30年代到70年代这40余年的创作生涯中，林语堂代表了一个集多重身份于一体的形象：国学大师、幽默大师、文化使者、英语语言学专家、矛盾的基督教徒、女性的代言人，等等，所以在文学和文化的学术领域里，林语堂是一个不尽的研究课题。由于历史原因，其名字在大陆一度被遗忘和忽略，造成了长期以来对其研究的空白。从20世纪80年代开始，随着人们视野的开阔，林语堂作为一个文学大师走进人们的视线，对他的研究犹如雨后春笋般地发展起来。

要研究林语堂的翻译，首先要肯定林语堂的英文创作是某种意义上的汉英翻译。林语堂的女儿林如斯在《关于〈京华烟云〉》一文中说："这部小说虽然是用英文写成，却有许多奥妙处，非中国人看不出来。西洋人看书比较粗心，也许不会体悟出来。中国奇特的心理，非中国人不能了解。"①高健也曾说过："既为双语作家，他的作品的相当一部分又具有其自备的中英文双套文本，那么一个很自然的结论便是他的作品(特别是他的短篇散文之作)中有相当一部分会带有甚至就属于翻译性质，于是也就属于后出的。"②同样是英文创作，林语堂与华裔美国作家如谭恩美、汤亭亭等有所不同，其主要差异在于：其一，前者是在传统的中国文化环境中成长起来的，对中国的历史发展和传统习俗了如指掌，因此即使受了基督教和西方文化的影响，在本质上还是脱离不了东方文化的根基；而后者则是出生于美国土地上的华人，从小接受西方文化和教育的影响，其思维方式也是美国化的，而相对来说他们所了解的中国文化知识是微不足道的。其二，前者和后者虽然都主要以中国为叙事主题进行创作，但是前者的素材是其亲历或直接获得的一手信息；相比之下，后者的创作素材则主要靠别人转述或书面记载，因而是间接的、二手的。其三，立足点不同。林语堂立足于东方文化，通过作品向西方介绍中国的历史传统；而谭、汤等华

---

① 林如斯. 关于《京华烟云》//林语堂. 林语堂名著全集(第1卷)：京华烟云(上). 长春：东北师范大学出版社，1994：3.

② 高健. 近年来林语堂作品重刊本中的编选、文本及其他问题. 山西大学学报(哲学社会科学版)，1994(4)：43.

裔美国作家则立足于美国,以美国人的角度来认识中国的历史和传统。从以上差异可以看出,林氏大量的以中国文化为叙事主题的作品中涉及东方民族历史文化的成分都是他所熟知的本土产品,而他的创作语言英语对他来说虽然驾轻就熟,但毕竟是在母语之外的习得,所以从本质上看,他的英文创作是对其汉语语言文化的翻译,而他大量的英文作品在一定程度上亦可看作是汉英译作。

林语堂是一位多产的翻译家,在翻译理论上也颇有建树,其近万字的论文《论翻译》从译者的素质、语言学、心理学及翻译的单位等角度阐述了他对翻译的认识,较为系统和全面地体现了林语堂的翻译思想。所以,林语堂集翻译理论和实践于一身,为林氏研究提供了许多可能的课题。

二、林氏作品的互文性分析

互文性(intertexuality)或"文本间性",是法国后结构主义批评家克里斯蒂娃(Kristeva)在 20 世纪 60 年代提出的。她指出,任何一个特定文本的意义的产生都离不开与其他文本的相互参照和指涉。因此,任何文本都不是独立的,从中都能不同程度地辨认出其他文本的痕迹。她指出,正如意指作用(signification)由"无限组合的意义"(significance)不确定地表现出来,主体被投射入一个庞大的互文性空间里,在那里他或她变成碎片或粉末,进入他或她自己的文本与他人的文本之间无限交流的过程之中①。同时,在巴特和克里斯蒂娃(Barthes & Kristeva)看来,互文性指任何文本与赋予该文本意义的知识、代码和表意实践之总和的关系,而这些知识、代码和表意实践形成了一个潜力无限的网络②。后者的理论代表了互文性的广泛含义,即文本除了受其他文本的影响,还可能受到文本以外

---

① Kristeva, J. *Semeiotike*: *Recherches pour une semananlyse*. Paris: Editions du Seuil,1969: 89.

② 转引自:程锡麟. 互文性理论概述. 外国文学,1996(1):72.

的无处不在的社会知识和实践的影响。

从广义的互文性的角度分析林语堂的作品，我们不难看出，其文本明显地折射出其他文本以及他个人生活体验的内容。林氏首屈一指的作品当属《京华烟云》，他自己也曾说过："我写过好几本书，尤其以写《京华烟云》自豪。"[①]这部小说被称为现代的《红楼梦》，不仅因为它跨越了40年间的时代变更，塑造了80多个鲜活的人物形象，涉及纷乱复杂的故事情节，更因为作者对该小说的创作起源于《红楼梦》。林语堂原本想把《红楼梦》译成英文，后来改变初衷，决定借鉴《红楼梦》的艺术形式，写一本反映中国现代生活的小说。因此，从人物到故事，在《京华烟云》的文本里都可以看到《红楼梦》的影子。对于小说人物的设计，林语堂自己的表述是最有说服力的："全书人物，大约以红楼梦人物拟之，木兰似湘云……莫愁似宝钗，红玉似黛玉，桂姐似凤姐而无凤姐之贪辣，迪人似薛蟠，珊瑚似李纨，宝芬似宝琴，雪蕊似鸳鸯，紫薇似紫鹃，暗香似香菱，喜儿似傻大姐，李姨妈似赵姨娘，阿非则远胜宝玉。"[②]在故事构造方面，虽然《京华烟云》以当代为时代背景，但有诸多情节或人物经历可以让读者联想到《红楼梦》。如小说中暗香这一人物，在幼时不幸被拐卖，后经辗转流离，命运出现了转机，跟香菱一样，最终也嫁入富门，成为曾家二少爷经亚的太太。再如，红玉和阿非自小相知相恋，一如黛玉宝玉的青梅竹马。后红玉因误会了阿非的爱情而感到极度悲痛绝望，将自己的诗稿付之一炬，这与黛玉痛焚诗稿也如出一辙。

如果说《京华烟云》的艺术性来自《红楼梦》的话，其写实性则来自作者亲历的社会现实。该书刻画了从义和团运动到抗日战争间40余年的画面，如袁世凯的篡位阴谋、张勋的复辟闹剧、安福系的嚣张活动、五四运动、"五卅"惨案、"三一八"惨案、语丝派和论语派的论战、革命军北伐等时

---

① 林太乙. 林语堂名著全集(第29卷)：林语堂传. 长春：东北师范大学出版社，1994：173.

② 转引自：施建伟. 林语堂传. 北京：北京十月文艺出版社，1999：424.

代潮流的起伏变更尽在其中。而当时文学和革命知名人士也出现在了小说里:宋庆龄、傅增湘、林琴南、辜鸿铭、齐白石、王克敏等,甚至关于这些人的逸事也跃然纸上。小说中木兰的女儿阿满在“三一八”惨案中参加学校抗议北洋政府的游行活动,不幸中弹身亡。该情节源自林语堂本人的经历。他亲历了当时北京女子师范的抗议游行,目睹了学生领袖刘和珍和杨德群的牺牲,因此他对这一场景的描述应该是十分真实的。再如,小说中革命代表人物之一的环儿认为结婚证书只有在法院打官司时才必须拿出来,所以是不必要的。该思想与林氏本人对结婚证书的态度完全一致①。

林氏的集基督教、儒家思想和道家伦理于一身的宗教观和哲学观在其作品中也有所体现。如《京华烟云》的人物和哲学里融入了不同的宗教观,使得小说的思想内容更加饱满。小说共三卷,每卷都引用庄子的话开头②,这表明林语堂在主观上希望用庄周哲学统领全书。而这种哲学在小说中则是通过主要人物之一姚思安来体现的,其淡泊名利的人生态度及与世无争的处世之道处处彰显出道家思想对他的深刻影响。“……她父亲沉潜于黄老之修养有年,可谓真正的道家高士,从不心浮气躁。”③同时,儒家思想在小说中也得到了充分的展现,其代表人物是木兰的公公曾文伯。他不论在官场上还是在家庭伦理和子女的教育上都恪守着儒家的礼教。而基督教这一与林语堂有着紧密关系的宗教则是通过小说中的美国

① “为了表示看不起这些(结婚)仪式,后来在上海,征得吾妻同意,把结婚证烧了。我说:‘把证书烧掉,只有离婚才用得着。’”引自:林语堂. 八十自叙. 北京:宝文堂书店,1990:33.

② 上卷“道家的女儿”,卷首引《庄子·大宗师》:“大道,在太极之上而不为高,在六极之下而不为深,先天地而不为久,长于上古而不为老。”中卷“庭院悲剧”,开头引《庄子·齐物论》:“梦饮酒者,旦而哭泣;梦哭泣者,旦而田猎。……是其言也,其名为吊诡;万世之后,而一遇大圣知其解者,是旦暮遇之也。”下卷“秋季歌声”,开头引《庄子·知北游》:“故万物一也,是其所美者为神奇,其所恶者为臭腐,臭腐化为神奇,神奇复化为臭腐。”

③ 林语堂. 林语堂名著全集(第1卷):京华烟云(上). 张振玉,译. 长春:东北师范大学出版社,1994:7.

小姐董娜秀来代言的，她有基督教和西方文化的背景，同时又对中国文化有着浓厚的兴趣。佛教思想在小说中没有明显的代表人物，但是林语堂通过具体的情节构造将佛教思想烘托了出来。书中红玉曾在西湖月下老人祠里抽过一签，签文是：芬芳香过总成空。而多年后恰好有一位名叫宝芬的女子来到姚府做丫鬟，吸引了红玉的恋人阿非，最终红玉投河自尽，宝芬与阿非终成眷属，这个结果恰好印证了签文的内容。由此，佛教的宿命观也表现得淋漓尽致。

除了《京华烟云》以外，通过互文性的视角分析林氏的其他文学作品，我们都能够从中发现其他文本对作者本人的思想及经历的影响。小说《赖柏英》被林语堂自称为"自传小说"，主人公新洛和赖柏英的生活场景、人物关系以及情感经历都建立在林语堂本人在故乡坂仔的一段生活的基础上，"赖柏英是我的初恋情人"①。同时，小说里描写的初恋与他对故乡山水的眷恋及其对自己人生观的影响联系在一起。"所谓'高地的人生观'是林语堂长期的文化思考和哲学反思的结果，具有一定的哲学内涵和文化内涵，具有精神层次上多重多层的哲学意蕴。"②《风声鹤唳》作为《京华烟云》的续篇，虽然以抗日战争时期为故事背景，但是在人物和场景等方面仍然时时处处都有《京华烟云》的影子。此外，作者的宗教观令其将主人公老彭刻画成了一个不折不扣的佛教信奉者。而林语堂对中国古代哲学思想的认识则是通过《孔子的智慧》《老子的智慧》和《从异教徒到基督教徒》这三本思想论著来体现的。作者在这几本著作中系统地论述了儒家、佛教、道家和基督教的宗教思想，进一步印证了其深厚的中国传统文化的根基。

法朗士曾说过，"一切文学作品都是作家的自叙传"③，而林语堂注入其作品里的不仅有自身的见闻和亲历，更有蕴含在内心深处的文化情怀

---

① 林语堂．八十自叙．北京：宝文堂书店，1990：11.

② 施建伟．林语堂传．北京：北京十月文艺出版社，1999：588.

③ 转引自：施建伟．林语堂传．北京：北京十月文艺出版社，1999：580.

和宗教哲学观。从广义的互文性视角看，众多的文本和哲学思想及宗教观念构成了一个无限大的网络，而林氏的作品存在于这个网络上的各个环节，彼此独立又相互关联。贯穿于这些作品中的共同的纽带是深厚的东方文化和哲学思想。在他向西方介绍中国文化的过程中，林氏始终没有放弃也无法摆脱的就是这种东方文化的情怀。

三、林氏翻译的互文性分析

互文性的理论将文本置于一个广阔无边的网络当中，各文本之间在内容及艺术表达形式上有着千丝万缕的关联。这种关系决定了文本意义是不确定的，任何文本意义的产生都不能脱离其他文本的存在，并取决于文本与其他文本的相互作用①。要对文本进行翻译，译者的第一个身份便是原文的理解者和阐释者。而如何将其所掌握的原文信息传递到译入语里，除了受到该种语言的文化和表达习惯的影响外，更要受到译者本人的知识结构、翻译宗旨和审美情趣等因素的影响。换言之，译者在翻译活动中的主体性对于译文在多大程度上还原原文起着重要的作用。

虽然说“就翻译而言，互文性的影响主要体现在翻译的理解和表达过程中”②，但对于林氏而言，其汉英翻译在原文文本的理解上基本不存在明显的问题，所以笔者主要针对其翻译表达法，从两个层面来分析其汉英翻译，并以此来探讨其文化观与翻译思想及翻译策略之间的互文关系。

1. 复制原文的表达结构

由于汉英这两种语言差别较大，所以很难在译入语里找到跟原文意义一致并且结构相同的译文，而部分有较完美的英汉对应的习语，如“如履薄冰”对应 to be on the thin ice，“晴天霹雳”对应 like a bolt from the

① 祝朝伟．互文性与翻译研究．解放军外国语学院学报，2004(7)：73．

② 赵静．互文性与翻译．山东外语教学，1999(4)：40．

blue,多为语言上的巧合或原来的翻译沿用多年后逐渐被广泛接受的极少数的现象。而在大多数翻译过程中,译者都需要考虑译文读者的接受心理和接受能力,根据译入语的表达习惯来组织译文语言。而在译文中复制原文表达结构的做法,除去语言能力的因素以外,则只能归结为译者有其独特的表达意图。

林语堂在英文创作和汉英翻译的语言中突出地表现了复制原文表达结构的特点。首先,在词语翻译上,他用拼音或直译甚至硬译的手法来处理。例如《京华烟云》中许多人物称呼都用拼音来表示。林语堂在正文前关于"部分汉语称呼"的说明中,解释了部分称呼的含义,如:

TAITAI stands for the headmistress of the family. (太太)

NAINAI, or "young mistress" stands for any young married woman in the family. (奶奶)

HSIAOCHIEH, or "young missie" stands for an unmarried daughter of a higher-class family. (小姐)

KUNIANG stands for an unmarried daughter of any class of family. (姑娘)

此外,他对老爷、少爷、姐姐、妹妹、丫头等称呼的含义也分别做了解释,而在小说的正文里则一律以拼音代之。

同时,他用直译或"硬译"的方法来翻译词语的情况也不在少数。看以下例文:

1)Often did I wish to for sake the life of the *vermilion door* and return to the simple home life of fishermen and wood cutters, helping my husband and teaching my children and wearing *cotton skirts*.

张振玉汉译:常欲摆脱朱门之生活,度渔樵之岁月,荆钗布裙,相夫教子。

2)The whole family is bewitched by that female *fox-spirit*.

张振玉汉译:全家都被这个狐狸精迷住了。

3)I want only to know what made her *seek the short way*.

张振玉汉译:我只想知道什么事情使她去寻短见。

以上例句取自《京华烟云》,林语堂对"朱门""布裙""狐狸精"及"寻短见"这样的蕴含文化意义的词语直接复制到了英语里,未加任何解释,中国读者可以毫不费力地想到它们所对应的汉语,而英语读者则需通过间接的途径来了解其意义,但同时他们也得以领略这些文化词语的本来面貌。

除了英语作品,在林语堂的汉英翻译中也不乏此类情况:

4)世传月下老人专司人间婚姻事……

林译:It is said that *the Old Man under the Moon* is in charge of matrimony.

5)服余衣,长一寸又半;于腰间折而缝之,外加马褂。

林译:Although my gown was found to be an inch and a half too long, she tucked it round the waist and put on a *Makua* on top.

这两句摘自林语堂对《浮生六记》的翻译,当中的"月下老人""马褂"也被以同样的方式复制到译文中了。

除了词语复制外,林语堂在翻译中对句子结构的复制也颇为常见。如:

6)"*When a family is in poverty it produces a filial son, and when a country is ill danger it produces a patriot*," said Mr. Yao, quoting a proverb.

张振玉汉译:姚先生引用一句谚语说:"家贫出孝子,国乱识忠臣。"

7) Brother, you are *sailing with the long wind over the ten thousand miles of waves*.

张振玉汉译:兄乘长风破万里浪。

8) *Be a monk for a day and strike the bell for a day* — that is everybody's attitude.

张振玉汉译:当一天和尚撞一天钟,大家都是这种态度。

9) *You have crossed more bridges than we have crossed streets.*

张振玉汉译：您走的桥比我们走的街也长。

10) Suyun will have to obey. *Who told her not to give birth to a son?*

张振玉汉译：素云也只好服从。谁叫她不给曾家生个儿子呢？

以上各句都摘自《京华烟云》，林语堂在英语里复制汉语结构的特点在这些例句中表现得十分典型，汉语的修辞和思维方式也都随之进入译文。第10例里甚至连汉语讲话的语气也被复制了。

出现在其他汉英翻译中的类似情况也较多。

11) 耳鬓相磨，亲同形影，爱恋之情有不可以言语形容者。(《浮生六记》)

林译：And so every day *we rubbed shoulders together and clung to each other like an object and its shadow*, and the love between us was something that surpassed the language of words.

12) 各人自扫阶前雪，莫管他家屋瓦霜。(《板桥家书》)

林译：*Let each one sweep off the snow at his door-step, and not interfere with the frost on the neighbors' roof.*

这些翻译实例无不表明在林氏的英语译文里有着鲜明的汉语语言和文化的痕迹。译者坚持复制原文的表达结构，而并未采用蕴含西方文化色彩的词语或成语替代，在这个过程中，也严格而忠诚地保持了汉语的思维方式和东方的民族文化特色。对于译文读者来说，这可能会在一定程度上造成理解的挑战，但并非是不可跨越的理解障碍。如 vermilion door 的联想意义也许并不明显，但是出现在同一句中的下文 the simple homelife 则会提供足够的参考。有一部分复制的结构，尤其是成语，虽然在英语里并无相应的说法，但不同文化间的共性使译文读者可以做到望文而生义，"各人自扫阶前雪，莫管他家屋瓦霜"的翻译便是如此。而最重要的是，林语堂通过复制的手法，在英语里保留了浓厚的东方色彩，向西方读者表达了自己在文化传递中保持东方文化本色的态度。

2. 文化存异

含有文化信息的语言是翻译中的一大障碍。将信息的原貌完整地传递给译文读者的关键在于翻译的策略。而追求通顺的归化翻译往往会避重就轻或任意掩盖原文所蕴含的文化含义。对此，韦努蒂(Venuti)认为，这种掩盖文化差异的翻译策略是文化的纳粹主义和帝国主义①。所以，再现原文文化含义的异化翻译应该是尊重原文文化的可行的翻译策略。林语堂通过其翻译，真实地再现了东方文化的原貌，体现了他立足于本土文化的态度。试看以下各例：

13)头巾既揭，相视嫣然。合卺后，并肩夜膳。(《浮生六记》)

林译：When her *bridal veil* was lifted, we looked at each other and smiled. After the drinking of *the customary twin cups between bride and groom*, we sat down together at dinner.

14)倩绘一像：一手挽红丝，一手携杖悬姻缘簿。(《浮生六记》)

林译：It was a picture of the Old Man holding, in one hand, *a red silk thread* (*for the Purpose of binding together the hearts of all couples*) and, in the other, a walking-stick with the Book of Matrimony suspended from it.

15)后八百年而有汉明帝，说谎说梦，惹出这场事来。(《板桥家书》)

林译：Eight hundred years later, *Emperor Han Mingti* (后加注解：*A.D.* 58—75, *when the first Buddhist monks reached China*) brought on all this trouble through his wild fancies and dreams.

不难看出，林语堂仍然运用了复制原文表达形式的手法来翻译具有

① Venuti, L. *The Translator's Invisibility: A History of Translation*. Shanghai: Shanghai Foreign Language Education Press, 2004: 20-21.

文化含义的文字，但是他并未忽略译文读者理解上的困难，通过有效的文内注释，展现出隐藏在文字表面下的深层的文化含义。如此一来，既照顾了读者，又恪守了其真实地再现东方文化的立足点。

翻译是信息的传递，也是文化的交流，在这个过程中，原文的文化因素只有以其原貌出现在译入语里，才能逐渐被新的文化认识并吸收。正如孙艺风所说，异化翻译可能显露目的语在文本层面的缺陷。因此，借用必不可少，以使异质因素被目的语吸收、同化，使其得以发展①。林语堂在译文里从内容到形式都复制原文的手法，也正是孙艺风提到的借用，这不仅有利于不同文化相互交流和吸收，而且在一定程度上也能弥补译入语表达法的欠缺。

四、结　语

互文性为研究林语堂的创作和翻译提供了一个新的视角。译者的民族观、价值观和信仰源于其东方文化的背景，而该背景则处于广义上文本间无边的网络之中，并进而影响着林语堂的翻译和创作。因此，其英文创作和汉英翻译中体现出来的绝非只是单纯的翻译策略的问题，而是蕴藏着译者深厚的东方文化情结，这种情结进而决定了他在翻译中保持本土文化独立性和在东西方文化交流中再现原文文化的意向。

林语堂大量的英语创作和翻译作品以及其较为完整的翻译理论都为林氏的翻译研究提供了丰富的资源。目前对于林语堂的翻译研究正朝着多元化和深入化的方向发展。新的角度往往可以提供新的思维方式和研究方法，而在总体上对于翻译研究也具有重要的意义。

（王少娣，上海外国语大学新闻传播学院；原载于《外语教学理论与实践》2008 年第 1 期）

① 孙艺风. 离散译者的文化使命. 中国翻译，2006(1)：8.

翻译研究的叙事学视角

——以林语堂译本为例

黄海军　高　路

内容提要：叙事学的"认知论转向"，带来了语言学模式在近年来叙事研究中的复兴。叙事理论一旦与翻译结合，我们就能够审视翻译在对超越时空和文本的叙事的阐释中所起的特别作用。本文分析了林语堂采用"时空框架设定"的手法，采用时空转换的大框架来选择和翻译中国传奇的大手笔和叙事策略。林语堂在翻译《英译重编传奇小说》和《古文小品译英》的过程中，从选材到英文语言的表达，都紧紧围绕"现代性"来定位和重新定位源语叙事文本的各种变量，创造出了西方读者乐于接受的叙事文本。通过序言这种伴随文本的形式，林语堂重新定位译者和原叙事作者、译者和读者的关系。体裁的变化也是翻译影响叙事的一种策略，译诗时采用何种体裁主要取决于两种因素，即译入语的文化因素和译者的目的。

关键词：叙事，翻译研究，框架设定，伴随文本，体裁

一、叙事学

法语 narratologie 或英语的 narratology，一般指的是产生于 20 世纪 60 年代法国的经典结构主义叙事学，它诞生以后，很快成为一股国际性的文学研究潮流[①]。与传统小说批评相对照，经典叙事学将注意力从文本的

---

① 申丹. 叙事学//赵一凡，张中载，李德恩. 西方文论关键词. 北京：外语教学与研究出版社，2006：726-727.

外部转向文本的内部,探讨叙事作品内部的结构规律和各种要素之间的关联①。20 世纪 90 年代以来,西方出现了“新叙事理论”,指的是后经典或后现代叙事理论。“叙事”一词近年来出现了意义扩展,有学者认为我们现在经历的是一场“叙事转向”(narrative turn)②。在诸多社会科学领域内发生了“叙事”普泛化现象。法学、医学、心理学以及经济学话语正在广泛地运用叙事学的范式。在法律话语里,叙事在很长一段时间内发挥了至关重要的作用。这些“叙事”的扩展足以说明,叙事学越来越成为一门主打学科,叙事学遇到了非文学甚至非语言学科对叙事概念的使用。叙事学始于小说研究,现在可以解释一般的叙事,包括日常会话中的讲故事、医学或法律语境中的叙事再现以及历史编纂、新闻特写、影视、芭蕾、戏剧、影像短片等等。

社会科学中的“叙事转向”和叙事理论进入媒体研究,也导致了另一项重大转移,似乎可以称为“认知论转向”(cognitive turn)。这种叙事学的“认知论转向”,带来了语言学模式在近年来叙事研究中的复兴。由于人文学科领域里的叙事转向,语言学家们也开始认真对待叙事学③。

英国曼彻斯特大学(University of Manchester)翻译研究学者莫娜·贝克(Mona Baker),就是人文学科领域里叙事转向的一位代表性学者。她将叙事理论与语言研究的翻译研究相结合,创造性地将叙事理论引入翻译研究,取得了突出的成果。与用于文学研究的叙事学不同,她在研究中采用的叙事理论(narrative theory)主要来自社会和交际理论,探讨的

---

① 申丹. 叙事学//赵一凡,张中载,李德恩. 西方文论关键词. 北京:外语教学与研究出版社,2006:1.

② Fludernik, M. 叙事理论的历史(下):从结构主义到现在//Phelan, J. & Rabinowitz, J. P. (eds.). 当代叙事理论指南. 申丹,马海良,译. 北京:北京大学出版社,2007:40.

③ Fludernik, M. 叙事理论的历史(下):从结构主义到现在//Phelan, J. & Rabinowitz, J. P. (eds.). 当代叙事理论指南. 申丹,马海良,译. 北京:北京大学出版社,2007:40-47.

是翻译参与这些过程的方式①。在这个意义上的叙事(narratives),贝克认为,就是“我们赖以生存的日常叙述”(everyday stories we live by)。在这个意义上,叙事和叙述(story)是几乎可以换用的两个词。她还认为,叙事是动态的实体(entities),它随着人们每天对于新叙述体验的变化而变化,人们的行为受到他们所内嵌其中的一些事件的叙述的指引,我们每时每刻都置身于各种各样的叙事之中,这些叙事形式不同,纵横交错,游移不定,具有颠覆性和改革性的潜能。动态性构成了叙事的重要特征,因此,叙事理论一旦与翻译结合,我们就能够审视翻译在对超越时空和文本的叙事的阐释中所起的特别作用。这一点是翻译研究中的其他学术观点所不具备的。

二、叙事与框架设定理论

框架(framing, frame)的概念源自贝特森(Bateson)②,戈夫曼(Goffman,1974)在《框架分析》一书中将这个概念引入文化社会学。菲尔莫尔(Fillmore)在语义学研究领域也使用了框架的概念③。一般说来,在由人、物体、事件、背景构成的互动中,当参与者对参与的活动、演讲者如何表达他们的想法等逐渐形成一个判断,就构成了一种框架(frame)。框架强调的是互动的动态属性。戈夫曼认为,参与者并不仅仅感知框架,而是在框架概念的基础上采取语言和实际的行动④。在许多有关社会运

---

① Baker, M. *Translation and Conflict*: *A Narrative Account*. New York and London: Routledge, 2006: 3.

② Bateson, G. A theory of play and fantasy. *Psychiatric Research Reports*, 1955(2): 39-51.

③ Fillmore, C. C. Frames and the semantics of understanding. *Quaderni de Semantica*, 1985(6): 223; 石春让. 翻译研究的文化转向与文化研究的翻译转向. 外语教学,2008(3):81-84.

④ Goffman, E. *Frame Analysis*: *An Essay on the Organization of Experience*. Cambridge: Harvard University Press, 1974: 345.

动的文献中,framing 被看成是重要事件的积极过程,而 frame 则被看成是一种预期的结构,一种在特定视角下有意识采取的战略行动。framing 的过程还被进一步理解为一种机制,人们通过这种机制,与运动的目标联系起来,从而成为运动的可能参与者。贝克倾向于把 framing 理解为有干涉意义的积极策略,通过采取这个策略,我们有意识地参与现实的构建。鉴于框架设定的这种特征,贝克将其作为媒介把叙事与翻译联系起来。在她看来,"无论从字面意义或隐喻意义上来看,翻译本身可以被视为一种框架设定"(Translation may be seen as a frame in its own right, whether in its liberal or metaphorical sense)①。翻译以多种方式起到了阐释框架的作用。贝克论述了译者处理源语文本中叙事的四种主要策略,即时空框架设定(temporal and spatial framing)、选择挪用框架设定(framing through selective appropriation)、标签框架设定(framing by labeling)、参与者重新定位框架设定(repositioning of participants)②。时空框架设定就是译者选择特定的叙事文本,将其嵌入或置于一种完全不同的时空框架内,对叙事加以强调,以期文本能与我们现在生活有关的叙事产生一种联系。除非有必要,这种嵌入一般对源语文本本身不再变动。选择挪用框架设定则是对源语叙事文本进行删节和增加,以达到抑制、强调和阐释源语叙事文本某些内容的目的。标签框架设定是一个话语过程,是指用单词、术语和短语去描述叙事文本中的人物、地点、团体、事件或其他主要要素。这种阐释性的框架设定,指引或限制我们对叙事文本的反应。委婉语的使用属于典型的标签框架设定。对人名、地名、团体或其他叙事要素进行翻译时,尤其是对有争议的地名进行翻译时,译者可以保持中立,也可以表明对相关叙事的立场。参与者重新定位框架设定是指在翻译过程中,翻译者可以根据参与互动者彼此之间的关系、与读

---

① Baker, M. *Translation and Conflict*: *A Narrative Account*. New York and London: Routledge, 2006: 106.

② Baker, M. *Translation and Conflict*: *A Narrative Account*. New York and London: Routledge, 2006: 112-139.

者或听众(口译)的关系,通过语言的手段以及各种自我认同或他人认同的手段,对时空、指示、方言、语域、别称等进行操控,重新定位叙事文本中的参与者。

框架设定也是一种认知模式。菲尔莫尔认为,我们听到或读到的语篇词汇都是框架,能在我们的脑海里激发出记忆中的图像①。乔治·莱考夫(George Lakoff)也认为每一个词的意义都是通过一个概念框架得到明确的。他给出的例子是美国共和党运用语言手段向公众阐述其政治主张及具体的施政措施,即选择恰当的"框架"去负载他们的政治主张。莱考夫说,布什政府提出减税政策时,使用的表述方式是 tax relief,这是一个"relief"框架,包含"痛苦""遭受痛苦的对象""舒缓、解除痛苦的行为"等概念②。这个 tax relief 的框架设定是一个成功的语言策略。

三、叙事视角下的林语堂翻译研究

"两脚踏东西文化,一心评宇宙文章"的林语堂,一生著述颇丰,用英文发表了大量作品。他的英文作品主要分为两类:一是创作,如《京华烟云》《吾国与吾民》《生活的艺术》《苏东坡传》《武则天传》等。二是翻译,《英译重编传奇小说》《古文小品译英》《浮生六记》属于此类。从叙事的视角看林语堂的翻译,是林语堂翻译研究的一个创新。我们先看 1952 年出版的《英译重编传奇小说》。该书中林语堂选译了唐代以来的传奇 20 多篇,主要选自《太平广记》,其他的选自《聊斋志异》和《京本通俗小说》等。在序言中,林语堂写道:

The selection and retelling of these stories for Western readers

---

① 参见:Kussmaul, P. A cognitive framework for looking at creative mental process. In Olohan, M. (ed.). *Intercultural Faultlines—Research Models in Translation Aspects*. Manchester: Jerome Publishing, 2000: 61.

② 参见:张金生,李杰. 认知语言学的理论与应用——George Lakoff 2004 年北京系列讲座综述. 语言学研究,2004(3):48.

> impose a necessary limitation. Many famous stories have been omitted, either on account of theme, matter, or basic assumptions of a different society or period, which make the retelling an impossible or unprofitable undertaking. I have selected those which I believe have a most nearly universal appeal, and which answer more to the purpose of a modern short story.①

从叙事的视角看该书的选材,我们可以认为林语堂采用"时空框架设定"给选材定下了标准。他的目标读者是当代西方人,要向西方读者呈现具有代表性的中国传奇,作品就要有时代感。林语堂除了在选材上注重时代感,还采用了准确、流畅、优美的当代英语。国内有学者认为,林的文笔精练、简洁、扼要、朴实、精巧,类似于 Virginia Woolf, Joseph Conrad 等英美作家的风格②。林的选材,加上他优美的文笔,使得阅读传奇的西方读者恍如置身于当代中国文学的殿堂,即中国传奇通过林的选材和翻译实现了时空转换。值得注意的是,在"时空框架设定"下,译者一般对源语文本本身不再变动,有必要时除外。林语堂在翻译《英译重编传奇小说》时说道:

> I have no apology for the fact that in rendering these stories into English, I have not confined my duties to those of a translator. I have sometimes found translation impossible. The differences in language, in customs and practices that could be taken for granted and those which have to be explained, in the reader's natural sympathies for this or that character, and above all in the pace and technique of modern story-telling—all these make it necessary that the stories be told in a new version. In the stories by Pu Sung-ling and Li Fu-yen, I have made the fewest

---

① 林语堂. 英译重编传奇小说. 北京:外语教学与研究出版社,2009:序言.

② 卜建华. 对林语堂"文化变译"的再思考. 上海翻译,2005(1):49.

changes. If I have omitted parts of stories and added others for story effect, I have not taken more liberties than Chinese storytellers have always taken with earlier versions.①

本书之作，并非严格之翻译。有时严格之翻译实不可能。语言风俗之差异，必须加以解释，读者方易了解，而在现代短篇小说之技巧上，尤不能拘泥于原文，毫不改变，因此本书乃采用重编办法，而以新形式写出。在蒲松龄与李复言小说中变动最小。重编之时，若干故事中，作者曾有所省略，有所增加，冀其更能美妙动人。若与中国前代说书人或重编小说者相比较，本书所更动之处并不为多。

从这段话里我们得知，语言转换过程中的种种差异，尤其是现代短篇小说之技巧的需要，使林语堂觉得有时严格之翻译实不可能，于是他采取了重编方法，在若干故事中，或有所省略，或有所增加。这就印证了林语堂采用时空转换的大框架来选择和翻译中国传奇的大手笔和叙事策略。他对若干故事的删节和改编，则属于叙事中的选择挪用框架设定。

1. 参与者重新定位

在参与者重新定位框架中，译者可以采用伴随文本的形式或是采取改变叙事文本内部变量的办法，主动重新设定影响当前叙事文本以及当前叙事所内嵌的大叙事的时间、社会和政治空间，调整此处和彼处、此时和彼时、他们和我们、读者和译者、听者和口译者之间的关系。贝克认为，大部分的参与者重新定位，都发生在文本内部。可以实现重新定位的手法不胜枚举。几乎所有的文本特征都可以从局部到整体的层面重新设定，从而对源语叙事文本内部或外部所描述的参与者的关系进行调整。贝克特别提到20世纪初中国在翻译文学作品和圣经的过程中，译文从文言文到白话文的转变。她认为，这个转变参与了社会关系的重新构建，是

① 林语堂. 英译重编传奇小说. 北京:外语教学与研究出版社,2009:序言.

建立一个现代、平等和民主社会的大叙事的组成部分①。

我们认为，从文言文到白话文的转变是源语叙事所有参数在译入语叙事的重新定位，读者在阅读白话文本的过程中，会感受到源语叙事的时代感。

林语堂在翻译《英译重编传奇小说》和《古文小品译英》的过程中，从选材到英文语言的表达，都紧紧围绕“现代性”来定位和重新定位源语叙事文本的各种变量，创造出了西方读者乐于接受的叙事文本。

不仅仅在翻译过程中，在写作《生活的艺术》时，他追求的也是：“我也想以一个现代人的立场说话，而不仅以中国人的立场说话为满足，我不想仅仅替古人做一个虔诚的移译者，而要把我自己所吸收到我现代脑筋里的东西表现出来。这种方法当然有缺点，但是从大体上说来，确能使这工作比较诚实一些。”②

2. 伴随文本在参与者重新定位中的作用

伴随文本是配合文学作品中的主要文本而出现的附加成分。热奈特和麦克莱恩(Genette & Maclean)认为：

> Thus the paratext is for us the means by which a text makes a book of itself and proposes itself as such to its readers, and more generally to the public. ③
>
> 对我们来说，伴随文本是一个文本得以成书并向读者或更主要向公众荐书的方式。

伴随文本一般包括文本的标题、作者姓名、序言和插图等。它主要回答故事的发生地点、时间、存在方式(口头或文字)、传播的特点等。贝克

① Baker, M. *Translation and Conflict*: *A Narrative Account*. New York and London: Routledge, 2006: 135.

② 林语堂. 生活的艺术. 北京：外语教学与研究出版社，2009：XVI.

③ Genette, G. & Maclean, M. Introduction to the paratext. *New Literary History*, 1992(2): 261.

认为,这些伴随文本(paratexts)在重新定位译者、读者和其他参与者的时间和空间关系时,是起作用的①。

在《英译重编传奇小说》和《古文小品译英》两部作品中,林语堂几乎在每一篇的篇首都加了序言,介绍原作者和作品产生的年代、作品产生的影响等。在许多篇首序言中,他明确指出作品中哪些是他改编或增加的内容。在《狄氏》的序言中,他写道:

> This was taken from *Ch'ingchunlu*, by Lien Pu of Sung Dynasty, who said he personally knew of the story when he was a student at the university in the capital. I have filled in the details about the students' movement for recovery of national territory, which are well-known facts in history, based on such works as Chou Mi's *Kweihsin Tsachih*.②
>
> 本篇选自《清尊录》,宋人廉布作。作者称在京都为太学生时,亲闻此事。本篇中学生运动呼吁收复失地一节,为余所增入。此为历史上所熟知者,见宋周密《癸辛杂识》。

在《白猿传》的序言中,他说自己改变了故事的主题:

> I have changed the story to make the Chinese general's humiliation I losing his wife to the White Monkey the main theme. Sources for additional material on the customs of the aborigines are taken from one Tang and two Sung records: Tu-an Kun-lu's *Peihulu*, Fan Ch'eng-ta's *Kweihai Yuheng*, and Chu Fu's *Ch'iman Ts'unghsia*.③
>
> 重编本篇之时,余将欧阳将军失妻于白猿作为本篇之主题。所

---

① Baker, M. *Translation and Conflict: A Narrative Account*. New York and London: Routledge, 2006: 133.

② 林语堂. 英译重编传奇小说. 北京:外语教学与研究出版社,2009:144.

③ 林语堂. 英译重编传奇小说. 北京:外语教学与研究出版社,2009:24.

> 增番人风俗材料得自唐宋三本志书：一为唐段公陆之《背葫芦》，一为宋范成大之《桂海虞衡志》及朱复之《七蛮丛夏》。

在《简帖和尚》(《无名信》)里，他的着眼点在于定位他和读者的关系：

> The original shows the "stranger" as a thorough cheat and villain disguised as a monk. Besides omitting and supplying some details, I have switched the reader's sympathy to the stranger and made the wife stick to him instead of going back to her first husband, which was more satisfactory to a Chinese audience. (The wife in the original was a suffering, submissive woman, doing nothing on her own initiative.) Otherwise, this version follows the main outline of the original.①
>
> 本篇原文中之洪某，为一乔装和尚之恶棍，重编本篇之时，作者除对原文细节有所增减外，并力求读者同情洪某，使皇甫氏依恋洪某，不愿回归前夫，尤使中国读者读之惬意。(原文中皇甫氏为一怯懦无能、忍苦受罪之妇人。)但本篇仍依据原篇梗概重编，此外并无其他更动。

这样，通过序言这种伴随文本的形式，林语堂重新定位了译者和原叙事作者、译者和读者的关系。

3. 体裁的变化

体裁的变化也是翻译影响叙事的一种策略。体裁，指各种文学作品的类别，如诗、散文、小说、戏剧文学等。在语篇分析与翻译研究中，体裁指交际事件的一种分类。这种交际事件常出现在特定职业或学术社团范围，其显著特点是具有能被该社团确认和理解的一整套交际目的②。体裁的英文对应词是 genre。哈蒂姆和梅森(Hatim & Mason)对 genre 的定

① 林语堂. 英译重编传奇小说. 北京：外语教学与研究出版社，2009：44-45.

② 方梦之. 译学词典. 上海：上海外语教育出版社，2004：174.

义是：

> Genres are "conventionalized forms of texts" which reflect the functions and goals involved in particular social occasions as well as the purposes of the participants in them. ①
>
> 体裁就是"语篇规约化了的形式"，彰显出在特定的社会情景中所涉及的诸种作用和目标以及在这些特定的社会情景中参与人的目的。（王文斌译）

布鲁纳(Bruner)认为，genres "are recognisable 'kinds' of narrative: farce, black comedy, tragedy, the Buildungsroman, romance, satire, travle saga, and so on."②

体裁可以体现在文学方面，也可以体现在非文学方面。文学方面的体裁包括诗歌、书评等，非文学方面的体裁包括社论、法律合同、目击证人的报告、购物清单、菜谱、学术论文、杂志访谈和纪录片等。我们可以看到，翻译中有时为了适应目标语的文化传统，源语中的体裁在目标语叙事中发生了变化。林语堂在翻译白居易的叙事诗《琵琶行》时，将原诗用英文散文的形式译出。白居易原诗的"序"写道，他在诗里所写的是他由长安贬到九江期间在船上听一位琵琶女弹奏琵琶、诉说身世的情景：

> 元和十年，予左迁九江郡司马。明年秋，送客湓浦口，闻舟中夜弹琵琶者。听其音，铮铮然有京都声。问其人，本长安倡女，尝学琵琶于穆、曹二善才。年长色衰，委身为贾人妇。遂命酒，使快弹数曲。曲罢悯然，自叙少小时欢乐事，今漂沦憔悴，转徙于江湖间。予出官二年，恬然自安，感斯人言，是夕始觉有迁谪意。因为长句，歌以赠

---

① Hatim, B. & Mason, I. *Discourse and the Translator*. London: Longman, 1990: 69.

② 转引自：Baker, M. *Translation and Conflict: A Narrative Account*. New York and London: Routledge, 2006: 85.

之,凡六百一十二言,命曰《琵琶行》。①

《琵琶行》女主人公的形象塑造得异常生动、细致、真实。通过这一形象,原诗深刻地反映了封建社会中被侮辱、被伤害的乐伎们、艺人们的悲惨命运。对于白诗的序,林语堂略去未译,在用英文对《琵琶行》做了一个题解后,他一气呵成,将《琵琶行》全文用英文散文译出,比较好地传递了原诗的思想情感。

浔阳江头夜送客,枫叶荻花秋瑟瑟。
主人下马客在船,举酒欲饮无管弦。
醉不成欢惨将别,别时茫茫江浸月。
忽闻水上琵琶声,主人忘归客不发。
寻声暗问弹者谁,琵琶声停欲语迟。
移船相近邀相见,添酒回灯重开宴。
千呼万唤始出来,犹抱琵琶半遮面……②

One night I was sending a friend off to the riverbank at Kiukiang. It was autumn and maple leaves and reed flowers swooped and flicked and snapped in the wind. I dismounted to find my friend already in the boat. We had a drink, but missed music. It was a dismal parting and I was going on my way. At this time, the river was flooded with a hazy moonlight. Suddenly there came over the water the sound of a pi-pa. I changed my mind and told my friend to delay starting a bit. We were curious to find out where the music came from and learned that it was from a player in another boat. The pi-pa had stopped and we hesitated a while as to how to approach and invite the player to come over. We then moved our boat over to the other boat and introduced ourselves,

① 萧涤非,程千帆,马茂元,等. 唐诗鉴赏辞典. 上海:上海辞书出版社,1983:876.
② 萧涤非,程千帆,马茂元,等. 唐诗鉴赏辞典. 上海:上海辞书出版社,1983:874.

begging to have the pleasure of seeing the player, for we were going to warm up some more wine, relight the lamps, and have dinner again. It was after repeated pleading that she came out, and when she did, she half covered her face with the instrument.①

在《苏东坡传》的序言中,林语堂曾就他将诗歌译为散文做了说明:

原文中引用的诗,有的我译为英诗,有的因为句中有典故,译成英诗之后古怪而不像诗,若不加冗长的注解,含义仍然晦涩难解,我索性就采用散文略达文意了。②

在翻译《琵琶行》的英文序言中,他认为散文虽然使原诗的诗意有所丢失,但对于《琵琶行》这样的叙事诗,散文能更好地传递原文的意义。这与贝克的看法相近,她认为在某些文化中,诗歌似乎有强烈的虚构成分③。

将诗歌译为散文的还有翁显良,他以散文译出了柳宗元的《江雪》:

江 雪

千山鸟飞绝,万径人踪灭。

孤舟蓑笠翁,独钓寒江雪。

No sign of birds in the mountains; nor of men along the trails; nor any craft on the craft on the river but a little boat, with an old man in rustic hat and cape dangling a line in the frigid waters—a solitary figure veiled in silent snow.④

张美芳认为,翁采用散文体译诗,是因为散文体比较自由,不像诗词那样有固定的格式。翁是知名的神似派译者,他通常注重"释义",对原诗某些地方进行"增补诠释",译诗中的 nor any craft on the river (but)和 a

---

① 林语堂. 古文小品译英. 北京:外语教学与研究出版社,2009:283.

② 林语堂. 苏东坡传. 北京:外语教学与研究出版社,2009:XVII.

③ Baker, M. *Translation and Conflict: A Narrative Account*. New York and London: Routledge, 2006: 86.

④ 翁显良. 古诗英译. 北京:北京出版社,1985:51.

solitary figure 等都是增添上去的①。从某种意义上看,译诗时采用何种体裁主要取决于两种因素,即译入语的文化因素和作者的目的。奈达(Nida)指出,“以散文形式翻译某些类型的诗歌也许是出自重要的文化方面的考虑”②。他还说,“译者特别的目的也是翻译诗歌时采用何种文学体裁的重要因素”③。

四、结　语

从叙事的视角研究翻译,特别是将叙事理论应用于中国语境下的翻译研究,是一个具有创新性的研究视角。将叙事应用于林语堂翻译研究,对于我们认识和理解林语堂翻译中所具有的创造性和创新性,是一个合适的理论切入点。叙事作为动态实体的动态性和开放性、叙事体裁和语式的多样性和宽泛性,可以凸显译者在翻译过程中的创造性。从叙事的视角看翻译,译者在翻译过程中的参与性得到了最大的体现。

(黄海军,高路,浙江理工大学外国语学院;原载于《西安外国语大学学报》2011 年第 4 期)

---

① 张美芳.翻译研究的功能途径.上海:上海外语教育出版社,2005:174.

② Nida, E. A. 翻译科学探索.上海:上海外语教育出版社,2004:157.

③ Nida, E. A. 翻译科学探索.上海:上海外语教育出版社,2004:157.

中篇　多维视角研究

中国故事对外译介的“中国味道”

——林语堂小说三部曲中的中国英语之多维解读

冯智强　李　涛

内容提要：中国文化对外译介是实现“走出去”目标的必然途径，而中国英语越来越成为实现这一目标的工具语言与有效途径。只要是表达中国特有的事物，无论是中国人还是外国人的著译都会带有浓重的“中国味道”。林语堂作为中西文化交流的使者，在中国文化对外译介方面做出了巨大贡献，其小说三部曲在海内外都颇有影响。本文从词汇、句子和篇章三个层面探讨了林语堂小说三部曲中中国英语的表现形式，并解读了其中的“中国味道”，进而揭示了带有“中国味道”的中国英语在中国故事对外译介过程中所起的重要作用。

关键词：林语堂，小说三部曲，中国味道，中国英语

一、引　言

近年来，学者们围绕中国英语的地位和意义一直争论不断，但不可否认的是，无论是中国人还是外国人，用英语来表达中国文化时，其中总会带有一种“中国味道”。对此，葛传椝在《漫谈由汉译英问题》一文中指出：“各国有各国的特殊情况。就我国而论，无论在旧中国或新中国，讲或写

英语时都有些我国所特有的东西需要表达。①

语言的功能主要在于交流，如果这些带有“中国味道”的中国英语表达能够有效地满足国际交流，那么也就没必要对其求全责备，甚至可以发扬光大。关于中国英语是否符合标准英语的规范，则有学者声辩道，中国人无须为自己讲的英语是否标准而争论得面红耳赤，连美国英语和澳大利亚英语都曾遭受过歧视，中国人的英语作为一个新生事物受到歧视也是情理之中的事情，随着中国国力的增强，中国英语必将同各种英语变体一道得到世界的认可，取得它的合法地位。② 可以预见，中国英语必将在未来中国全球化的道路上发挥出越来越重要的作用。

林语堂的过人之处在于他能够把汉语、英语的语义和语言形式糅合在一起，从而形成一套独具特色并带有极强的“中国味道”的“杂合”语言，而这种语言表现为一种国际化与本土化相结合的语言形式和叙事风格，能够恰当地再现中国的人情事理并将其传播到世界各地，具有强烈的真实感和准确性。然而，在林语堂的时代并未出现过“中国英语”的说法，且中国英语也没有像凯齐卢(Kachru)所划分的外圈国家如印度、新加坡、南非等国家的英语变体那样被制度化地学习和运用③，林语堂能够运用“中国味道”的英语进行著译实属大胆创新之举。甚至直到今天，以中国英语为载体的著译也算不上丰富，而林语堂小说三部曲便是其中为数不多的三本(即《京华烟云》《风声鹤唳》和《朱门》，三部曲各自拥有独立的故事情节，合起来则为一个完整的小说体系)，其中的“中国味道”更是淋漓尽致。本文将从词汇、句子和篇章三个层面探讨林语堂小说三部曲中中国英语的表现形式及特点，揭示其中国英语在中国文化对外译介中所起的作用。

---

① 葛传槼. 漫谈由汉译英问题. 中国翻译，1980(2)：2.

② 张凤娟. 别琴英语和中国英语对我国语言教学的启迪. 山东外语教学，2002(6)：47.

③ Kachru, B. B. World Englishes: Approaches issues and resources. *Language Teaching*, 1993(25): 1-14.

二、词汇层面的“中国味道”

英语的国别变体最明显的特征往往表现在词汇方面。作为一个开放的系统，英语在漫长的历史演变中，不断地从外来语言中借入大量的词汇，其中就包含许多汉语借词。而中国英语在林语堂小说三部曲中首先表现为大量的汉语词汇进入英语，以及许多英语词汇在中国语境中的语义变异。这样的表达具有浓重的“中国味道”，使西方读者耳目一新。随着时间的推移，我们可以看到，这样的一些词汇已经逐渐融入世界主流英语之中，并被逐渐应用在一些正式场合。我们按照音译、直译和意译等三种类型分别探讨林语堂小说三部曲中中国英语词汇的表现形式和重要作用。

1. 音译造词

顾名思义，音译词就是按照汉语发音方式进入英语的词汇，而林语堂作品中的专有名词均使用威氏拼音音译。以下将分为人名、地名和其他名称三大类进行讨论。

关于小说三部曲中人名的翻译，林语堂依据角色的重要性采取了两种不同的译法，即凡是主角或者戏份比较重的人物，其姓名均采用威氏拼法来译，以示在小说中的重要地位(其他次要人物的名字则用英语词汇来直译)。如 Mulan(木兰)、Tijen(迪仁)、Poya(博雅)、Tu Jo-an(杜柔安)等，而家庭成员之间称呼的音译则有 Hsiaochieh(小姐)、Taitai(太太)、Laoyeh(老爷)、Shaoyeh(少爷)等。另外，三部曲中出现的中国历史上著名人物的名字也均采用了音译法，如 Chiang Kaishek(蒋介石)、Po Chuyi(白居易)、Ku Yenwu(顾炎武)、Wen Tiensiang(文天祥)等，以示其主体地位和重要性。

关于地名的音译，最为典型的是中国城市的名字，如 Peking(北京)、Tientsin(天津)、Hangchow(杭州)、Liuchow(柳州)等。其次是一些中国历史上的地点或景观，如 Hatamen Street(哈德门街)、Hanlin Academy

(翰林院)、The East-Four Pailou(东四牌楼)、The Pata Hutung(八大胡同)等也都相应地采用了音译法。其中,有的采用全部音译法,如 The Pata Hutung;有的则以拼音和英语词汇组合而成,如 The East-Four Pailou。前者林语堂并未按照纯英语规则翻译为 The Eight Great Lane,后者也并未译为 The East-Four Memorial Archway。但无论是哪种类型,林语堂都有意在这些中国特有的地名中加入了汉语拼音,以展示中国文化自身的主体地位,凸显中国文化中特有的中国元素,从而向世界介绍中国所特有的生态文化。

除此以外,还有一些具有浓郁"中国味道"的音译词,如 Tupan(督办)、Kaoliang(高粱)、Tsunghsi(冲喜)、Shanghan(伤寒)、Kowtow(磕头)、Yin-yang(阴阳)、Yamen(衙门)等,其所表达的多为中国文化中特有的风土人情,在林语堂之前几乎没有用英语翻译过。

更为值得一提的是,林语堂根据东西文化差异以及行文叙述的需要,在部分音译词后面附加了概括性的英语解释,以帮助西方读者更加顺利地理解文意,例如:

1)Now every woman knew the *kuanyin*, or Goddess of Mercy, by her longer title "The Great Spirit of Great Kindness and Great Mercy, Saving the Afflicted and the Distressed."①

2)The neighbors used to call him Laosienjen, Old Fairy-Man.②

3)She was examining a jade vessel, a sipi, or "brush bath", exquisitely carved in the front of rising mountain peaks, with a small basin below containing water.③

1)中的"kuanyin"即"大慈大悲"的观世音菩萨,2)中的"Laosienjen"

① 林语堂. *A Leaf in the Storm*. 北京:外语教学与研究出版社,2009:126.

② 林语堂. *Moment in Peking*. 北京:外语教学与研究出版社,2014:41.

③ 林语堂. *Moment in Peking*. 北京:外语教学与研究出版社,2014:78.

(老仙人)是抽象虚构的人物,而3)中的“sipi”(洗笔)是中国笔墨文化中特有的工具,音译附加解释则更好地展现了独特的中国传统民俗文化和浓厚的“中国味道”。

以上诸例中,林语堂大胆地采用音译法,一是应对文化不对等产生的不可译性,二是为了弘扬中华文化,保留中国文化特色。其中许多音译词一直沿用至今,并已收入英美权威词典,可见其生命力之顽强,同时也说明其独特的表达方式已经为中外读者所接受,这种偏向源语的翻译方法为我国后来的翻译和文化传播事业提供了不可多得的宝贵经验。

2. 直译造词

直译词是指依照汉语词汇逐字进行英语对应的翻译,这类词从形式上看属于标准规范的国际英语,但其所指的却是中国所特有的事物。直译词同样可以分为三类:直译人名、直译地名和直译其他名称。直译人名与前面所述的音译人名相对,林语堂倾向于把小说中次要人物的名字进行直译,如 Snow Blossom(雪花)、Silverscreen(银屏)、Bluehaze(青霞)、Dimfragrance(暗香)等。而直译地名则有 the Calm-Heart Studio(静心斋)、the moon door(月门)、Winding corridor(回廊)、the Terrace of Swirling Waters on the pond(洄水榭)等,这些词的直译传达了汉语中建筑名称儒雅而富有文采的风格,贴切地反映出了中国建筑文化的无限魅力。直译的其他名称有 shadow plays(皮影戏)、the God of Wealth(财神)、seed of sin(孽种)、guarding the soul(守灵)及 bind the feet(缠脚)等,这些直译词的应用充分表现了中国文化中特有的风土人情,向西方读者展示了中国文化的方方面面,促进了中国文化在世界范围的传播。

另外,有些词汇通过直译不足以体现其含义,因此林语堂在采用直译来描述中国事物的同时,还在此类词汇的前后附加了相应的语言描述,以便于西方读者理解。这种现象在小说三部曲中比比皆是,例如:

1)Eight characters, consisting of the hour, day, month, and year of birth 八字

2)Screen walls facing the gate 影壁墙

3)Give a dinner on the previous night to "wash the dust" 设宴接风洗尘

4)She would come and say "early" to her father in the front court, the first thing after she got up and washed.①……向父亲请早安……

5)"had happiness" in her body 有喜

这里,林语堂通过相应的语境描述,使得西方目的语读者可以通过上下文了解中国民俗文化、建筑特色、待客之道、幽默风趣的日常对话等表达特点以及关于婚育的委婉说法。这些表达都显示了中国文化中的中国特质(Chineseness)。

3. 意译造词

意译词是按照汉语词汇的概念翻译成英语的词汇,与汉语词汇之间没有逐字对应的关系。林语堂之所以运用这样的翻译方法,主要是因为这些词是中国文化中特有的事物,在英语语言中无法直接找到对等项进行翻译,如 child daughter-in-law 或 a child bride(童养媳)、astrology and fortune telling(占卜和算命)、tear-stain bamboo(湘妃竹)、the Garden of Quiet and Suitability(安适园)、the day of Cold Dew(白露)、the beginning of Winter(冬至)、become sex-conscious(情窦初开)、parents of a second life(再生父母)、doll of tears(泪人儿)等。这些词涉及中国文化的诸多方面,虽然是由各具意义的英语单词组合而成,但组合之后却变成了中国文化背景下具有特定内涵的事物,反映出中国人特有的思维特点和认识世界的方式,也是英语文化中不曾有的东西。林语堂小说三部曲中使用的这种翻译手法,充分展现了林语堂强大的语言创造力和娴熟的语言运用能力,同时,也生动形象地向西方介绍了中国文化的独特魅

① 林语堂. *Moment in Peking*. 北京:外语教学与研究出版社,2014:15.

力，有力地促进了东西文化交流和互相了解。

三、句子层面的“中国味道”

关于中国英语的句法研究此前很少有人涉及，多数学者将其归入篇章范畴来对待。我们将从中英两种语言的句法比较出发，解读林语堂小说三部曲里中国英语的句法特色，并重点关注其中类似汉语语言特征的几个有代表性的方面。

1. 动词活用句

在注重形合的英语中，句子需要有完整的形式结构，必须符合基本的句法特点，时态、语态、谓语的运用都要符合规范，因此行文逻辑十分严谨。而汉语则不然，其意合特点决定了汉语句子依据语义逻辑组句成篇的规则，而对句子成分特别是谓语的具体形式并无刚性的要求，即使句子在时态、语态乃至谓语形态等方面都没有明显标记，读者仍可以在阅读时依靠语义和语境的逻辑推断出句子的准确语义，即句意理解不存在问题。林语堂小说三部曲中就有许多对谓语灵活处理的句子，例如：

1) A poxy toad thinking of eating swan's flesh![①]

2) A Siamese fighting fish to upset a glass bowl of goldfish.[②]

3) For Tijen had forgotten all about the passage he had quoted from Mencius about Heaven "belaboring a man's muscles and bones and starving his body" before "calling him to do great things."[③]

上面三个句子中，前两句和第三句的画线部分均为汉语语言文化中的特有表达，其谓语动词一概采用动名词的方式进行翻译，这显然并不符合英语谓语动词的使用规范，也基本没有顾及句子的时态和语态问题，这

① 林语堂. *Moment in Peking*. 北京：外语教学与研究出版社，2014：270.

② 林语堂. *Moment in Peking*. 北京：外语教学与研究出版社，2014：190.

③ 林语堂. *Moment in Peking*. 北京：外语教学与研究出版社，2014：274.

类似于汉语句子谓语动词不讲究语言表面形态变化的特点。林语堂的翻译有意打破了英语句式的固有结构,效仿汉语句子无形态变化的特征,将动词一律动名词化,避免纠缠于该句在谓语动词上的时态和语态等烦琐的变化,虽不符合英语语法中句子要保持结构完整的规则,但西方读者根据语义也完全可以理解文意。此处林语堂大胆采用的中国英语表达充分展现了汉语意合的语言特点,以创造性的带有"中国味道"的形式再现了汉语无形态变化的特点。

另外,作为形态语的英语句子,由于每个句子只有一个定式动词,动词的活动尤其受约束,常需要通过构词法转化成其他词类;而汉语则是无明显形态变化的非形态语,且由于动词不须受形态等限制,使用非常灵活方便,结果形成了动词优势,一个句子可以不限于只用一个动词,允许连续使用几个动词,即所谓的"连动式"。动词连用是现代汉语句法的显著特征之一,而这种现象在规范的英语中一般是不允许的,但我们可以在林语堂的小说三部曲中看到许多动词连用的英语句子。如:

> "Now we are in Peking and in this big house and garden," said Mrs. Sun, "you should be careful what you say. When people ask you things, think before you reply, and don't talk too much. Say half of what you want to say, and swallow the other half. It isn't like the country, you know. Observe others and try to learn the manners and rules."①

该语篇的语境是孙太太一家人刚从乡下老家搬到京城的孙家居住,乔迁之初孙太太就对家人进行了口头教育,约法三章,为的是不被人家看了笑话。此句中的画线部分均为动词作主位的祈使句,完全是动词作为句子的主导,看似完全是由意合的汉语直接对译过来,并未做句型结构上的太大改动。林语堂有意这样翻译,无疑也是为了保留汉语动词活用的

① 林语堂. *Moment in Peking*. 北京:外语教学与研究出版社,2014:126.

动态倾向特征。

2. 句子短小精练

一般认为,英语句子是树式结构,而汉语句子是竹式结构。总体说来,英语长句较多,而且结构比较复杂,往往从句里含有从句,短语中又套有短语,宛如一棵大树,有树干,有枝杈,有树叶。与之相反,汉语句子一般简短明快,长句很少,即便是较长的句子也不像英语那样盘根错节,十分复杂,恰似一根春竹,一节之后又生一节,中间掐断无伤大雅。[①] 由此看来,英语句子一般较长,汉语句子一般较短。而林语堂具有浓厚的"中国味道"的中国英语深受汉语的影响,自然也会有大量较短的句子出现,林氏小说三部曲中就有许多这样的例子。

> Make no mistake, this is going to be a long war. In 1932, the Nineteenth Route Army was fighting; now the whole nation is fighting. It is not a question of Shanghai or Peking, or which is safer. Nowhere will there be complete safety. Who knows what will happen to Shanghai? The war will go on to the interior. We will all be refugees. What will become of us and of this garden, we cannot guess. In Peiping there will be as much safety as in Manchuria. This is called a "fallen area." You have to make up your mind to go on living, or rather merely exiting, in this impossible atmosphere of an occupied city, —or become a refugee inland. [②]

从这段语篇可以看出,除了最后一句相比较而言算是长句外,其他句子相对都较短,每句至多带有一个简单从句,且每句的句子结构相对简单。林语堂此类语篇的行文安排基本上沿用了汉语语句短小精练的特

---

① 范仲英. 实用翻译教程. 北京:外语教学与研究出版社,1994:161-162.

② 林语堂. *Moment in Peking*. 北京:外语教学与研究出版社,2014:83.

点，以简单句为主要形式，语言十分简练，且句与句之间少有连接词使用，语意关联性不强，多是靠语义逻辑形成语义连贯，充分体现了汉语句子短小、结构简单的行文特点。

3. 顺应汉语语序

汉语是语义型和分析型的语言，在语言的组织中，语义逻辑是决定汉语语序的最重要依据。关于汉语与英语语义逻辑的差别，曾有学者指出：英民族习惯于把最重要的事物放在句首说，开门见山，一语道破，然后再把各种理由一条条补述，一步步交代，慢条斯理，从容不迫，形成一条头短尾长的线性链；而汉语则相反，其线性序列的展开好比“画龙点睛”，先把外围的环境与衬托意义交代清楚，力求周到，最后才点出话语的信息中心，水到渠成，给人以“豁然开朗”之感，这是一种头大尾小的句式。① 对此，潘文国更是一语道破，将汉语的逻辑性表现归纳为以下几个方面：时序上的先后律、空间上的大小律、心理上的重轻律、事理上的因果律。② 且看如下例子：

> They had a few farms and a house of their own, which, with taking extra work in embroidery, could easily keep the mother and daughter alive. ③
>
> 译文：孙家有几亩地，还有自己的一栋房子，再帮人做点儿针线活，母女度日，倒还容易。④

这句话在语序关系上属于“因果关系律”，即事物发展的顺序就是先因后果，先有假设才有可能，先有条件才有结果，这在汉语句子结构中几乎没有什么例外，全部是以从—主顺序排列，即表示原因、条件、假设、先

---

① 金惠康. 中国英语. 北京：外语教学与研究出版社，2004：235.

② 潘文国. 汉英语对比纲要. 北京：北京语言大学出版社，2013：257-273.

③ 林语堂. *Moment in Peking*. 北京：外语教学与研究出版社，2014：96.

④ 林语堂. 林语堂名著全集(第 1 卷)：京华烟云(上). 张振玉，译. 长春：东北师范大学出版社，1994：96.

时等的一律在前，表示结果等的一律在后。[①] 对照汉语翻译可以看出，原文和汉语译文的语序都是先因后果，先列举母女拥有的各种经济来源，然后得出结果，即母女的生活还算过得去。此处充分体现了汉语语序在林语堂英语创作中的影子，使其创作在句子语序层面显现出一定的“中国味道”。

四、篇章层面的“中国味道”

“中国味道”体现了东西方思维的差别。这种差别体现在人们叙述事物、表达观点的具体语篇当中。韩礼德和哈桑(Halliday & Hasan)将语篇的连贯性归结为两个方面：语篇在语境上是连贯的，因而在语域上是一致的；语篇自身是连贯的，因而是衔接的。[②] 不同语言有不同的语篇衔接手段(cohesive devices)。下面我们从语篇衔接和语义连贯两方面，对照汉英语篇差异来分析林语堂小说三部曲中的中国英语在篇章层面的体现。

1. 语篇衔接

汉英语篇的衔接手段具有一定的差异性，其中汉语更常使用原词复现和省略，而英语则多用照应和替代。以下我们从重复和省略两个方面对林语堂小说三部曲中中国英语的语篇特点进行探讨。

(1)重复手段

首先是文内语言重复。文内语言重复是指句子中的某些词语在上下文的语句中多次重复出现的现象，这在汉语中是可以接受的，而英语中除了有特殊作用如强调之外，一般不允许这种现象反复出现。关于汉语里文内语言重复的现象，潘文国曾指出，汉语不喜欢使用同义代替的手段，因为会使精神分散；也不喜欢使用代词，因为容易变得所指不明。结果由

---

① 潘文国. 汉英语对比纲要. 北京：北京语言大学出版社，2013：257-273.

② Halliday, M. A. K. & Hasan, R. *Cohesion in English*. London: Longman, 1976: 23.

于过于强调重复，反而变成了某种意义上的“形合”，这是很有意思的事情。[①] 我们来看林语堂小说三部曲中的有关文内语言重复的例子：

> It was a most awkward situation for a girl of eighteen, but Mannia said courageously, in a shaky voice:
>
> "Pingko, I have come."
>
> "Meimei, you have come," said Pingya.[②]
>
> **译文：一个十八岁的少女这时应当是很难为情的，可是曼娘却鼓起勇气，用颤抖的声音说：“平哥，我来了。”**
>
> **平亚说：“妹妹，你可来了。”**[③]

这个例子的汉译听起来不觉得奇怪，因为平亚和曼娘两人是一对年轻的未婚男女，长时间相互思念，见面之后肯定会感觉激动兴奋却又害羞不知说什么好，平亚的重复恰好反映出了这一点，因此汉语中出现这种情况完全可以接受。但是英语句子则要尽量避免词汇重复，动词第二次出现时常会借用助动词进行替代，所以按照规则，平亚应说“Meimei, so you have”来回应曼娘的话。林语堂的这种重复译法体现了汉语文内语言重复的特点，显然是带有“中国味道”的中国英语的句式表达。

其他文内语言重复的例子不胜枚举，如将“此一时，彼一时”译为“Then was then and now is now.”[④]，而“'Orders is orders,' he replied, getting up with a smile and leisure and leisurely brushing the dust off his uniform."[⑤]中的“这是命令”被译成了“Orders is orders”，这些都是林语堂有意使文内语言体现汉语词汇重复的创举，“中国味道”十足。

其次表现为代词重复。中国英语的语篇当中会出现效仿汉语中代词

---

① 潘文国. 汉英语对比纲要. 北京：北京语言大学出版社，2013：350.

② 林语堂. *Moment in Peking*. 北京：外语教学与研究出版社，2014：121.

③ 林语堂. 林语堂名著全集(第1卷)：京华烟云(上). 张振玉，译. 长春：东北师范大学出版社，1994：139.

④ 林语堂. *Moment in Peking*. 北京：外语教学与研究出版社，2014：101.

⑤ 林语堂. *The Vermilion Gate*. 北京：外语教学与研究出版社，2009：7.

重复的情况,其原因也源于英汉语的差异。英语比较稳定而多样的形式(包括形态)可以控制内部各语言要素间的关系,因此以形合为主。汉语的情况恰恰相反,在句子(或相当于句子)的较短的语言片段内,主要靠的是意合,用"意脉"贯串全句;而到了较大的语言片段里,为了保持"神"不散,就要用适当的"形合"手段来增加凝聚力,而重复同一个词是最好的办法,可以使读者、听者的意念中心不致走散。[①] 我们来看一个林语堂小说三部曲中代词重复出现的例子:

> In addition, Mulan learn how to stew Chinese medical herbs, and by sheer experience came to have some knowledge of principles of Chinese medicine. **She** knew that crab and persimmons did not go together, that crab was "cold" and eel was "hot" for the body. **She** knew the Chinese medicinal herbs by their sight and smell, and **She** was fully familiar with the essentials of Chinese home medicines and their important relation to food. [②]

此处是描写木兰从小聪明能干,学识丰富。该语段中的三个句子的主位信息均是木兰,虽说除第一句外,第二句以及第三句里由"and"连接的两个并列分句均是用"she"来代替"Mulan",但是这不得不说依旧没有避免后面两句中出现了三次"she"的高频度代词重复现象,"she"反而成了承上启下的形合标记,而英语语篇一般需要不断变换其句式结构来规避句式的单一刻板、缺乏文采;而汉语并无这样的限制,因此此处代词重复是对汉语语篇特点的效仿,句式安排具有一定的"中国味道"。

(2)缺省连接词

汉英语篇结构之间的一个重要区别是汉语语篇组织可以以作者的思想意识为参照安排行文结构,换句话说,就是根据某个话题展开语篇,表达中心思想。因此,汉语语篇在每两个相邻的句子间,有时看不出有逻辑

---

① 潘文国. 汉英语对比纲要. 北京:北京语言大学出版社,2013:349-350.

② 林语堂. *Moment in Peking*. 北京:外语教学与研究出版社,2014:93.

连接词使两者形成表面的逻辑关系,但如果按照语义层面理解是完全符合逻辑的,也是可以被读者所理解接受的。这在林语堂小说三部曲中多有体现。

> Make no mistake, this is going to be a long war. In 1932, the Nineteenth Route Army was fighting; now the whole nation is fighting. It is not a question of Shanghai or Peking, or which is safer. Nowhere will there be complete safety. Who knows what will happen to Shanghai? The war will go on to the interior. We will all be refugees. What will become of us and of this garden, we cannot guess. In Peiping there will be as much safety as in Manchuria. This is called a "fallen area." You have to make up your mind to go on living, or rather merely exiting, in this impossible atmosphere of an occupied city, —or become a refugee inland.①

此段中除了三处用"or"来表现句内选择之外,整段之中相邻句子之间均没有相互衔接的连接词,换句话说,我们只从语言表面是无法理解其中的语序安排和语义逻辑的,要真正理清其脉络大意,需要深入理解每句话的句意,根据句意判断说话者的思维方式和中心思想。这正体现了汉语意合的特点以及汉语作为话题型和分析型语言的表现形式。因此,连词的省略是该语段在语篇衔接上受到汉语语篇影响的结果,是挥之不去的"中国味道"。

2. 语义连贯

语篇的生成和解读都离不开语境(context),所以要深入研究语篇,就应该研究语境。② 而要理解话语必须先了解话语的情景语境(context of situation)以及蕴含该情景语境的文化语境(context of culture)。下面我

---

① 林语堂. *Moment in Peking*. 北京:外语教学与研究出版社,2014:83.

② 杨自俭. 语篇和语境——衔接与连贯的发展及应用序. 解放军外国语学院学报,2003(2):4.

们从情景语境依赖和文化语境依赖两方面来分析林语堂小说三部曲中中国英语在语义连贯方面的体现。

(1)情景语境依赖

如前所述,林语堂在著译中有关中国文化专有项的表达,大都采用富有“中国味道”的中国英语进行处理,以传播独特的中国文化。同时为了便于读者理解,林语堂也在语境中加入了解释性的语言成分,但即使是这样,对于不了解中国文化的西方读者而言,要想完全理解整个语篇的隐含意义,也必须深入了解语言背后的中国文化,才能建立起连贯的语义逻辑,从而透彻地理解文意。例如:

> “The little ‘bad-goods’!” snorted Mr. Tseng.
>
> Cassia was greatly concerned at what her child had said.
>
> “Don’t listen entirely to what the child says. It may or may not be true.”
>
> “Bring me the chiafa!” was Mr. Tseng’s answer. The chiafa, meaning “family discipline,” was a birch rod.
>
> Silence fell in the room.①

当桂姐劝说不要轻信孩子的话之后,曾文伯并没有接着她的话讲,而是吩咐“Bring me the chiafa!”,即拿“家法”来,这里的“家法”就不仅仅是指抽象的家庭法则或家庭条例,而是指具体的藤子棍,意思是他要用藤子棍来抽打经亚,以示惩戒。“chiafa”是威妥玛拼音拼出的“家法”,这是具有中国特色的汉语音译词,同时也起到了承上启下的作用。西方读者依据上下文,尤其是第一句中对其孩子的咒骂“The little ‘bad-goods’!”,应该可以联想到这是要用棍子打孩子的意思。因此,林语堂仍大胆地采用了音译这一具有“中国味道”的表达,给读者在话语语境上留下思考空间,此处具有一定的语境依赖性。

---

① 林语堂. *Moment in Peking*. 北京:外语教学与研究出版社,2014:76.

(2)文化语境依赖

文化语境依赖指的是语言表达中隐含着大量的文化背景信息,若要真正地理解话语或语篇意义就必须了解语言背后所隐含的文化信息内容。这对读者来说的确有一定难度,但却是一种间接促进文化传播的办法。再看小说三部曲之一的 *Moment in Peking* 中如下的对话:

> "Don't talk nonsense," said Cassia. "Things are not as bad as that, and besides, the parents would not let you and there is your mother. You are indeed already a Tseng family person and as far as I can see, your destiny and Pingya's are tied up together. We shall wait and see—who can tell but next year Laoyeh and Taitai will carry a grandchild and we shall eat red eggs?"①

该语篇中,"red egg"这个意象在中国文化中代表吃"满月酒",但林语堂在此处直接用了"red egg"一词而并未对该词做过多解释。该表达对背景文化具有很强的依赖性,这种隐性连接对西方读者可能会造成一定的理解难度,但却是一种带有浓厚"中国味道"的意合表达。读者只有通过上下文乃至整部小说的阅读以及对该表达背后的中国文化的了解,才能够真正理解其所表达的中国故事特别是中华文化的丰富底蕴和真正魅力,这也正是林语堂促进中国文化向世界传播的目的所在。

五、结　语

中国人在用英语表情达意时,不可避免地会带有一些中国特色,这不仅不应该回避,而且应该合理有效地发扬光大。至于有人把"中国味道"的存在归咎于没能熟练地掌握英语,所以不能像操本族语者那样表达出地道的英语,这种观点是经不起推敲的,因为那实在无法解释为什么像林

---

① 林语堂. *Moment in Peking*. 北京:外语教学与研究出版社,2014:134.

语堂、辜鸿铭、熊式一等诸多学贯中西且英语功底深厚的大师级人物的英文著译中同样存在“中国味道”。事实上，只要用英语来描述与中国文化相关的内容，用英语来表达中国人的意识形态、社会行为和反映中国人的立场与观点，那么就必然会用到带有浓重“中国味道”的中国英语。与大量涌入国门的英译汉作品相比，用中国英语讲中国故事的著译作品目前数量并不多见，但是这种形式无论在文学层面、文化层面，还是在语言层面，都是对世界语言文化的巨大贡献。从文学层面讲，世界英语文学的范畴需要扩大，以包括那些非欧洲的、非基督教的、非西方文化的作品；从文化层面讲，全球化的趋势必然要求各民族文化的交流与融合，独特的中国文化“走出去”恰逢其时；从语言层面讲，表达中国特殊的政治、文化和社会生活，我们需要认同那些特殊的语言手段，中国故事“走出去”恰恰需要“中国味道”的表现形式。另外，从语言与思维的关系看，语言是思维的载体和体现形式，表达中国事物的语言，无论是汉语还是英语，都必然体现中国人特殊的思维方式。总之，林语堂小说三部曲无论在语言层面、句子层面，还是语篇层面，均展现了博大精深的中国文化，是世界文学之林中带有浓厚“中国味道”的经典之作。如今，像这样带有“中国味道”的中国英语已经成为世界英语大家庭中的一员，被越来越多的有识之士所认同和使用，承载着博大精深的中国文化，标示着中国人的文化身份，体现出在全球范围内传播和弘扬中国语言和文化的无限魅力。

（冯智强，天津外国语大学中央文献翻译研究基地；李涛，辽宁省朝阳师范高等专科学校外语系；原载于《海南师范大学学报》2011 年第 6 期）

中国文化对外译介中出版社与编辑之责任

——以林语堂英文作品的出版为例

李　平

内容提要:林语堂常常被看作中国文化"走出去"的成功典范,但是他也有失败的时候。本研究以林语堂的英文作品为例,通过比较其在大陆、香港、台湾,以及国外的出版情况,分析其成败原因。研究指出,同一著译者的作品在图书市场中或热销或滞销,编辑与出版社在此过程中起着至关重要的作用。中国文化"走出去",出版社与编辑责无旁贷。

关键词:中国文化"走出去",林语堂,编辑,出版社

一、引　言

21 世纪初,笔者就针对国家对中国文学外译"关注不够,缺乏主动"的现状,呼吁重视翻译,资助汉译外的出版①。后来的情况是,继"大中华文库"(中英对照)陆续出版之后,2006 年,"中国图书对外推广计划"(CBI)开始实施。该计划主要采取资助翻译费的方式,鼓励各国出版机构翻译出版中国图书。2010 年,国家社科基金设立中华学术外译项目,以更大规模、更多投入、更广领域支持中国图书"走出去"。如今的"一带一路"更是

① 李平. 影响中译外的几个宏观因素. 江苏外语教学研究,2003(3):170-172.

为中国文化“走出去”提供了契机。

李平和黄慧先后在《中国文学“走出去”——汉籍英译模式探究》①和《中国文学“走出去”——汉籍英译模式再究》②中根据近百年来汉籍外译翻译主体的构成，提出了六种翻译模式(见表1)。

表1　中国文化对外译介模式

	翻译模式	译者	编辑	出版社
1	霍克斯模式	汉学家/来华传教士	西方编辑	西方出版
2	林语堂模式	中英文双语作家	西方编辑	西方出版
3	老舍模式	作者与译者合作	西方编辑	西方出版
4	杨宪益和戴乃迭模式	中外译者合作	中国编辑	中国出版
5	许渊冲模式	中国译者	中国编辑	中国出版
6	中外合作模式	中国译者	西方编辑	西方出版

这些模式中，林语堂一直被看作“中国文化译出的典范”③，一谈到中国文化“走出去”就会想到林语堂④。本文以林语堂的英文作品为例，探讨他在中国文化对外传播过程中的成败得失，以期有助于中国文化有效地“走出去”。

二、编辑和出版社对林语堂英文作品的影响

20世纪30—40年代，林语堂凭一己之力，用手中的笔让英语世界读者对中国文化产生了浓厚的兴趣。如今，“中国的经济地位和文化实力无疑大大超过了20世纪30年代，但是，为什么直到今天还不曾出现一本和

① 李平，黄慧. 中国文学走出去——汉籍英译模式探究. 现代语文，2013(11)：143-145.

② 李平，黄慧. 中国文学走出去——汉籍英译模式再究. 现代语文，2013(12)：156-157.

③ 黄忠廉. 林语堂：中国文化译出的典范. 光明日报，2013-05-13(05).

④ 乐黛云. 从中国文化走出去想到林语堂. 中国文化报，2015-12-18(03).

林语堂以上两本书(指林语堂的《吾国与吾民》《生活的艺术》——笔者注)在国外的影响相媲美的中国人自己写的书呢?”乐黛云就此提出了质疑①。其实,林语堂在海外畅销的不止这两本书,而不畅销的更多。研究者一般都只注意林语堂的畅销书,却不注意那些不畅销的作品。同一个作家,为什么有些作品很畅销,有些不畅销?这个问题值得深究。中国文化要“走出去”,不仅要关注那些畅销的,还应了解那些不畅销的,分析原因,总结成功经验,汲取失败教训。目前关于林语堂英文著译的研究很多,对其翻译策略、创作策略都有研究②,但林语堂的成功,离不开背后的推手;林语堂的“失败”,除了其自身原因,编辑与出版社也要承担相当的责任。

需要说明的是,这里提到的成功与失败、畅销与不畅销都是相对林语堂自己的作品而言。林语堂的作品当时在国外都很好卖,只是销售数量不同而已。林语堂在美国出版的作品大致可以分为三类:畅销作品、非畅销作品和未出版作品。

1. 畅销作品

林语堂在国外的畅销书,主要由两家国外出版社出版:第一是兰登书屋(Random House);第二是庄台公司(The John Day Company)。根据Ramsdell③对1931—1980年间美国亚洲题材畅销书(best-sellers)的统计,林语堂一共有五本书登上了美国畅销书榜,其中兰登书屋一本,庄台公司四本。

---

① 乐黛云. 从中国文化走出去想到林语堂. 中国文化报,2015-12-18(03).

② 冯智强. 中国智慧的跨文化传播. 青岛:中国海洋大学出版社,2011;李平. 译路同行——林语堂的翻译遗产. 北京:中央编译出版社,2014.

③ Ramsdell, D. B. Asia Askew: US Best-Sellers on Asia 1931—1980. *Bulletin of Concerned Asian Scholars*, 1983(4): 2-25. 这里提到的美国亚洲题材畅销书(best-sellers)是Ramsdell对1931—1980年间《纽约时报书评》(*The New York Times Book Review*)和《出版周报》(*Publisher's Weekly*)的统计结果。根据林太乙的记载,“《吾国与吾民》在一九三五年四个月之间印了七版,登上畅销书排行榜”(林太乙. 林语堂传. 台北:联经出版实业公司,1989:158.),但是她没有提供出处,不知是哪个排行榜。

林语堂在兰登书屋出版的三本东方智慧系列——《孔子的智慧》(1938)、《中国与印度之智慧》(1942)和《老子的智慧》(1948)——都很受欢迎,其中《中国与印度之智慧》影响最大,荣登当年畅销书榜。林语堂的"智慧"系列影响如此之大,以至于当时兴起了一场"智慧热"。1943 年美国的一家小报 *Syracuse Herald-American* 报道说:"林语堂编的鸿篇巨制《中国与印度之智慧》出版之后立即引起公众反响,兰登书屋决定把丛书里后面的两本的出版计划提前。《希腊的智慧》原定于 1944 年年底出版,尽可能提前到 1943 年 11 月份。《以色列的智慧》也由 1945 年提前到 1944 年春。"①

林语堂一共在庄台公司出版了 13 本书(见表 2),大部分很受欢迎,既叫好又叫座,其中有 4 本登上了美国畅销书榜(表 2 中的带 * 号书名),在美国仅次于赛珍珠。赛珍珠和林语堂是庄台公司的台柱子,而公司老板华尔希(Richard Walsh)就是赛珍珠的丈夫。华尔希 1926 年创立庄台公司,他首先"发现"了赛珍珠,然后通过赛珍珠又"发现"了林语堂。林语堂的成功固然有其个人杰出才能的因素,但也与出版商的努力分不开。赛珍珠夫妇与美国报刊文学评论界关系非常好。从林语堂与赛珍珠夫妇的往来书信中可以看出,林语堂与出版商的合作是全面的,"从一本书题材的选择、命名、封面设计、编辑、选择出版时间、出版后的文宣等等"②,都有华尔希的参与。林语堂在著译过程中与编辑商量,著译完毕后交给出版社专业编辑修改润色;图书出版后,出版社在重要报刊上打广告,并邀请专家写书评,等等。读者也许注意到,林语堂几乎每年都有一两本著作出版,但是 1944 年之后有三年的空隙期,直到 1947 年才有作品《苏东坡传》出版。难道《苏东坡传》花了林语堂这么长时间才完成?当然不是,而是因为 1944 年林语堂没有听从出版商的建议,坚持出版了《枕戈待旦》这本

---

① 原文见 1943 年 2 月 7 日 *Syracuse Herald-American* 第 18 页,转引自:褚东伟. 自然的译者——对林语堂翻译生涯的动态研究. 见其博客[2017-08-25]:http://blog.sina.com.cn/s/blog_863603770101mcko.html。

② 钱锁桥. 谁来解说中国. 二十一世纪双月刊,2007(5):64.

书，这本书虽然销路不错，甚至进入了畅销书榜，但是由于书中的亲蒋立场，不仅得罪了美国的亲共人士和左派，还影响了林语堂在读者心目中"文化使者"的形象。鉴于此，出版商建议林语堂以后不要写与当前政治形势有关的题材①。面对现实，林语堂只好接受建议，重新回到中国文化题材，出版了《苏东坡传》《唐人街》等与政治无关的作品。

表 2　庄台公司出版书目

	英文著作(中译名)	出版年
1	*My Country and My People*(《吾国与吾民》)	1935
2	* *The Importance of Living*(《生活的艺术》)	1937
3	*Moment in Peking*(《瞬息京华》)	1939
4	*With Love and Irony*(《讽颂集》)	1940
5	*A Leaf in the Storm*(《风声鹤唳》)	1941
6	* *Between Tears and Laughter*(《啼笑皆非》)	1943
7	* *The Vigil of a Nation*(《枕戈待旦》)	1944
8	*The Gay Genius: The Life and Times of Su Tungpo*(《苏东坡传》)	1947
9	*Chinatown Family*(《唐人街》)	1948
10	*On the Wisdom of America*(《美国的智慧》)	1950
11	*Widow, Nun and Courtesan*(《寡妇、尼姑与歌妓》)	1951
12	*Famous Chinese Short Stories*(《英译重编传奇小说》)	1952
13	* *The Vermilion Gate*(《朱门》)	1953

2. 非畅销作品

1953 年，林语堂因为版税和版权问题与庄台公司分手，这是一个两败俱伤的结果：庄台公司失去了一个台柱子，而林语堂的作品从此不再畅销。与庄台公司的版税和版权问题纠纷，伤透了林语堂的心，因此，他汲

① Qian, S. Q. *Liberal Cosmopolitan: Lin Yutang and Middling Chinese Modernity*. Leiden and Boston: Brill, 2011: 249.

取教训，不再在一个固定出版社出版他的作品，而是尝试一作一签。这种做法看似能保护自己的利益，其实不利于图书质量、图书宣传和销售。1955 年，林语堂在普兰蒂斯 · 霍尔公司（Prentice Hall）出版了《远景》（*Looking Beyond*）——在英国的书名是《奇岛》（*The Unexpected Island*）。这是美国最著名的教科书出版公司，但是不一定擅长文学作品的编辑、出版与销售，结果导致图书销路不佳。1958 年，林语堂的新作《匿名》由法勒、斯特劳斯和卡达希出版社（Farrar, Straus and Cudahy）出版。1960 年又由皇冠出版集团（Crown Publishers）出版了《帝国京华：中国在七个世纪里的景观》。这些出版社只想利用林语堂的名声来赚钱，既不能提供优秀编辑与其合作，又不愿意花力气对其进行宣传，因此这些作品的销路也就可想而知。

鉴于上述情况，林语堂只好改变策略，尝试与世界书局（World Publishing Company）独家签约。1957—1963 年间，该公司出版销售了林语堂的下列作品：《武则天传》（1957）、《庄子》（1957）、《中国的生活》（1959）、《信仰之旅》（1959）、《古文小品译英》（1960）、《红牡丹》（1961）、《不羁》（1962）、《赖柏英》（1963）。世界书局是一家主要经营圣经、词典、少儿读物、商业图书的出版商，不擅长文学作品的编辑、出版与营销，结果林语堂作品的销路依旧不见起色。于是，林语堂又换了一家出版社——普特内森出版社（G.P. Putnam's Sons），这是一家老牌出版公司，创办于 1838 年，现在隶属于企鹅出版集团。该公司出版了不少畅销书，可惜林语堂当时年近七十，创作力有限，时过境迁，其影响力也有限，成为过气作家。普特内森出版社仅出版了其两本作品：一本是 1964 年出版的《逃向自由城》，另一本是 1967 年出版的译著《中国画论》。这两本书的选题均不属于畅销题材，第一本因政治性太浓，第二本因专业性太强，销售范围和数量均有限。另外，20 世纪 60 年代，国外读者对中国题材作品不太感兴趣，这也影响了作品的销售。

林语堂在大陆出版的作品，除了中文类书籍和大家熟悉的《浮生六记》英汉对照本，还有以下几本英文书：《林语堂时事述译汇刊》（开明书店，1930）、《英文小品甲集》（商务印书馆，1935）、《英文小品乙集》（商务印书馆，1935）、《子见南子及英文小品文集》（商务印书馆，1935）、《中国新闻舆论史》（上海别发洋行，1936）。这些书基本上都是在大陆出版、销售，即使后来林语堂于 1940 年把其中一些小品文编入《讽颂集》，由美国庄台公司出版，销路依旧不好，因为这些题材本身就不畅销。

林语堂在香港翻译出版的作品《鸟语》一直不为人所知。《鸟语》是著名作家徐訏的一篇名作，林语堂翻译成英文后，由香港南天书业公司出版，出版日期不详，大约是 1971 年。《鸟语》翻译的文学价值，首先在于它是罕有的林语堂对当代作家作品的翻译。林语堂很少翻译同时代作家的作品，哪怕是鲁迅、胡适、周作人的作品，他也不译，只是偶尔翻译了“论语八仙”中老舍的《有声电影》、老向的《村儿辍学记》、姚颖的《春日的南京中的我》等幽默小短文。徐訏的《鸟语》当然是优秀作家的优秀作品，而林语堂也是优秀双语作家、翻译家，然而，由于在一个名不见经传的香港本地出版社出版，翻译的作品也就仅仅局限于香港这个小市场，不为外界所知，连大陆、台湾的读者都不知道，更不用说国外读者。

同样，林语堂在台北美亚出版公司（Mei Ya Publications）出版的作品《八十自叙》（1975）也远不如其他英文作品有影响力，中文译文版反而比英文版卖得好。

3. 未出版作品

一般读者都知道林语堂出版了许多著作，却不知道，即使是林语堂这样的作家，也有著作胎死腹中。在美国期间，林语堂一度想改变写作题材，写一些地道的、不含中国元素的英文作品。1942 年，林语堂曾写过一本无韵散文，书名为 *A Man Thinking*，体裁与《萨天师语录》类似。他自认为这是他“最有深度”“最发人深省”的一部作品①，但美国出版商华尔希不以为然。华尔希认为，林语堂的作品明显受到尼采（Nietzsche）和惠特

---

① Qian, S. Q. *Liberal Cosmopolitan: Lin Yutang and Middling Chinese Modernity*. Leiden and Boston: Brill, 2011: 183.

曼(Whitman)的影响。华尔希提醒林语堂,作为一个中国人,无论是写作语言、风格,还是写作题材,都应该保留中国特色;如果写一本受西方影响的书,他就与其他华裔作家没有区别——与美国本土作家抢题材、抢读者——这么做会把自己逼入绝境,而且,美国读者根本不会买这一类书。更糟糕的是,这种书会破坏林语堂在美国读者心目中的东方哲人形象。赛珍珠的评价更是一针见血。她说林语堂的这部作品根本没有任何新意,因为他们西方人很容易看出该作品哪些地方受到爱伦·坡(Allan Poe)的影响,哪些地方受到朗费罗(Longfellow)的影响,哪些地方受到乔伊斯(James Joyce)的影响,等等①。这些评论对林语堂的打击很大,以至于他再也没有写过此类作品。而且,他一生只写过一本与中国无关的书,那就是《美国的智慧》——这是出版商的命题作文,不是林语堂自己的想法。

三、编辑与出版社的重要性

同样一个林语堂,为何在兰登书屋、庄台公司出版的图书畅销,而在其他出版社出版的图书不畅销?题材不好也许是一方面原因,出版社与编辑同样至关重要。毕竟,好的选题是由出版社、编辑和作者三方面共同合作的结果。兰登书屋、庄台公司出版的图书,无一不是三方面合作的结果;而其他出版社,由于不是专业的文学出版社,没有也不能提供专业的编辑来帮助作者选题并修改润色。

1. 优秀编辑与出版社助力林语堂

林语堂在兰登书屋、庄台公司出版的作品,都离不开出版社和编辑的贡献,有些题材甚至是命题作文。众所周知,林语堂最著名的作品是《生活的艺术》,该书出版后,连续 52 周高居畅销书榜之首,成为 1938 年全美

---

① Qian S. Q. *Liberal Cosmopolitan: Lin Yutang and Middling Chinese Modernity*. Leiden and Boston: Brill, 2011: 184.

最畅销图书。其实，林语堂赴美后，本来打算“翻译五六本中国中篇名著，如《浮生六记》《老残游记二集》《影梅庵忆语》《秋灯琐忆》，足以代表中国生活艺术及文化精神专著，加点张山来的《幽梦影》格言，曾国藩、郑板桥的《家书》，李易安的《金石录后序》等”，“然书局老板意见，作生活之艺术在先，译名著在后”[①]。庄台公司老板华尔希从林语堂的《吾国与吾民》中的最后一章“人生的艺术”中敏锐地意识到，西方读者对中国人的生活艺术非常感兴趣，于是要求林语堂赶紧写出这样的一本书来。林语堂“一面写《生活的艺术》，一面将稿子送给华尔希和赛珍珠看。……他肯接受华尔希夫妇的批评，这种编辑与作者合作的关系，在国内是没有的”[②]。

兰登书屋的图书一般都很畅销，除了出版社出名，优秀编辑的贡献功不可没。如林语堂的女儿林太乙所言，兰登书屋的编辑克明斯（Saxe Cumins），无论是对诺贝尔文学奖得主还是对年轻作家，“都能够提出建设性的批评，说得他们服服帖帖”[③]。林语堂在兰登书屋出版的几本书，都是命题作文，给的报酬也不高，但是林语堂认为，被兰登书屋邀请写书，是一种荣誉[④]。林语堂的成名作，基本上都是这两家出版社出版的。由此可见这两家出版社及其编辑对于林语堂作品成功的重要性。

好的编辑不仅能够提供好题材，还能够对图书的读者反应、舆论批评、市场价值进行预判，从而进行适当的干预或引导。二战期间，林语堂出于爱国热情，在《啼笑皆非》一书中对西方强权政治进行讽刺和批判。作为一个畅销书作家，这种批评英美政治的行为在当时是不可理喻的。出版商兼编辑华尔希同情中国，对于林语堂这种爱国行为表示理解和支持，但作为对图书市场敏锐的出版商，他清楚意识到该书的出版会招致美国评论界猛烈的抨击，并影响该图书的销售，还会伤害林语堂在西方读者

① 林语堂．关于《吾国与吾民》//陈子善．林语堂书话．杭州：浙江人民出版社，1998：357．

② 林太乙．林语堂传．台北：联经出版实业公司，1989：174．

③ 林太乙．林语堂传．台北：联经出版实业公司，1989：175．

④ 林太乙．林语堂传．台北：联经出版实业公司，1989：180．

心中的东方哲人形象。因此,他多次提醒林语堂注意措辞,修改内容,并积极与报纸杂志界的朋友打招呼,请求关照。比如,他致信《纽约时报》负责人,要求其"邀请该书中所涉及领域内的权威人士",如"哲学界权威 William E. Hocking 博士或政界权威 Nathaniel Peffer",来评论林语堂的新作《啼笑皆非》,并指出:"此书的影响并不志在销售或阅读人数,而在于对其进行评论的人们。同时,希望能激发对于战争及和平目的的讨论。"[①]庄台公司通过借助主流媒体引导读者和舆论界,帮助林语堂成功避险,《啼笑皆非》大受欢迎,成为当年畅销书。

2. 中国文化"走出去",好编辑不可或缺

前文提到的六种模式中(见表 1),译者都很优秀,只是编辑和出版社不同而已。中国文化"走出去",过去一直强调译者的重要性,而忽视编辑和出版社的重要性。在翻译过程中,译者对于译文的质量确实很重要,但是,编辑和出版社的作用亦不可小觑。其实,编辑"在使好稿子变成好书,使好的'译文'变成好的'译本'的过程中起了极其重要的作用"[②]。著名翻译家葛浩文也赞同这个观点。他说,"一部作品从书写到出版到阅读的过程,最重要的配角就是编辑","世界闻名的作家都有一个了不起的编辑帮他们成为伟大的作家"[③]。出版社要有影响力,必须有既叫好又叫座的出版物,而好的出版物要靠好编辑。好编辑除了出色的编辑能力,还掌握着重要的出版资源,既对图书市场了如指掌,又与诸多优秀作者保持着良好关系。因此,对于出版社而言,好编辑至关重要。可惜,很多出版社缺乏这样的好编辑,这与编辑在出版社没有地位可能有一定的关系。编辑在中国出版界的地位不高,没有话语权,且报酬微薄。葛浩文(Howard Goldblatt)对此表示担忧:"与西方出版界截然不同的是,中国的编辑几乎

---

① 转引自:陈欣欣. 林语堂:孤行的反抗者. 北京:清华大学出版社,2015:146.

② 余中先. 名著还得名译名编. 中华读书报,2013-03-12.

③ 葛浩文. 中国文学如何走出去?. 文学报,2014-07-03(18).

没有任何权力或地位，顶多就是抓抓错别字罢了。”①“有些出版社只求选题，不求编辑，结果往往把好原料和好作料糟蹋了，不仅没有做出美味佳肴来，反而用一道糟糕的菜败坏了读者的口味。”②如果出版社内部找不到合适的外文编辑，不如与国外出版社合作，甚至全球招聘编辑，让国外编辑来实现成书的过程。美国或英国出版社的编辑是最好的英文读者，会挑作品的毛病，提炼作品，并使其读起来通顺流畅。英文作品的内容和表现形式只有接地气，也就是我们常说的本土化，作品才更容易为英文读者所接受。且不论莫言的作品外译，受到西方读者青睐的其他作品，如麦家的《解密》、刘慈欣的《三体》，也都是在西方编辑、出版的。因此，中国作品英译后，由西方编辑、出版，不失为中国文化“走出去”的一种选择。

3. 进军海外图书市场，出版社责无旁贷

中国图书在海外销售，如何运作也是一个大问题。中国的图书在海外好卖，甚至畅销，中国文化自然就“走出去”了。我们今天研究林语堂，就是因为他的图书进入了国外普通英文读者的书架，甚至成为枕边书，促进了他们对中国文化的了解。《中国文学》曾经是国外了解、研究中国当代文学最重要的窗口之一，却因销路不佳于 2001 年停刊。不少汉学家为此惋惜，认为出版社在图书发行和宣传方面有问题。汉学家詹纳尔(Jenner)就曾指出，中国某些出版社在这些方面很不老练，出版了许多好书，但西方读者却不知道。结果，不仅浪费了人力物力财力，没有达到预期效果，而且辜负了杨宪益等优秀译者的辛勤劳动③。但是，如果强行推广中国文化，就有可能引起反感。孔子学院之所以引起不少外国人的警惕，与此不无关系。中国政府的推动无疑有助于加快中国文化“走出去”，但是真正“走出去”要靠市场运作，图书销量才是硬道理。据哈金介绍，美国不像中国有中宣部这类官方机构下指令，但他们有大的媒体，有一套机

---

① 葛浩文. 中国文学如何走出去?. 文学报，2014-07-03(18).

② 余中先. 名著还得名译名编. 中华读书报，2013-03-12.

③ Jenner, W. J. F. Insuperable Barriers?. *Renditions*, 1986(1): 18.

制来控制："像《纽约时报》书评，如果你第一本书出来，它给你一个劣评(bad review)，你就好几年缓不过气来。"[①]读者在购买图书前可能会先读书评，然后再决定是否购买。购买时也许会考虑译者，但更多是考虑出版社。因此，选择什么样的图书出版，出版后如何销售，这些都需要仔细调查研究，出版社责任重大。国内出版社除了与兰登书屋、企鹅这样的著名出版集团合作，与海外知名出版经纪人合作[②]，也是一个不错的建议。中国出版社只有内外兼修，借鉴世界图书出版的共同特点，才能在国际图书市场占有一席之地，中国文化"走出去"才能落到实处。

四、结 语

世有伯乐，然后有千里马。从林语堂英文作品的畅销或滞销可以得出启示，中国文化对外译介不能全靠著译者，出版社和编辑也起着至关重要的作用。与其他商品一样，翻译不仅仅是语言转换的一个方面，而是一个系统工程：作者、译者、编辑、出版社和书商等都是其中的一部分。译前选题与作者、编辑有关，翻译过程中的译文修改与润色与译者和编辑有关，译著出版后的销售与出版社和书商有关。片面强调译者的重要性，而忽略编辑和出版社的责任和贡献，不利于翻译事业的发展和中国文化"走出去"。值得欣慰的是，经过政府、文艺界、出版界的多方努力，中国图书正在逐步走进欧美社会的普通读者中间。欲使中国图书在全世界既叫好又叫座，让世人通过阅读了解中国，各界需要继续努力。

（李平，南京农业大学外国语学院；原载于《天津外国语大学学报》2018 年第 1 期）

① 高伐林. 为自由愿意付出什么代价？——专访华裔作家哈金. 多维月刊，2009-01-07. 转引自文心社[2017-07-13]：http://wxs. hi2net. com/home/blog_read. asp? id = 14&blogid = 32419.

② 钟瑾. 出版经纪人：从助力图书出版到推动文化走出去. 出版广角，2015(12)：28-30.

重译林语堂

——从 *My Country and My People* 的翻译谈起

吴慧坚

内容提要："对外讲中"，是林语堂毕生努力最多、成就最大的一个领域，集中体现在林语堂的一系列英文著述上。迄今为止，已有的相关译本在语言风格、意义表达上与原作大多存在明显差距，直接影响了林语堂研究的深入开展。只有把重译的工作做好，才能期待出现高质量的研究成果，在林语堂研究日渐升温、林语堂的文化价值日益得到肯定的今天，学术界和出版界应该把重译林语堂提上议事日程。

关键词：林语堂，重译，《吾国与吾民》，林语堂研究

一、引　言

"两脚踏东西文化，一心评宇宙文章"，这是林语堂自撰的一副对联，从中我们可以窥见作者矢志努力的所在。稍知近世中西文化交流史的读者，对林语堂在向外国人讲中国文化方面所做出的巨大努力与所取得的成就自然不会陌生。虽然林语堂自诩最大的长处是对中国人讲外国文化，对外国人讲中国文化，但观其一生可以看出，他用在对外国人讲中国文化的时间和精力，要大大超过对中国人讲外国文化的时间和精力，前者的成果也丰硕得多。正如有学者指出："平心而论，林语堂一生成就，'语

丝'时期,'论语'时期,都是小头。……而真正的大头,应该是他旅美时期,致力于在西方人的卧榻之侧,在西方以自身为中心的语境中介绍中国文化。"[①]林语堂对自己"对外讲中"的成就也是颇为自得的。晚年在自传中检点平生时曾说过:"我的雄心是要我写的小说都可以传世。我写过几本好书:就是《苏东坡传》《庄子》;还有我对中国的看法的几本书,是《吾国与吾民》《生活的艺术》;还有七本小说,尤其是那三部:《京华烟云》《风声鹤唳》《朱门》。"[②]这里提到的几部得意之作,全都是对外国人讲中国文化的英文著作。

在林语堂用英文写就的30种著述中,尤以《吾国与吾民》和《生活的艺术》为向西方介绍中国文化的典范之作。徐訏说:"我觉得他的《吾国与吾民》《生活的艺术》,确实是把中国介绍给西方最好的著作,也可以说是空前的。"[③]林语堂对外介绍中国文化的著述,多由英文写就,不谙英语的中国普通读者以至于研究家,如果想看看他如何讲述中国文化,就只能通过汉译本,才能有所感知。这就需要有一个恰当的译本,要能够比较准确地把林著的神韵传达给读者。

然而,如果仅仅阅读已有的汉译本,是很难真正走近林语堂的。

二、林著重译问题的累积

通观林语堂著述,既以英文著作居多,复以英文著述居要。如何把英文著述翻译过来或重新翻译,其实已经是一个老问题。20世纪30年代,林语堂英文著作问世不几年,汉译本也随之而来。只是,林语堂本人对汉译本并不满意。

---

① 金宏达.全球化:邀林语堂赴宴——代前言//子通.林语堂评说七十年.北京:中国华侨出版社,2003:2.

② 林语堂.林语堂文集(第8卷):吾国吾民　八十自叙.北京:作家出版社,1995:387.

③ 徐訏.追思林语堂先生//子通.林语堂评说七十年.北京:中国华侨出版社,2003:142.

所以，林语堂生前也早就考虑过自己英文著作的汉译问题，但由他本人选中的译者郁达夫却只译了 *Moment in Peking* 的一小部分。自此以后，林语堂再也没遇到让自己满意的译者，以致后来想自己动笔翻译，但因年老力衰而作罢。

由于意识形态的原因，林语堂在大陆沉寂了 30 多年。改革开放以后，林语堂的作品随之开禁，其讲求闲适、性灵、幽默的散文马上赢得了大陆读者。大多数读者对林语堂的生平并不太了解，只知道他是个被鲁迅批判过、主张不打落水狗的资产阶级文人，更不知晓其在美国 30 年以英文著述称誉于世的经历，读林著也只是因为觉得喜欢，并无意于深入研读。因为林语堂是中国人，虽然写下大量的英文著作，却也用中文创作了大量优美的散文，此外也还用中文发表过不少研究文章、戏剧等，因此，不但是读者，就是一些出版商，也不知道林语堂的作品还有原作与译作之分。面对粗糙的译本，读者全然不知另外还有原创性、真实反映作者个性或意图的文本，就毫无保留地接受了派生的、虚假的文本，加上时代的不同，遇到奇怪的文字，也以为是林语堂时代的语言特色。

最近二三十年来，林语堂著作的出版与林语堂研究的热潮持续不减。与此极不相称的是，林语堂的英文著作及其汉译却一直没有受到应有的重视。不少急功近利的出版商根本无暇分清原作、译作，或是根本不知道林著有原作与译文之别，只顾竞相出版各式各类的选集、赏析本、评注本、删节本，还有一些精于名利计算的书商以变换书名的手法，将林氏名著《吾国与吾民》《生活的艺术》不断重复印刷，随意改变书名，故意避谈母本，不说明译作与原作的关系，用上哗众取宠的书名，如《人生的盛宴》《悠闲生活絮语》《谁最会享受人生》《中国人》《人生哲智精选》等等，都堂而皇之印着林语堂的大名，以广邀售①。一些出版社系统地出版了林语堂著作，这是应该肯定的。可惜的是，却没有出版社组织更迫切需要也更有意义的高质量的林著重译。如 1994 年，东北师范大学出版社出版了《林语

① 施建伟. 近十年来林语堂作品在大陆的流传与研究. 同济大学学报，1994(2)：78-84.

堂名著全集》30 卷，从 2003 年至 2005 年，陕西师范大学出版社出版了《林语堂文集》22 种，主要还是依据台湾德华版《林语堂经典名著》21 卷，其中的英语小说的汉译本大多由张振玉主持译出，而林语堂的一些名著，采用的都是 20 世纪 30 年代的旧译。

林语堂代表作 *My Country and My People* 和 *The Importance of Living* 二书的译本，目前大陆已有多家出版社以诸多版本印行，但多是重复出版，相关出版信息也往往残缺不全，从中也可见林语堂著作在图书市场的备受热捧和出版商的唯利是图与草率行事。尤其需要引起注意的是，林语堂这两部重要著作的译文都存在比较突出的问题。限于篇幅，本文仅以 *My Country and My People* 为例加以说明。

依笔者初步涉猎，现有比较有代表性的译本主要是黄嘉德译本、郝志东和沈益洪合译本二种。1938—1939 年出版的郑陀译本，后来未见再版，今日已难觅芳踪；2001 年广西民族出版社出版的易坤译本，相对欠缺个性。郝沈合译本《中国人》由浙江人民出版社初版于 1988 年，学林出版社于 2000 年更新为全译本；黄嘉德译本《吾国与吾民》则在 20 世纪 80 年代以来由宝文堂书局、陕西师范大学出版社、东北师范大学出版社、作家出版社、华龄出版社、岳麓书社等分别以单行本或列入文集中出版。一直以来，多家出版商争来争去，其实就是这两个译本。读者看得眼花缭乱，但并没有更多的选择。

通观多部译作，它们有一个共同特点，就是忽视了林语堂英文写作语言的特点，完全或部分丢失了林语堂原著清顺自然、晓畅通达、从容挥洒、雅致如诗的韵味。而上举 *My Country and My People* 的两个流行译本，在语言风格、意义表达上与原作也同样存在明显差距。仅仅读这两个译本，肯定好过不读，但是，离真切领会林语堂征服美国人的风采恐怕还是有相当距离的。黄译本的语言文白相间，用词时显艰涩，按照今天的语言习惯，许多地方读来相当拗口，不够通畅，甚至不易理解；后出的郝沈合译本则在黄译本的基础上有所改进，译文流畅，读来无碍，但却显得文笔粗糙。比较林语堂原作，无论黄译，还是郝沈合译，文字都相对单调，略嫌枯燥和生涩，而且完全没有转达原文铿锵的音韵、节奏和气势，林氏语言为美国读者所推重的那种“极其美妙”的风格荡然无存。不谙英文的读者若只读这两个译本，恐怕很难明白为什么这本书当年能在美国一炮而红。

对汉译本与林语堂英文原著之间的具体比较，笔者拟另文分析。

三、林著重译与研究瓶颈的突破

林语堂英文著述的汉译与林语堂研究的密切关系应该引起学界的重视。高质量林著译本的欠缺，给林语堂研究带来了直接的负面影响，使得林语堂成就中的“大头”——对外宣传中国传统文化——一直没能得到充分的研究。王兆胜曾在 1996 年发出呼吁：“林语堂三十多年在美国大多作品是用英文写作的，将之译成中文就是一项艰辛的工作，除了有些作品至今未见译本外，许多译本也还需要重新修订甚至重译。没有高质量的译本，要使林语堂研究达到较高的水准那是不可能的。”[①]但是，很遗憾，十几年过去，这一呼吁至今没有得到有力的回应。

林语堂在 20 世纪 20 年代后期开始在中国文坛扬名，从 30 年代起便开始有评论家对他做出种种评价。虽然林语堂当时的为人及创作成就得到肯定，但由于他在国运衰落之际不合时宜地提倡幽默、闲适、性灵，左翼作家对他强烈的批评占了主流。尽管这些批评主要都是针对林语堂的文学选择，但由于 50 年代以后极左思潮的影响，林语堂的形象却因此被定格，成为资产阶级文人的典型，尤其是鲁迅对林语堂的批评在学术界产生了长久而深刻的影响。

1949 年以后的 30 年间，由于林语堂远在海外，也由于大陆的政治环境和文化气候，广大大陆读者对林语堂的作品隔膜至深，林语堂研究也近乎停滞。当众多现代文学作家作品进入文学史的研究视野时，林语堂的名字却只在“鲁迅对论语派的批判”的章节出现。

---

① 王兆胜．近几年林语堂研究述评．社会科学战线，1996(1)：258．

这两个历史因素直接影响了大陆从1979年开始复苏的林语堂研究。由于多年的隔绝，研究复苏初期，资料发掘自然成了热点。林语堂与鲁迅、与“论语派”的关系，林语堂在现代文学史上的地位，直至今天仍是研究热点。而因高质量重译本的阙如与研究者本身条件所限，林语堂“对外讲中”这一主要层面，从一开始就没能进入研究系统的中心位置。

诚然，林语堂本身经历丰富，思想、性格、气质都具有多重性、复杂性、矛盾性，为研究者提供了众多的研究选择，对林语堂“对外讲中”研究的欠缺，并不影响近年来林语堂研究热潮的兴起，并不影响产出数量颇为可观的研究成果。而大陆林语堂研究者多为研究现当代中国文学的教授、博士或硕士，他们比较关注的往往在林语堂的哲学思想、文艺思想和文化观等方面。这几方面至今仍是林语堂研究的主流。

大陆林语堂研究复苏近30年来，成果数量不算少，却多为重复研究。多年来在研究林语堂对外传播中国文化方面不但没有质的突破，甚至也难见量的增长。傅文奇曾统计1994—2004年在中国期刊网上搜索到的林语堂研究论文，并将其分类，其结果是①：

主题	翻译	教育	女性观	人生哲学	小品文	书评	文化观	文化交流	文体	文艺思想	小说	轶事	幽默	与鲁迅	与名人	语言	宗教观	综述	其他
文章数	24	10	7	29	20	24	31	8	4	24	34	29	27	19	28	6	8	5	29

笔者以同样的方法搜索了2005—2007年的论文，发现都是相近的主题，结果为：

主题	翻译	教育	女性观	人生哲学	小品文	书评	文化观	文化交流	文体	文艺思想	小说	轶事	幽默	与鲁迅	与名人	语言	宗教观	综述	其他
文章数	45	9	2	13	17	9	19	4	0	11	18	26	17	4	8	4	16	3	21

① 傅文奇．近十年来林语堂研究的统计与分析．福建论坛，2006(5)：102-105．

外语界从20世纪90年代开始逐渐重视林语堂研究，但大都集中在林语堂的翻译观及汉译英的翻译技巧方面，所出的成果也同样多属重复研究，尤其是对《浮生六记》的研究。从2005年到2007年，在中国期刊网搜索到的林语堂翻译研究论文有45篇，其中涉及《浮生六记》的就有20篇，而评析林语堂英文著作汉译的论文寥寥无几。

显然，这种现象表明，大陆的林语堂研究，目前已陷入僵化的怪圈：众多的研究者围绕着林语堂成就中"小头"的几个热点不断翻炒，而对林语堂花费半生所致力的事业这一"大头"的研究却依旧几近空白。

四、建议尽快开展林著重译

尽早组织开展高质量的重译工作，使林语堂"对外讲中"的成就与不足得到充分的认识与研究，是为这一研究园地灌注活力、破解困局的有效举措。在林语堂研究日渐升温、林语堂的文化价值日益得到肯定的今天，学术界和出版界应该把重译林语堂提到议事日程上来。

赵毅衡说，林语堂的"中文好到无法翻成英文，他的英文也好到无法翻成中文。两者都已是炉火纯青，'缺少可译性'，是文之至美。林语堂的中文散文，绝对不会写成《生活的艺术》，文字延绵环连，他的英文传记、小说，也不可能与《脸与法治》文字的简约并置"①。这话有一定的道理，也可能是一些译者望而却步的原因。但是，这却不能成为没有高质量林著译本的理由。虽然不同的语言各具风格特点，任何文字的转换都不可能做到百分之百的等值，但从根本上说，人类思想具有同一性，认识和思维方式具有普遍性。各种语言再怎么不同，终究还是语言。不同的语言，除了各具文化上的个性之外，语言本身的共性始终是广泛存在的，而语言之间的共性很自然地就构成了可译性的基础。因此，《红楼梦》可以译成英文，《尤利西斯》可以译成中文。优秀的译本虽然不能完全复制原著，却能以

---

① 赵衡毅．对岸的诱惑：中西文化交流人物．北京：知识出版社，1991：93．

最佳近似度为鹄的，传达原著的精髓。

诚然，林语堂之难译是公认的。在我们的前面仍有译者做出了可敬的努力。

作为后来人，更应该在前人奠定的基础上做出新的努力，更上一层楼，而不能止步。重译林语堂，是为了更加接近林语堂，更好地分享林语堂。汲取现有译本的优长，并尽量避免失当和尽可能地加以修正，努力使译文更接近原作独特的风格和神韵，无论于原作者和读者，还是于学术的研究、文化的积累和传播，都具有重要的意义。若是在前人的努力面前止步不前，或者把前人的努力置于不顾，既不利于研究的深入，也不利于文化的继承和发展。

重译林语堂，是研究林语堂对外传播中国文化这一卓越贡献的必要前提。

林语堂贡献多多，而在对外介绍中国文化方面，其成就非凡，影响巨大，迄今仍难有人可与之比肩。当然，林语堂个人的努力，也还有明显的不足。而无论林语堂在对外讲中这一方面的成功抑或不足，都还没有深入的研究。在东西方交往日益频繁的全球化时代，文化传播的重要性变得更加突出，我们很有必要更多更细致地研究林语堂对外讲中的创造性实践，总结其成功的经验和不足之处，努力学习林语堂的长处，避免谬误，以加快今天中国融入世界的脚步。

王兆胜早在 1996 年呼吁拓展深化林语堂的研究领域时就已明确指出："我们感到论者涉足领域是十分有限的，许多领域几近空白，许多问题远未被触及。"①正是着眼于在林语堂研究上能拓展研究空间和提高研究水平，王先生特别提出了重译林语堂的问题。

施建伟则在 1994 年就说过，要写好林语堂这"最不容易写的一章"，"首先要从中西文化交流史上的这'一章'破题，并且要由哲学家、思想家、教育家、翻译家、历史学家、语言学家和文学家共同执笔来'写'，否则，就

① 王兆胜．近几年林语堂研究述评．社会科学战线，1996(1)：258．

难以描绘出这‘一团矛盾’的全貌”①。直至今天，林语堂研究领域仍未出现施、王二位先生当年所期待的新局面，大有呼之不出之势而渐入僵化之境，其中因由，或有多端，而林著重译一直未能有突破性的开展则是一个不能忽视的基本因素。

为此，谨撰文继续呼吁，期盼热心林语堂研究的同道，共同关注重译林语堂这一问题。

（吴慧坚，广东第二师范学院外语系；原载于《学术界》2008 年第 6 期）

---

① 施建伟. 近十年来林语堂作品在大陆的流传与研究. 同济大学学报，1994(2)：78-84.

编辑出版家林语堂的编译行为研究

冯智强　朱一凡

内容提要：作为学者、作家和翻译家的林语堂为世人所瞩目，但人们往往忽视了他作为著名编辑和出版家的文化身份，而这恰恰是贯穿林语堂整个生命活动的主线。本文从林语堂的编辑、出版家的文化身份出发，考察其英文著译作品中的编译现象，从编辑出版的角度解读其编译行为存在的合法性，从而揭示林语堂编译行为与编辑身份之间的关系，诠释其编译行为的内在动因与外部理据，进而阐明林语堂一系列编译作品存在的合理性与必然性。

关键词：林语堂，编译行为，编辑身份

一、引　言

林语堂的编译活动是中国近现代文学史以及文化史上非常独特的现象。林语堂的书写形式既非传统意义上严格的翻译，也不是纯粹的创作，而是编辑、创作与翻译的融通与整合，即编译。编译行为始终是林语堂英文著译中主要的书写形式和表现方式，是林氏实现中国文化跨语际传播的一贯策略。这种集翻译、创作和编辑于一体的编译方式在林语堂的一系列著译作品中得到了充分的展现，并取得了理想的效果乃至于轰动的效应。这种编译互动、创译一体的传播策略，使得林语堂的著译活动成为中学西渐中典型的成功个案。然而，林语堂成功的编辑出版活动对他后

来一系列英文著译作品在世界范围内赢得的广泛认同所产生的积极作用和深远影响却没有得到足够的关注，至今很少有人从大众传媒与文学发展的视角去深入研究林语堂的编辑出版活动与翻译创作之间的互动关系。而编辑和出版家的文化身份恰恰是贯穿林语堂一生创作与翻译乃至整个生命活动的主线。本文将超越以文本分析为主的界限，对翻译活动所赖以存在的编辑、出版等制度性空间予以关注，力图从编辑出版的视角解读林语堂的编译行为，以揭示林语堂编译行为与编辑身份的关系，诠释其编译行为的内在动因与外部理据，进而阐明林语堂一系列著译作品存在的合理性与必然性。

二、林语堂的编辑身份

林语堂的编译活动固然受到了“五四”前后意识形态、主流诗学、赞助人等文本外因素的影响，以及自身翻译动机、英汉两种语言的特点、翻译题材与体裁等方面的制约，但同时与其编辑身份和出版行为却是一脉相承的。

中国近现代社会的变迁，是与中国近现代报刊的发展密切相关的。这不仅是因为近现代报刊生动及时地展现了历史风云，而且也是因为近现代报刊对社会变迁起到了各种各样的作用①。特别是晚近以来，办报编刊成为读书人报效国家和实现社会理想的重要手段。凡是在政治或社会舞台上活跃的新派人物，几乎无一不是凭借报刊登上历史舞台的。众所周知，林语堂同时代的许多知名学者，从鲁迅、胡适、周作人到徐志摩、郁达夫、梁实秋等都是集创作与翻译等多重身份于一身的大家。更值得一提的是，这些名噪一时的大家几乎无一例外地都有过编辑出版经历，办刊、办报、撰稿、编书，是他们当时关切国家命运和表情达意的最直接的途径。可以说，这一时期的知识分子，无一例外地与报纸杂志有过千丝万缕

---

① 柯灵．钓台的春昼——《论语》荟萃．上海：上海古籍出版社，1999：1.

的联系,有的甚至成为编辑出版家。而这种现象可谓中外皆是。我们耳熟能详的英国作家笛福(Daniel Defoe)在60岁时创作其代表作《鲁滨孙漂流记》之前就是英国第一份文学性期刊《评论报》(*Review*,1704—1713)的主笔。另外,斯威夫特(Johnathan Swift)办过《检查者》(*The Examiner*,1710—1711),约翰逊(Samuel Johnson)博士办过《漫游者》(*The Rambler*, 1750—1752),哥尔斯密(Oliver Goldsmith)办过《蜜蜂》(*The Bee*,1759),弗吉尼亚·伍尔芙(Virginia Woolf)更是拥有自己的出版社——荷加斯出版社(Hogarth Press)。而有着"报刊散文家"美誉的理查德·斯梯尔(Richard Steele,1672—1729)和约瑟夫·阿狄生(Joseph Addison,1672—1719)则创办了轰动一时的《闲话报》(*The Tatler*,1709—1711)和《旁观者报》(*The Spectator*,1711—1712,1714),他们同时发表的一系列文章,更是成为英国散文随笔的典范之作,并深深影响了一大批中国读者。①

与上述各家相比,林语堂的编辑出版经历对其著译活动所产生的影响则更为典型。作为学者、作家和翻译家的林语堂为世人所瞩目,但人们往往忽视了他作为著名编辑和出版家的文化身份,而这恰恰是贯穿林语堂一生的主要活动。林语堂早年先是加入了《语丝》社从而走向文坛,进而创办与主编了《论语》《人间世》《宇宙风》等多种报纸杂志和系列英文教材读物,编辑的同时不断撰稿著书,创作的同时进行着大量的翻译。可以说,林语堂的著译行为与他长期从事的编辑出版活动是密不可分的。

林语堂是一位集编、译、创为一身的通才,一生与报刊编辑有着不解之缘,其创作生涯便是从报刊开始的,可谓是"期刊启蒙"。林语堂早年与英文的第一次接触,就是看了一本不知何人丢在他家的美国杂志《妇女家庭》(*Ladies Home Journal*),后通过传教士林乐知(Young J. Allen)主办的《通问报》(*Christian Intelligence*)了解到圣约翰大学并最终进入该校学习。大学一年级时,由于英文水平突出,被吸收为校刊《约翰声》(*The St.*

---

① 刘炳善. 译事随笔. 开封:河南大学出版社,2009:11.

John's Echo)杂志的英文编辑,并任圣约翰大学年鉴《圣约翰人》主编,继而在《约翰声》上发表了英文小说处女作《南方小村生活》。其后一发不可收,陆续发表了《善波》《宿命之女》《圣约翰人的偏执》等英文小说[①]。圣约翰大学毕业后进入清华大学教授英文课程,1917 年成为北京大学主办的英文季刊《中国社会与政治学评论》(*The Chinese Social and Political Science Review*)的编辑,并曾撰稿《礼:中国的社会规则》(Li: The Chinese Principle of Social Control and Organization)。1918 年开始,林语堂在《新青年》上发表文章。留美求学期间,多次为《中国学生月刊》(*The Chinese Students Monthly*)投稿,并连续三次获该刊一等奖[②]。学成回国后成为《语丝》周刊主要撰稿人之一,先后在这本杂志上发表文章 40 余篇,并在《晨报副刊》上发表了轰动一时的《征译散文并提倡"幽默"》《幽默杂谈》等重要文章,首次把"幽默"引入中国,开始了他一生"幽默大师"的创作与翻译之旅。

随着 1926 年 8 月开明书店在上海成立,林语堂成为该书店《中学生月刊》主要撰稿人之一。次年 3 月,林语堂出任武汉革命政府外交部陈友仁部长的秘书兼任《中央日报》英文副刊即《中央副刊》主编。7 月,任《民众论坛报》(*The People's Tribune*)执行编辑。同年 10 月起在上海,任中央研究院外国语编辑主任兼院长蔡元培的英文秘书。不久,林语堂去上海全心致力于创作与翻译。1928 年 5 月 31 日,英文版《中国评论周报》(*The China Critic Weekly*)在上海创刊后,林语堂遂成为该刊的主要撰稿人之一,1930 年起成为该报《小评论》(The Little Critic)的专栏作者。发表于此的文章后结集为《英文小品甲乙集》(*The Little Critic*, *1st & 2nd Series*)上下册出版,并成为后来在美国出版《吾国与吾民》《生活的艺术》等作品的主要素材来源。另外更值得一提的是,1928 年 8 月《开明英文读

① 林语堂. 林语堂名著全集(第 10 卷):林语堂自传 从异教徒到基督徒 八十自叙. 长春:东北师范大学出版社,1994:268.

② 林语堂. 林语堂自传. 南京:江苏文艺出版社,1995:67-68.

本》(三册)由上海开明书店出版,同时还请著名画家丰子恺配上了插图,深入浅出,图文并茂,因此投放市场后反响强烈,不久即风行全国,成为当时全国最畅销的英文教材。此后《英文文学读本》《开明英文文法》《开明英文讲义》等陆续推出,风靡全国,林语堂从此一举成名,享有“版税大王”的美誉。《论语》(1932)、《人间世》(1934)、《宇宙风》(1935)的先后推出,更使林语堂声名大振,成为名副其实的“林家铺子”。

林语堂不但具有多年成功的编辑出版经验,而且对报纸杂志、新闻舆论还有着系统的理论思考与总结。在1935年起任英文《天下月刊》编辑期间,林语堂就在撰文多篇并连载其英译的《浮生六记》的基础上,发表了《现代中国的期刊文学》(Contemporary Chinese Periodical Literature, 1936年3月)一文,总结了中国文学期刊的发展,并通过比较中英文期刊的异同,评述了中文期刊编辑中存在的一系列问题。1936年出版了《中国新闻舆论史》(*A History of Press and Public Opinion of China*)一书。该书更为系统地就20世纪二三十年代中国杂志的现状进行论述,并对中西杂志的编辑、内容、发行、伦理和新闻审查等方面全面加以比较,深入探讨中西方出版及其与社会的互动关系。至此,林语堂编辑出版的理论与实践至臻完善,创作与翻译活动也进入鼎盛时期。

三、林语堂的编译活动:从专栏作家到系列著译

文学期刊的出现作为文学传播史乃至整个文化史上的重大事件,拉近了作家、作品与读者之间的关系,更拉近了文学、社会与人生的关系。林语堂的著译成就更是直接得益于近世崛起的报刊。如前文所述,林语堂首先是以小品文创作为主的散文家,发轫于《语丝》阶段而成熟于《论语》时期的大多作品都是以期刊文章的形式先后见诸报端的,而这些文章中又有相当数量是以英汉双语的形式先后出现的,其间有着明显的著译和编辑杂糅的特征。

如前所述,林语堂最初走上文坛得益于英文版《中国评论周报》。据

统计，从 1930 年到 1935 年，该刊共发表了林语堂散文、小品文、演讲、评论等各类文章 70 余篇，其中多篇文章先后由林语堂本人编译为中文，陆续发表在《论语》《人间世》和《宇宙风》等期刊上。同时，林语堂相当数量的中文期刊文章也被编译为英文，发表在英文期刊上。另外，林语堂这一时期的文章还陆续发表在其他中英文刊物之上。据高健的不完全统计，从 1932 年《论语》创刊到 1936 年去美国之前，林语堂在上海报刊发表的各种文章将近 300 篇①，掀起了 20 世 30 年代的“小品文”热潮。

林语堂此时的著译活动已经开始带有明显的编译特征。对照中英两种版本我们便会发现，当林语堂把主要面向英语读者的文章编译成汉语发表时，便力求文辞简约，惜字如金，特别是针对原本为英语读者介绍中国文化背景的部分更是毫不犹豫地进行了删减与重编。反之，在汉译英时便会有意识地增加背景知识，扩充篇幅，以扫清读者的阅读障碍，从而符合一般英美期刊的编辑标准与读者期待。由此可见，“两脚踏东西文化”的林语堂不但了解英汉两种语言文化特点，而且也深谙东西期刊的行文特征和编辑规律，并在此基础上，突破了传统意义上翻译模式的桎梏，无论是英译汉还是汉译英，都进行译、编、创的融合与会通。

可以说，林语堂一生的英文著译作品的最大特点就是以编译为主体的编、译、创的融会贯通，其绝大部分作品都具有“翻译中有创作”“创作里含翻译”“著译中有编辑”的典型特征。包括《吾国与吾民》(1935)、《生活的艺术》(1937)在内的系列散文作品，以及以《京华烟云》(1939)、《苏东坡传》(1947)等为代表的小说和传记，都明显带有翻译的“痕迹”。林语堂以上下五千年的历史演进为经，内蕴丰富的中国人文精神为纬，从而向西方世界展现了一幅绚丽多姿的中国图像，树立了中国在西方的形象，传播了东方文化与中国智慧。

追根溯源，这些作品大都是对林语堂早期中英文作品的整合、延续与发展，带有明显的编译痕迹。其中，林语堂的代表作《生活的艺术》是最能

---

① 高健. 翻译与鉴赏. 北京：高等教育出版社，2006：141.

体现创作和翻译相互糅合的一部作品。大段的引文翻译，引文前后译者的诠释与解读，熔铸了作者与译者贯通的思想，实现了林语堂传播中国智慧的最终目标。而《苏东坡传》的著译杂糅也较为明显，在这部林语堂最为偏爱的传记作品中，他参考了极为丰富的资料，使得苏东坡的言行都做到了事出有据，其中包括大量的诗词、歌赋、书信、笔记等素材的引用与编译。可以说，林语堂充分发挥了其编译能力，使得编、译、创水乳交融，浑然一体，向读者活灵活现地展现了苏东坡的生动形象与传奇人生。

具体而言，林语堂著译作品首先体现在他"文集编撰"的编译行为中，其中包括《子见南子及英文小品文集》(1936)、《孔子的智慧》(1938)、《中国与印度之智慧》(1942)、《老子的智慧》(1948)、《寡妇、尼姑与歌妓：英译三篇小说集》(1951)、《英译重编传奇小说》(1952)、《古文小品译英》(1960)等一系列作品。这与勒菲弗尔(Lefevere)所谓的 anthology 不谋而合[①]。林语堂从目的语读者的接受视域出发，"集翻译与编辑于一体"，对《论语》《道德经》《庄子》等中国典籍进行了一系列的"再创造"，通过既编又译、创译结合的方式使其成为逻辑严密、首尾呼应、可读性极强的通俗文学读本。这种创造性的变通取得了良好的效果，达到了预期的目的。以《英译重编传奇小说》为例，林语堂运用"加、减、乘、除"对唐代传奇、宋元话本、《西厢记》《聊斋志异》等中国传统经典进行了"故事新编"，消除了中西文化隔阂，沟通了东西文化心理，取得了较好的阅读效果。再以《孔子的智慧》一书为例，林语堂在《序言》部分便"译者登场"，全面介绍了孔子思想特性、品格概观以及全书的选材与结构，使得读者对孔子以及儒家思想事先有了一个全面的理解与整体的认识。其后从确定主题入手，而不拘泥于《四书》《五经》的传统编排体例，从《论语》《孟子》《大学》《中庸》《礼记》《史记·孔子世家》中选出相关材料进行"文本重组"，形成对相关问题深入系统的诠释。系统连贯一致，主题相对集中，条理清晰顺畅，加

---

① Lefevere, A. *Translation Rewriting and the Manipulation of Literary Fame*. Shanghai: Shanghai Foreign Language Education Press, 2004: 124.

之译评结合的“夹叙夹译”，既完成了对儒家思想的梳理与完善，同时又契合西方读者的阅读习惯。

林语堂著译作品的另一特征是建立在翻译基础上的“译创”。这是以创作为主，其间夹杂大量翻译的特殊的书写形式①。这种形式既不是严格意义上的创作，又与传统意义上的翻译不同，可以说是创作与翻译的杂糅与整合，是介于翻译与创作之间的一种状态。而“译创”中的翻译部分有些可以与明确的原文对应，有些则是对引文的编辑与重组，还有些则只是与源语文化的一种“互文”。林语堂的大部分英文著译中具有跨文化与跨语际的特征，故而与翻译有着千丝万缕的联系。从《吾国与吾民》到《生活的艺术》等散文集都具有这种创译杂糅的形式，而《京华烟云》《风声鹤唳》(1940)、《苏东坡传》等小说传记也都存在着翻译与编辑相结合的特点。被誉为“现代版《红楼梦》”的《京华烟云》从内容、语言到结构等方面都有“编译”《红楼梦》的“痕迹”，尤其是其中的人物形象塑造则更为明显，在给郁达夫的信中，林语堂曾直言：

> 木兰似湘云(而加入陈芸之雅素)，莫愁似宝钗，红玉似黛玉，桂姐似凤姐，而无凤姐之贪辣，迪人似薛蟠，珊瑚似李纨，宝芬似宝琴，雪蕊似鸳鸯，紫薇似紫鹃，暗香似香菱，喜儿似傻大姐，李嫂妈似赵姨娘，阿非则远胜宝玉。②

而女主角姚木兰就是典型的“编、译、创”的结果。她集《红楼梦》中林黛玉的多情、薛宝钗的才德、史湘云的风姿，《浮生六记》中芸娘的柔美与浪漫，《桃花扇》中李香君的刚烈等林语堂心仪的诸多美德于一身，既是道家精神的集中体现，又兼容了儒家的近情明理、佛家的性灵练达的多重性格，是林语堂着力塑造的理想的东方女性形象。可以说，姚木兰集中国传

---

① 冯智强．中国智慧的跨文化传播：林语堂英文著译研究．上海：华东师范大学博士学位论文，2009：169.

② 林语堂．给郁达夫的信——关于《瞬息京华》//陈子善．林语堂书话．杭州：浙江人民出版社，1998：342.

统美德于一身，又不乏现代的头脑与精神，跨越了古今中外的文化藩篱，寄托了林语堂孜孜以求的人生态度、文化理想与人生情怀，是林语堂“编译”得最成功的人物之一。由此，编译在林语堂著译中的重要地位与作用可见一斑。

四、林语堂的编辑出版活动对其编译行为的影响

林语堂所处的那个时代，虽说编辑出版工作与文人学者有着密切的关系，许多文化名人都从事过编辑出版工作，但是像林语堂这样将编辑和著述结合得这么紧密，并且在两方面都取得了如此巨大成就的人可以说是凤毛麟角。20世纪30年代的林语堂在上海平均每年出书超过两本，这既表明了林语堂著译的市场影响，同时也说明了林语堂的写作活力。从早年“英译汉”到后来“汉译英”，从专栏作家到系列著译，从“版税大王”到“幽默大师”，林语堂实现了编辑出版家与作家、翻译家的完美结合。这其中，林语堂多年的编辑出版经历起到了不可或缺、至关重要的作用。

1. 林语堂编译活动的基础与前提：系列期刊的编辑出版

如前文所述，林语堂是通过给《中国评论周报》撰稿开始在文坛崭露头角的，并因此最终搭建起了与美国作家赛珍珠长期合作的桥梁。但林语堂真正蜚声文坛是从他先后亲自创办《论语》(1932)、《人间世》(1934)、《宇宙风》(1935)开始的，这三大文学刊物所发表的文章，也都集中体现了“论语派”的三大文学主张，并开了林语堂跨文化传播中国文化的先河。

《论语》的创办与林语堂对儒家思想的解读与传播。1932年9月《论语》的创刊是“论语派”形成的重要标志。自此，林语堂一改《语丝》时期的“浮躁凌厉”，开始在东西方文化比较的基础上，用东西方互补的眼光来重新审视和解读中国文化，提倡和追求“幽默”“闲适”“性灵”，从而形成了他对中国文化的独特理解，构建起了他独特的中国文化观。特别是通过《孔子亦论语派中人》(1932)、《论幽默》(1934)以及 *Confucius Saw Nancy and Essays about Nothing*(1935)(《子见南子及英文小品文集》)等一系列中英

文著译对以孔子为代表的儒家文化的重新解读，把孔子从“圣人”的神坛上拉回到了世俗人间，既“还孔子之真面目”，又否定了千百年来禁锢人们思想和扼杀人性的封建礼教。林语堂以其独特的解读方式，使孔子的人文主义思想渐渐浮出了水面，并成为“论语派中人”“幽默祖师”以及中国人文主义的“先驱”①。同时，《论语》引入的英国式幽默，一经出炉便“轰的一声，天下无不幽默和小品”（鲁迅语），1933 年因此被称为“幽默年”，可见其影响之大。

《人间世》的创刊则进一步促进了林语堂小品文的创作与翻译。林语堂曾明言《人间世》的编辑宗旨乃是“专为登小品文而设”，“盖小品文，可以发挥议论，可以畅泄衷情，可以摹绘人情，可以形容世故，可以札记琐屑，可以谈天说地，本无范围，特以自我为中心，闲适为格调，与各体别，西方文学所谓个人笔调是也。故善冶情感与议论于一炉，而成现代散文之技巧”。而对于《人间世》的编辑内容，林语堂认为可以包括一切，“宇宙之大，苍蝇之微，皆可取材，故名之为《人间世》。除游记、诗歌、题跋、赠序、尺牍、日记之外，尤注重清俊议论文及读书随笔，以期开卷有益，掩卷有味，不仅吟风弄月，而流为玩物丧志之文学已也”②。自此，林语堂及其同仁的小品文创作与翻译更是一发而不可收，使得 1934 年被称为“小品文年”和“杂志年”。

林语堂创办的一系列报纸杂志为林语堂的创作与翻译提供了更为广阔的舞台与空间。例如《宇宙风》对人生哲学的阐扬——“《宇宙风》之刊行，以畅谈人生为主旨，以言必近情为戒约；幽默也好，小品也好，不拘定裁；议论则主通俗清新，记述则取夹叙夹议，希望办成一合于现代文化贴近人生的刊物”③，《逸经》(1936)对以闲适笔调为主要手法的传记与时事评论的刊登，以及《西风》杂志(1936)对“西洋杂志文”的提倡。早在编辑

① 林语堂. 林语堂名著全集(第 13 卷)：剪拂集　大荒集. 长春：东北师范大学出版社，1994：268-290.

② 林语堂. 发刊《人间世》意见书. 论语，1934(38)：662.

③ 林语堂. 且说本刊. 宇宙风，1935(1)：54.

《人间世》时，林语堂便提倡"特写"，提倡"西洋杂志文"，他认为要达到"开卷有益，掩卷有味"的办刊宗旨与目标，就得"非走西洋杂志之路不可"①。《西风》便是"专译西洋杂志文字"，以西洋杂志为楷模最好的尝试。而英文《天下月刊》(1935)的编辑出版，更是以沟通东西方文化、促进西方对中国的了解、介绍和宣传中国文化为初衷，实现林语堂跨文化传播"中国智慧"、会通中西文化的开端。

总之，系列报纸杂志的创办与大批"杂志文"的编辑出版对林语堂跨文化传播"中国智慧"系列著译活动产生了深远的影响。明确的编辑宗旨使得林语堂后来的编译活动始终有的放矢、事半功倍。从《论语》《人间世》到《宇宙风》，林语堂为之后的系列著译活动打下了坚实的基础，这也成为他后来向西方传播中国人文精神，以拯救工业社会中人类被科学主义、工具理性和逻辑极端所奴役的灵魂的重要组成部分。

2. 林语堂期刊编撰与编译活动的关联与互动

明确的编辑目标与强烈的读者意识对林语堂编译活动的影响。"开卷有益，掩卷有味"始终是林氏坚定不移的编辑目标②，这使得林语堂在后来的著译过程中特别关注读者，并使得其系列著译作品具有了极强的可读性。为了达到这一目标，林语堂在办刊过程中借鉴了西洋杂志"意见自由""文字通俗""作者普遍"的长处，倡导《特写》《西洋杂志文》等栏目，同时，采取与读者互动等重要举措。林语堂深知，能否最终得到读者认可、能否使读者产生共鸣，是衡量刊物成败的重要标准。所以，编辑刊物要有强烈的读者意识，要随时倾听读者的声音、接受读者的检验，而且必须时刻关注读者的喜好和需求，揣摩读者的阅读心理，千方百计吸引读者。因此，后来在编译《生活的艺术》等作品时，林语堂就不断地根据读者的实际需要，相继修改了许多内容，并根据其中的章节"拟科学公式"举行"林语堂比赛"与读者互动：依据林语堂的公式，估评世界名人的性格特征。结

---

① 林语堂. 关于本刊. 人间世，1934(14)：15.

② 林语堂. 发刊词. 人间世，1934(1)：2.

果取得了意想不到的轰动效果,"红透了半边天"①。以读者接受为旨归的编辑目标使林语堂在其著译的过程中始终有着强烈的读者意识,时刻关注读者的"期待视野",尊重读者的阅读习惯和审美情趣,以达到"视域融合"的最终目标。

口语化的沟通方式和散文化的行文风格是林语堂编辑活动与编译行为的共同特点。为实现"掩卷有味"的追求,林语堂在主编刊物时就特别希望创制一种"通俗有趣"的杂志文体。"杂志文体"是林语堂的一个提法,他把杂志文的写法同其他形式的文体区别开来,以表明杂志与众不同的文体特征,这是林语堂作为一个杂志人的自觉追求。由于林语堂所主办的杂志主要刊载的是小品文,因此,他对杂志文体的主张具体体现在对小品文笔调的运用上。具体而言,林语堂所提倡的小品文,"认读者为'亲热的'(familiar)故交,作文时略如良朋话旧,私房娓话";他所主张的小品文笔调,"笔墨上极轻松,其情易于吐露,或者谈得畅快忘形,出辞乖戾,达到如西文所谓'衣不纽扣之心境'(unbuttoned moods)"②。林语堂十分清楚英文的写作风格,深知英文书面语与口语相接近的特点使其更加贴近大众的生活、易于读者理解与接受。因此,在长期的编辑出版过程中,无论是英文还是汉语,林语堂都主张尽量使用口语化的文体和生活化的语言来表情达意。这种方式后来逐渐成为林语堂独特有效的书写风格与沟通方式。在晚年的《八十自叙》中,林语堂回忆说:"我创出一种风格。这种风格的秘诀就是把读者引为知己,向他说真心话,就犹如对老朋友畅所欲言毫无避讳什么一样。所有我写的书都有这个特点,自有其魔力,这种风格能使读者跟自己接近。"③的确,有着丰富的编辑经验的林语堂,还把这种朴素平易、明晰流畅的"娓语体"(familiar style)延续到了他的翻译与创作之中,无论是散文、小品,还是小说、传记,这种"闲适笔调"都得到了

---

① 林太乙. 林语堂传. 西安:陕西师范大学出版社,2002:149.

② 林语堂. 论小品文笔调. 人间世,1934(6):10.

③ Lin, Y. T. *Memoirs of an Octogenarian*. New York: Mei Ya Publications Inc., 1975: 69.

广泛的认同。与此相一致的是林语堂散文化的行文风格。作为“报刊散文家”出身的林语堂，十分偏爱这种散文化的行文风格，在编译活动中他甚至有意跨越了各种文体的边界，使各种作品都带有散文化的倾向。这种倾向也影响到林语堂首部翻译作品的形式与内容。林语堂选择了清代笔记体散文《浮生六记》作为翻译对象，并在英文《天下月刊》上连载，成为林氏系列汉英翻译活动的重要起点，其闲适轻松的行文风格与林语堂的中英文报刊文章一脉相承。加之林语堂对幽默、闲适的主张，通俗有趣的杂志文体便有了完整的体现。

通俗化的期刊定位与通俗化编译的一脉相承。“论语派”系列期刊的生命形态具有明显的民间性，表现出的是市民知识分子的近情与明理。其幽默风趣又不乏调侃的办刊风格本身就渗透了市民知识分子阶层的启蒙立场与价值取向的民间特性。他们明确宣称“不破口骂人”“不拿别人的钱，不说他人的话”“不主张公道，只谈老实的私见”“不说自己的文章不好”等[①]，并以幽默闲适的娓语笔调与读者交流对话。这种平实宽容的态度更符合他对普通读者的尊重。在这种充分尊重读者的话语角色的对等交谈中，论语派的主张更加深入人心，取得了良好的社会效益和经济效益。而且这种通俗化的风格定位影响了林语堂一系列的海外英文著译。有些学者认为，林语堂在 20 世纪 30 年代创办的《论语》《人间世》等文学刊物曾在中国风行一时，而《吾国与吾民》和《生活的艺术》便正是这两个刊物的风格的延续，不过更为深细化、系统化罢了。我们只要把他早期的英文论著和他的中文文集(如《翦拂集》《大荒集》等)对照着看，便可以发现两者之间的密切关系。

编辑过程中的导读与编译过程中的副文本的增加。作为一名合格的编辑，需要具有合理的知识结构和完善的智能结构，这不但要求编辑要具有扎实的基础、宽广的视野、敏锐的眼光、灵活的头脑，而且更重要的是编辑应该同时是一个博学多才的学者和研究家——研究社会、研究读者、研

---

① 林语堂，等. 论语社同仁戒条. 论语，1932(1)：i.

究市场、研究媒体。期刊编辑过程中“编辑的话”“编者按”“书评”等导读性环节使林语堂学会了在其系列编译过程中更善于使用大量的“副文本”。作为“学者型”翻译家,林语堂对所选译的作品进行了大量的研究性工作,分析考证,注解说明,力图客观准确地传达作品的原义,再现原文的风采。林语堂多在译文前加上长篇的前言与导读,包括介绍、解释、评论等,同时适当辅以图片、绘画或图表等,并将大量的研究体会与心得蕴含于序言和注释等的做法,有助于当时西方读者客观、全面地理解和接受中国文化。这些看似累赘拖沓的副文本,却是报刊编辑普遍运用的编辑策略,在客观上起到了导读的作用。这种对正文的必要补充,不仅有助于读者理解作品,而且加强了编辑和读者的交流,充分发挥了编辑的主体性。通过增加副文本,让译本走近读者,吸引读者走进作者的世界,译者、读者与作者因此而形成了一种良性的互动关系,为其后来从事的中国文化的跨文化传播活动起到了积极的推动作用。

人生哲学的探讨是林语堂编辑出版与编译活动的共同主题。林语堂对杂志的功用有着明确认识:“杂志之意义,在能使专门知识用通俗体裁贯入普通读者,使专门知识与人生相衔接,而后人生愈丰富。”①他主办的众多期刊虽然内容各有侧重,但是始终贯彻了这一原则。从《论语》倡导的“幽默本是人生之一部分”,到《人间世》的“反映社会,批评社会,推进人生,改良人生”的目标,再到《宇宙风》“以畅谈人生为主旨”“希望办成一合于现代文化贴近人生的刊物”,无一例外。林语堂系列期刊超越了对具体政治事件的纠缠,将笔触投向了生活的方方面面,可以说,一脉相承的人生主题成为林氏期刊一以贯之的宗旨,也是林氏期刊明显的特征,其中既有对传统的中国文化的传承,又有对欧美文化的吸收。显然,这也成为后来林语堂系列英文著译作品的共同主题。

报刊编辑特别是新闻体的客观、简洁与时效性使得林语堂的著译活动没有纠缠于字词间的一一对应,这正是编译行为的最突出特征。报刊

---

① 林语堂. 且说本刊. 宇宙风,1935(1):54.

编辑的时效性因素使得林语堂的著译活动贴近生活,紧跟时代步伐。报刊的时效性因素决定了编辑们要紧扣时代的脉搏,反映社会生活的最新动态与发展。成名作《吾国与吾民》于 1939 年再版时,正值抗日战争的关键时刻,林语堂及时地加入新的一章《中日战争之我见》,在中华民族生死存亡的危急关头,鼓舞同胞士气,增加民众信心,以其编辑出版工作者特有的敏感度与责任心,为抗战的胜利做出了一定的贡献。

3. 从专栏作家到"文化使者":系列英文著译的广泛传播与持久影响

与其他翻译家不同,作为一个编辑出版家,林语堂不仅仅关注写作内容即写什么的问题,他还非常关注作品创作出来之后的传播问题,即如何将那些代表中国文化的"智慧"传播出去。为此,林语堂密切关注出版界的动态,积极投身到编辑出版工作中去。林语堂深知,仅有作家的创作和翻译还远远不够,还必须有刊物和出版社的支持,以便开创一个属于现代知识分子自身的"话语空间",争取一定的话语权利和体现现代知识分子文化精神的文化空间,因此,林语堂与出版社、书商、出版人始终保持一种良好的合作关系,为其跨文化传播中国文化奠定了很好的基础。

在多年丰富的编辑出版与创作翻译成功经验的基础上,从 1936 年起,林语堂开始了他的海外著译和中国文化传播之旅,同时完成了他对中国文化的全面解读。继成名作《吾国与吾民》(1935)、《生活的艺术》(1937)在西方畅销之后,林语堂连续翻译和创作了《孔子的智慧》(1938)、《中国与印度之智慧》(1942)、《老子的智慧》(1948)以及《美国的智慧》(1950)等"智慧四部曲",《京华烟云》(1938)、《风声鹤唳》(1941)、《朱门》(1953)等他最为青睐的"小说三部曲"以及《唐人街》(1948)、《奇岛》(1955)、《红牡丹》(1961)、《赖柏英》(1963)等多部小说,《苏东坡传》(1947)、《武则天传》(1957)、《从异教徒到基督徒》(1959)等多部传记,《讽颂集》(1940)、《啼笑皆非》(1943)、《中国的生活》(1959)、《不羁》(1962)等多部散文和杂文集,以及《浮生六记》(1939)、《冥寥子游》(1940)、《寡妇、尼姑与歌妓:英译三篇小说集》(1951)、《英译重编传奇小说》(1952)、《帝国京华》(1961)等多部译著,立体、多维地展示了林语堂眼中中国人生活的艺术与人生的智慧，同时也全面、系统地展示了林语堂的中国文化观，从而实现了他“两脚踏东西文化，一心评宇宙文章”的文化理想，在国际上产生了广泛的影响与强烈的震动，被誉为集东西方智慧于一身的真正的“世界公民”和文化使者。这一切都是林语堂早期编辑出版活动的发展、延续与升华。

五、结　语

“报刊作为传播媒体，深刻地影响着现代文学的写作方式、传播方式、阅读方式，以及作家的交往方式、成名方式和他与社会、与市场的关系。”①可以说，报纸与期刊成了林语堂这一代知识分子的公共活动空间和生命舞台。知识分子参与报刊编辑与出版，着力进行思想文化建设，成为该时期一种特殊的文化现象，也成为现代文化人的一个重要的身份标志和履行社会职责的基本方式，同时也成了这一代知识分子的文化传统。这已经成为近代以来(在中国主要是“五四”到 20 世纪二三十年代)的一个普遍规律，文人与文学杂志有着共生状态。因而研究文人的文学创作、文学活动，必须联系其与杂志的关系。这与传统上完全没有发表渠道的文人(如曹雪芹等)或另一种发表渠道的人(如《三国》《水浒》之于说书人)形成一种有趣的对比，又与西方的那些靠出版家慧眼识英雄的人(如勃朗特姐妹等)也完全不同。

集编辑、出版、创作、翻译于一身的林语堂，一生不断变换着他的研究领域和角色身份，从最初的中文创作到后来的英文著译，从早年“英译汉”到后来“汉译英”，再到海外数十部的英文创作，林语堂经历了一个由被动到主动、由语言工具到文化思想、由文学输入到文化输出的文化自觉的过程，同时这也是他文学创作、学术研究以及个体生命走向成熟的标志。从文言到白话，从汉语到英文，从散文、随笔到小说、传记，从翻译、创作到学

① 杨义. 京派海派综论. 北京：中国社会科学出版社，2003：187.

术研究,从语言学家、文学家、翻译家到发明家、出版家,林语堂始终以语言学研究为基石,以文化传播为主体,以东西文化融合为目标,不断地进行着身份与角色转换,践行着他"两脚踏东西文化,一心评宇宙文章"的文化理想,在国际上产生了广泛的影响与强烈的震动,成为名副其实的文化使者和真正的"世界公民",真正做到了语言与文学、编辑与出版、创作与翻译的融会与贯通。

(冯智强,天津外国语大学中央文献翻译研究基地;朱一凡,上海交通大学外国语学院;原载于《中国翻译》2011 年第 5 期)

编辑出版家林语堂的编译策略研究

冯智强　李　涛

内容提要：本文立足于林语堂集翻译、创作和编辑于一体的独特编译现象，深入系统地探讨了林语堂的编译策略以及林语堂编辑出版与翻译创作之间的互动关系，揭示了林语堂的编译策略给跨文化传播和翻译研究领域带来的诸多启示。

关键词：林语堂，编辑与出版家，编译策略

一、引　言

被誉为“西方首席汉语文学翻译家”“中国现当代文学的首席翻译家”、莫言获得诺贝尔文学奖“背后的功臣”的葛浩文(Howard Goldblatt)在谈及“中国文学如何走出去”时说，“世界闻名的作家都有一个了不起的编辑帮他们成为伟大的作家”，同时他也不无遗憾地指出，“很不幸的，中国小说只有在出版后翻译成外文时才得到如此应有的待遇”。这里，葛浩文十分清楚编辑的不可替代的作用，“编辑不是作家，但可能是最好的读者，编辑挑毛病，不是作家的敌人，而是作家求之不得的好友”，因此编辑是不可或缺的“最重要的配角”①。

① 葛浩文. 中国文学如何走出去?. 文学报，2014-07-03(18).

万分幸运的是,"两脚踏东西文化,一心评宇宙文章"的林语堂本人就是集编辑与出版、创作与翻译于一身的编辑出版家、文学家和翻译家。从圣约翰大学校刊《约翰声》到北京大学《中国社会与政治学评论》(*The Chinese Social and Political Science Review*)的英文编辑,从《新青年》《语丝》《晨报副刊》《中国评论周报》(*The China Critic Weekly*)的主要撰稿人到《中国评论周报》的《小评论》(The Little Critic)栏目的专栏作者,从《中央副刊》主编、《民众论坛报》(*The People's Tribune*)执行编辑到《天下月刊》(*Tien Hsia Monthly*)编辑,从《开明英文读本》《英文文学读本》《开明英文文法》《开明英文讲义》等系列英文教材的编撰风行,到《论语》《人间世》《宇宙风》的出版热销,编辑、出版、创作、翻译相互促进、相得益彰,使林语堂的作品具有创作中包含翻译,翻译中杂糅创作,著译中带有编辑的鲜明特色。这种书写形式既非传统意义上严格的翻译,也不是纯粹的创作,而是编辑、创作与翻译的融通与整合,即编译[①]。编译始终是林语堂英文著译中主要的书写形式和表现方式,是林氏实现中国文化跨语际传播的一贯策略。这种集翻译、创作和编辑于一体的编译方式在林语堂的一系列著译作品中得到了充分的展现,并取得了理想的效果乃至于轰动的效应。编译作为一种集编辑与翻译于一体、创作与翻译互动的译介传播策略,使林语堂的著译活动成为中学西渐上至今仍前无古人、后无来者的成功个案。本文将立足于这一独特的编译现象,系统地探讨林语堂的编译策略以及林语堂编辑出版与翻译创作之间的互动关系,揭示林语堂编译策略给跨文化传播和翻译研究领域带来的诸多启示。

二、林语堂的编译策略

林语堂的编译行为不是编辑和翻译的简单叠加,而是翻译、编辑、创作的有机结合,并体现在其系列著译编译作品之中。编译属于有意识的

---

① 冯志强,朱一凡.编辑出版家林语堂的编译行为研究.中国翻译,2011(5):27-33.

创造性叛逆,编译的原因包括为与接受国的习惯、风俗相一致,为迎合接受国读者的趣味,为便于传播,或出于道德、政治等因素的考虑[①]。本节从微观的层面对林语堂《孔子的智慧》《老子的智慧》《生活的艺术》《古文小品译英》等多部著译作品进行深入分析,归纳提炼出 6 种编译策略,即"选""改""释""创""评"和"缩",并选取了典型例子来解读每一种编译策略,阐释其方法、原因及其效果,从而再现林语堂英文著译的编译过程。

1. "选"(selection)

林语堂的《孔子的智慧》(1938)一书意欲系统全面地向西方读者介绍孔子思想和儒家学说的精髓。鉴于以往对孔子的译介从《四书》入手所导致的杂乱无章的状况,以及从其他长篇论说中摘录而来的语句脱离具体的语境后所产生的含义模糊和断章取义,同时考虑到西方读者接受的问题,林语堂在编译《孔子的智慧》时并没有拘泥于《四书》的传统编排体例,而是从确定主题入手,根据主题从《论语》《孟子》《大学》《中庸》《礼记》《史记 · 孔子世家》中精选出相关材料,从而形成了对相关问题深入系统的诠释,各个章节之间前后逻辑严密,主题相对集中,条理清晰顺畅,既符合了西方读者的阅读习惯,同时也完成了对儒家思想的梳理与完善,成为在西方的英文畅销书与常销书。这样的编排体例使得《孔子的智慧》形成了一个系统连贯的思想体系,使得西方读者既了解了儒家思想的全貌,又领悟到了孔子智慧的精华,从而达到了预期的编译目的和传播效果。

又如林语堂在编译《庄子》时,根据传播目标精选了其中的 11 个篇内容,主题鲜明,目的明确,涵盖了诸多哲学命题和对所谓西方现代文明的抗争,并以此去补救西方物质主义和科学主义泛滥所引起的精神危机。

再如在《中国的智慧》(1942)的编译中,为了达到跨文化传播中国的人文主义精神的最终目的,林语堂高度浓缩了他眼中的中国智慧,精选了从老庄到孔孟,从墨子到子思,从古代诗歌、故事到生活随笔,从寓言、家书到谚语直到鲁迅语录等诸多代表性内容,同时与《印度的智慧》相契合,

---

① 谢天振. 译介学. 上海:上海外语教育出版社,1999:154,134.

可谓“儒释道的合奏”,共同演绎了一曲绚丽多姿的东方智慧。

2. “改”(reformation)

林语堂编译策略中的“改”是指根据译者的意图和目标文本的功能,在汉英翻译过程中对原文的形式和内容做出适当的改变。这种“改”主要包括三种情况:基于原文文本篇章结构的“改”、基于原文句子结构类型的“改”和基于原文体裁类型的“改”。

首先是基于原文文本篇章结构的“改”。林语堂通常将所选的材料重组成新的章节和段落,并给这些章节和段落添加新的标题。清晰的框架可以使读者更好地了解目标文本中的主要信息,从而增强对原文的深入理解。例如在编译《孔子的智慧》时对《四书》的“文本重组”便取得了良好的效果,实现了从语言到结构上的衔接与连贯,而重组后辅以标题导引,更使得读者能进一步深入地理解每一个具体语篇的主题。

其次是基于句子结构类型的“改”。鉴于英汉两种语言的巨大差异,汉英句子结构类型之间很难实现完全的对应和匹配,因此林语堂在编译的过程中,通常不会亦步亦趋地完全遵从原文的句子结构,而是不断地根据上下文语境进行必要的修改,其中既包括陈述句、疑问句、祈使句和感叹句之间的转换,也包括直接引语和间接引语的变通,还包括句子语序的调整、主谓语和主从句的重新确定等。这些改变使得译文更加接近原文所要表达的初衷。例如:

孔子愀然作色而对曰:“君之及此言也,百姓之德也!固臣敢无辞而对?人道,政为大。”

Confucius looked very grave and replied: “It is the good fortune of the people that Your Highness has asked this question. I must do my best to answer it. The highest principle of human civilization is government.”①

---

① Lin, Y. T. *The Wisdom of Confucius*. Beijing: Foreign Language Teaching and Research Press, 2009: 172.

此例为句子类型的转换，原文中画线部分的句子是反问句，不需要回答，语句中带有的是一种诚恳谦虚的态度，而在林译中将其改译成了陈述句，这样做准确地传达了原文中反问句的隐含意义。如果不改变原来的句式而直译为“So, how dare I not answer your question?”，那么读者读起来恐怕会感到说话人语气中带有震惊和愤怒的情绪，原来的那种尊敬语气则荡然无存。

最后是基于原文体裁类型的“改”。文学体裁是文学作品的类型，一般分为小说、诗歌、戏剧以及散文等。同样是在《古文小品译英》中，林语堂改变了原文的文体，将唐朝著名诗人白居易长篇乐府诗《琵琶行》以散文的形式译出，并在序言中解释道：“这首诗歌主要描述了诗人巧遇琵琶女和她的不幸经历。我认为最好把它翻译成散文，尽管可能丧失一些原诗的效果。”①事实证明，译文以散文形式将琵琶女如泣如诉、凄凉悲婉的不幸遭遇行云流水般地重现给了译文读者，引起了西方读者广泛的共鸣和深切的同情。由此可见，在翻译的过程中为了实现预期的目的或功能，译者对原文文体形式的改变也有一定的操纵权和决定权。

3.“释”(explanation)

从诠释学的角度看，翻译的本质就是解释。伽达默尔曾言：“一切翻译就已经是解释，我们甚至可以说，翻译始终是解释的过程，是翻译者对先给予他的语词所进行的解释过程。”②大量的注解是林语堂一贯采用的编译策略。据笔者统计，仅在《孔子的智慧》一书中就有解释型、评论型、补充型、他注型、修正型等各类脚注100余条，而插入型注释、混合型注释更是与原文融为一体，浑然天成，做到了真正意义上了“释译融合”。

(1)脚注(footnote)。脚注是林语堂多部著译作品中的一种重要编译方式，它有利于读者理解某些特殊意象或表达方式的真实意义。在《孔子

---

① Lin, Y. T. *The Importance of Understanding*. Beijing: Foreign Language Teaching and Research Press, 2009: 283.

② 伽达默尔. 真理与方法. 洪汉鼎，译. 上海：上海译文出版社，1999：490.

的智慧》一书中，脚注竟多达 94 处，其中最长的 1 个脚注内容在 450 字以上，最短的却只有 5 个字。例如：

> This was the period of *tat'ung*, or the Great Commonwealth. *
>
> * *Ta* means "great" and *t'ung* means "common". ①

这里的脚注是对孔子"大同"思想的一种解释。"大同"思想涵盖了中华民族文化的精髓，直指人类最终可达到的理想世界，代表着人类对未来社会的美好憧憬，与西方的"乌托邦"概念相似。林语堂用脚注的方式阐述了其在中国文化中所指的内涵信息。

(2)插入型注释(inserting annotation)。插入型注释是指在翻译过程中，在需要解释或补充说明的部分之后加上括号，在括号中插入相关信息，主要用于年份、名称、特殊意象以及语句或语篇之后，例如：

> Confucius said, "The gentleman broadens himself by scholarship or learning, and then regulates himself by *li* (proper conduct or moral discipline). Then he will not fall away from the proper principles."②

这里的"*li*"是指"理"，是中国传统文化背景下孔子所教授的哲学理念。中国的象形文字源远流长，自其产生伊始每一个象形文字便代表了一种含义，是另外任何一种文字所无法完全替代的。这里的"*li*"是"理"的威妥玛拼音拼写，是一种典型的中国式表达。林语堂用这种威妥玛拼音结合文中插入注释的方式进行编译，既忠实于中国的语言文化，也为西方读者在理解中国文化的道路上扫清障碍。

(3)混合型注释(blending annotation)。混合型注释是指对于译文中一些特殊的表达，在上下文中加入一些对其解释说明性质的成分，使读者更加明白这些特殊表达的独特含义。与前面插入型注释将解释补充部分

---

① Lin, Y. T. *The Wisdom of Confucius*. Beijing: Foreign Language Teaching and Research Press, 2009:180.

② Lin, Y. T. *The Wisdom of Confucius*. Beijing: Foreign Language Teaching and Research Press, 2009:182.

放在括号里不同的是，混合型注释直接将解释说明部分融入正文之中，成为译文语句结构中不可或缺的组成部分，如果删除这部分内容则会影响句子语法逻辑，使整个句子语义不清。例如：

> "Ah Yu, if the great could always gain the confidence of the people, why did Poyi and Shuch'i have to go and die of starvation in the mountains? If the wise men could always have their teachings followed by others, why did Prince Pikan have to commit suicide?"①

原文中的画线部分就是混合注释的部分，是对原文中提到的"Poyi and Shuch'i""Pikan"等历史人物的解释。如果去掉，则外国读者不仅不知道这些中国古代历史人物的故事，更不会知晓与"Poyi and Shuch'i"与"the great""Pikan"与"wise men"之间的关系。林语堂在文中加上混合型注释的做法直接为读者提供了相关人物的关键信息，可以使得读者根据上下文推测出作者所表达的主旨含义。

4."创"(creation)

"文学翻译的创造性性质是显而易见的，它使一件作品在一个新的语言、民族、社会、历史环境里获得了新的生命。"②从严格意义上来讲，林语堂的大部分翻译活动都不属于传统意义上的翻译，其英文著译作品最大的特点就是以编译为主体的编、译、创的会通，体现了林语堂对中西文化的谙熟和对英汉语的灵活运用。这种建立在翻译基础上的"译创"中的翻译部分，有些有明确的原文，有些则只是与源语文化的一种"互文"。其中所描述的中国哲学、民间习俗、百姓生活等内容必然不可避免地带有跨文化、跨语际的色彩，故而与翻译必然有着千丝万缕的联系。这类作品在林语堂的著译中占有相当的比例，其中《生活的艺术》就是最能体现创作和翻译杂糅的一部作品。《苏东坡传》的著译杂糅也十分明显，在该作品中，

---

① Lin, Y. T. *The Wisdom of Confucius*. Beijing: Foreign Language Teaching and Research Press, 2009: 62.

② 谢天振. 译介学. 上海：上海外语教育出版社，1999：134.

林语堂译介了大量的资料，包括大量的诗词歌赋、书信笔记等，使得苏东坡的言行做到了事出有据。林语堂采用这种“夹叙夹译”的手法，将翻译与创作有机地融为一体。其生前好友乔志高先生就曾指出，《吾国与吾民》一书是翻译与创作高度融合、逼近“翻译最高的目的”的经典之作，“是提炼中华民族几千年来累积的经验，用作者自己独特的见解和明白晓畅的英文，为西洋读者作深入浅出的‘诠释’(interpretation)”[①]。

另外，林语堂作品中的创译还在微观层面得到了充分体现。为了保持原文的节奏美、连贯性、上下文意义及故事情节等，译者还在不改变原文主题的前提下创造了诸多新形象、新意境、新概念、新的情节设计和细节描述等。在林语堂的著译作品中我们随处可以见到这种努力和尝试。

> 请君细点眼前人，一年一度埋荒草。(《一世歌·唐寅》)
>
> Mark how thy neighbors one by one depart
>
> And creep to stop a bole where crickets sing.[②]

这两行译文便是对原诗创造性的翻译，其中“洞”“蟋蟀”便是新创建的意象，而原文中的意象“荒草”已不见了踪影。

5.“评”(comment)

“评”在林语堂的编译作品中同样发挥了重要的作用。这一策略能使读者深刻理解译文并知晓其真正的含义，从而促进不同文化之间的交流。林语堂的“评”包括对作者、原文文本、译文文本、翻译方法等方面的评介、论说、分析以及鉴赏等，分布在序言、简介、后记、注释等副文本以及正文之中。例如，在《孔子的智慧》的序言部分，林语堂便全面评介了孔子思想的特性、孔子的品格等，使得读者对孔子以及儒家思想有了一个全面的了解与整体的认识，与每一章节的导读相互配合，为下一步的文本阅读扫除了障碍，为读者真正进入“孔子的堂奥”提供了有力的保障。同样，在《老

---

① 乔志高. 一言难尽:我的双语生涯. 台北:联合文学出版社,2000:80-81.

② Lin, Y. T. *The Importance of Understanding*. Beijing: Foreign Language Teaching and Research Press, 2009: 3.

子的智慧》的前言部分，林语堂对老子其人及其思想体系也进行了详细的解读与评介，并对老子与孔子思想的差异做了比较与分析。林语堂认为，老子的《道德经》蕴藏着"更为精炼的俏皮智慧之精髓"，是世界文坛上最光辉灿烂的自保的"阴谋哲学"①。

在翻译清代文学家张潮所著的随笔体格言小品文集《幽梦影》时，林语堂更是"译者登场"，在原文和译文之后，直接畅谈世间万物、臧否文章得失、品评人生百态，与原作者形成了"隔空对话"。据统计，这样轻松、愉快、宛若老友间亲密对话的评论达 26 处之多，生动地再现了译者在修身养性、为人处世、风花雪月、山水园林、读书论文、世态人情等方面的独到见解、人生情怀和智慧火花，使译文读者耳目一新、情致盎然而又回味无穷。

6. "缩"(abridgement)

"缩"是林语堂的又一编译策略。从文章长度的角度来看，林语堂译著中有些英语文本看起来明显短于原文文本，但主要的思想却基本没有改变与遗漏。作为译者的林语堂根据实际需要，将原文的要点译出，精简细节，以便为读者提供一个简明而准确的译文。英汉作为"相距遥远"的两种语言与文化，其间的转换与翻译始终不可能完全对应与匹配。林语堂通过"缩"的编译策略，保持了原文的逻辑和相应的主题，通过简洁的语言传译出了原文重要的信息，避免了译文的繁复冗长，从而做到取舍有度，言简意赅。通过以下诸例，便可窥见一斑。

> 兹欲劝富人行乐，必先劝之分财；劝富人分财，其势同于拔山超海，此必不得之数也。(《富人行乐之法 · 李笠翁》)
>
> To teach rich men to enjoy life would mean to ask them to give money away, which is difficult, to say the least.②

---

① Lin, Y. T. *The Wisdom of Laotse*. New York: Random House, 1948: 21.

② Lin, Y. T. *The Importance of Understanding*. Beijing: Foreign Language Teaching and Research Press, 2009: 188.

此处,原文文本为“劝富人分财,其势同于拔山超海,此必不得之数也”,而在译文中林语堂将其压缩成为一个定语从句“which is difficult”,取消了“拔山超海”的比喻,简单易懂,一目了然。

予爽然思渡者言近道。天下之以躁急自败、穷暮而无归宿者,其犹是也夫,其犹是也夫!(《小港渡者·周容》)

I thought of that ferryman. He had wisdom.①

此处原文可以分成两个部分:第一部分是叙述,第二部分是作者对生命的反思。第二部分的本义就是“天下间因为急躁而导致失败,一直到晚上也没有地方睡觉的人,真的像这样啊!”但译文中林语堂只是将其翻译成两个短句,而并没有按字面字字对译。此处,所有的人生哲学被压缩为一个词“wisdom”,即“智慧”。“智慧是什么?”“智慧何以为智慧?”这吊足了读者的胃口,充分引起了读者的兴趣,促使其对整个故事进行回顾,然后得出其心目中的“智慧”。这里,中国的人生哲学融入精彩的故事之中,尤其融入了摆渡者的话语之中,简约的英文译文为读者提供了广阔的思考和想象空间,余味无穷。

三、林语堂编译策略研究的启示

1. 编辑、创作与翻译的互动

林语堂的著译作品有着明显的著译和编辑杂糅的编译特征,带有明显的编译痕迹,并深刻影响了林语堂一生的著译活动。作为编辑,明确的编辑目标与强烈的读者意识使得林语堂的编译活动特别关注其著译作品的可读性,时刻关注读者的“期待视野”,尊重读者的阅读习惯和审美情趣,以达到“视域融合”的最终目标;而口语化的沟通方式、散文化的行文

① Lin, Y. T. *The Importance of Understanding*. Beijing: Foreign Language Teaching and Research Press, 2009: 351.

风格以及通俗化的文体定位也成为林语堂编辑活动与编译行为的共同特点。另外，人生哲学的探讨更是成为林语堂编辑出版与编译活动的共同主题。最后，报刊编辑特别是新闻体的客观、简洁与时效性使得林语堂的著译活动没有纠缠于字词间的一一对应，这正是编译行为的最突出特征。

2. 中国文化"走出去"的新策略

林语堂的编辑出版家身份、独树一帜的编译思想以及以"选""改""释""创""评""缩"为主要特征的编译策略，为中国文化的跨语际传播提供了新的方法与途径。林语堂的编译活动意味着根据需要选择适当的材料，改变原文的内容和结构，以不同的方式解读原文的事项，创造新的文本，评论相关文献，缩编原始材料以及省略不必要的内容这样一个编译结合的过程，以使目标文本更具可读性，最终传达预期的信息。作为"编辑出版型"的翻译家，林语堂对其所选译的作品进行了大量的研究性工作，分析考证，注解说明，客观准确地传达了作品的原义，再现了原文的风采，具有十分重要的参考价值。从确立翻译目的到选取合理材料，从安排章节内容到翻译改写原作，林语堂慎重选材、读者立场、精益求精的译者素养和编辑才能得到了全面反映。这种策略为当代中国语言和文化走向世界提供了可资借鉴的重要参考，是编、译、创的成功整合。

3. 复合型人才培养的新思路

多年来国家一直在倡导对外传播工作编译合一，而集编辑、出版、创作、翻译于一身的林语堂的成功先例，为我们编译型人才的培养树立了榜样。林语堂一生不断变换着他的研究领域和角色身份，从翻译、创作到学术研究，从语言学家、文学家、翻译家到发明家、出版家、编辑家，林语堂始终以语言学研究为基石，以文化传播为主体，以东西文化融合为目标，不断地进行着身份与角色转换，践行着他"两脚踏东西文化，一心评宇宙文章"的文化理想，在国际上产生了广泛的影响，成为名副其实的文化使者和真正的"世界公民"，真正做到了语言与文学、编辑与出版、创作与翻译的融通。林语堂立体、多维地展示了中国人生活的艺术与人生的智慧，从而成了西方读者心目中中国文化的代言人。这一切为当代复合型翻译人才的培养提供了宝贵的经验,同时也留下了诸多的思考。

四、结　语

文学本身的艺术性特征决定了文学翻译不再是简单的语言文字间的转换,而是一种极具自由度和创造性的工作。由于编译策略包括根据原文翻译、编写、改写的部分,甚至还包括编译者出于某种需要添写的或者删减的内容,因此,编译这种灵活的翻译策略毫无疑问会成为文学著译过程中广泛使用的有效手段,而编译在传播世界文学上的积极作用也显而易见。时至今日,在国外发行的译介有关我国文学或文化的编译作品的发行量已经相当可观。人们可以在亚马逊等国际网站上查询到外国读者对于这些作品的如潮好评,感知外国读者对它们的欢迎程度。而追根溯源,林语堂的编译活动固然受到了“五四”前后意识形态、主流诗学、赞助人等文本外因素的影响,特别是自身翻译动机、英汉两种语言的特点、翻译题材与体裁等方面的制约,但同时与其编辑出版身份却是密不可分的。林语堂是一位集编、译、创为一身的通才,从早年“英译汉”到后来“汉译英”,从专栏作家到系列著译,从“版税大王”到“幽默大师”,林语堂实现了编辑出版家与翻译家的完美结合,也为当下中国文化“走出去”开辟了一条独特的编译之路。

(冯智强,天津外国语大学中央文献翻译研究基地;李涛,辽宁省朝阳师范高等专科学校外语系;原载于《辽宁师范大学学报》2016 年第 5 期)

译作的普遍价值与译介的有效性

——林语堂编译《孔子的智慧》对典籍英译之启示

夏婉璐

内容提要:中国的典籍英译存在着两个突出问题:一、"文化自觉"的缺失,大多数译者以本土文化为出发点,忽视了接受方的需求;二、大多数译者将中国经典视为一种历史,在翻译中只做静态机械的复制,鲜有译者根据不同的时代精神、不同的受众对中国典籍进行创造性的二次开发及现代重构。本文以林语堂的编译作品《孔子的智慧》为个案研究对象,考察了林语堂编译《孔子的智慧》的内外动因和具体策略。此外,本文揭示了在当今文化多元化及全球伦理背景下,林语堂的编译实践对促进中西文化间的对话和交流以及对中国典籍英译工作的启示意义。

关键词:林语堂,儒家思想,普遍价值,典籍英译,译介

一、引　言

中国典籍英译的历史可以回溯到明末传教士的翻译活动。就翻译的广度和深度而言,真正意义上的高潮出现在近30年,特别是"大中华文库""中国图书对外推广计划""经典中国国际出版工程"等系统译介项目的实施。然而,与输出的热情形成强烈反差的是,多数译著除了馆藏之

外，并未能在接受语境中赢得多少真正热情的读者[①]。“大中华文库”一百多部作品中仅有两部被一家英国出版社购买了版权[②]。甚至，正如谢天振所指出的，这些我们精心选材、集名家之力译出的“精品”成了中国驻外使馆的“烫手山芋”，即使免费赠书给对方图书馆，对方也不愿接受，原因在于无人借阅，徒耗人力、物力而已[③]。如何才能实现中国典籍的有效英译呢？除了考虑加强与国外出版社的联系以保持交流渠道的畅通等外部因素，典籍英译“译什么”“怎么译”“何时译”等核心问题值得重点关注。就“译什么”而言，当前典籍英译工作在选材上存在的突出问题在于“文化自觉”[④]的缺失。大多数译者以本土文化为出发点，忽视了接受方的需求；此外，大多数译者将中国经典视为一种历史，将其“博物馆化”，在翻译中只做静态机械的复制，鲜有译者根据不同的时代精神、不同的受众对中国典籍进行创造性的二次开发及现代重构。正如罗选民、杨文地所强调的，在选材时我们应关注原文的普遍性、契合点及现实性[⑤]。就“怎么译”而言，译文是否具有可通约性，是否能实现有效交流从而使译作具有普遍价值，值得我们思考。

1938年，林语堂编译了《孔子的智慧》。林语堂在八十寿诞时为自己作了一副对联：“两脚踏东西文化，一心评宇宙文章。”这副对联并不是一

---

① 刘亚猛，朱纯深．国际译评与中国文学在域外的“活跃存在”．中国翻译，2015(7)：6.

② 王志勤，谢天振．中国文学文化走出去：问题与反思．学术月刊，2013(2)：26.

③ 王志勤，谢天振．中国文学文化走出去：问题与反思．学术月刊，2013(2)：23.

④ “文化自觉”是费孝通在《费孝通论文化与文化自觉》一书中所提出的一个概念。简而言之，“文化自觉”是指对于自我文化的一种理性、客观的自我意识。这种自我意识建立在对世界多元文化的了解之上。这种自我意识要求对自我文化的优缺点进行明确的定位以促进自我文化的可持续性发展。罗选民、杨文地将典籍外译中的“文化自觉”定义为：“在全球化的语境中，认真理解和把握中西文化价值理念，努力发现彼此不同的思维方式及其存在的分歧，在不损害中国文化精神的前提下，以最合适的方式来解读和翻译最合适的典籍材料，从而达到消解分歧，促进中外文化的交流，极大地满足西方受众阅读中国典籍的需要。”（罗选民，杨文地．文化自觉与典籍英译．外语与外语教学，2012(5)：64.）

⑤ 罗选民，杨文地．文化自觉与典籍英译．外语与外语教学，2012(5)：65.

句豪言,而是他一生努力实现的美好文化理想。在《孔子的智慧》中,林语堂将这一理想付诸实践。在“宇宙文章”文化理想的感召下,林语堂通过编译对儒家学说进行了萃取及现代重构,使之具有了普遍价值。

二、林语堂编译《孔子的智慧》的内外动因

1938 年,林语堂编译《孔子的智慧》时,西方世界正在经历一场空前的信仰危机。一方面,随着科技文明的突飞猛进,“人的能力——一度曾奉献给上帝与救赎的能力,现在却导向控制自然,以及寻求不断增进的物质享受”[①]。另一方面,希特勒、墨索里尼正一步步将尼采的权力世界变为现实。两次世界大战的炮火将莎士比亚曾高扬的人性击得粉碎。人类尤其是西方人所坚持的价值及信念开始幻灭。解决这一问题的方法便是确立人生的价值及意义。面对时代危机,许多思想家开始走出象牙塔,走向现象学大师谢勒(Max Scheler)提出的哲学人类学。他们尊重人的尊严与价值,关怀人类的未来及生命的意义。一些思想家,如汤因比、罗素、雅斯贝斯等,站在人类大同的高度,把人类文化视为不分优劣、互补共荣的整体,期望汲取东西不同文化的精髓以重建人性。

在这一时代精神的召唤下,林语堂的文化观完成了从全面西化到中西文化融合的蜕变。林语堂不再将中西文化二元对立,而是将两种文化放在世界文化的坐标中,以促进人类发展和解决时代命题为旨归,谈论它们的价值和意义。而林语堂试图解决的时代命题也正是如何立人。

外因与内因两股合力深刻地影响了林语堂在编译《孔子的智慧》时的策略选择。无论是选材、编撰还是具体“译”的层面,林语堂的出发点均为如何实现有效的译介,如何使译文具有普遍价值,从而促进人类文明的共存共荣。

---

① 罗素,等. 危机时代的哲学. 台北:志文出版社,1974:28-29.

三、林语堂编译《孔子的智慧》的策略分析

1. 述中有作:林语堂编译《孔子的智慧》的宏观策略

子曰:“述而不作,信而好古,窃比于我老彭。”(《论语·述而》)孔子说自己述而不作,但实际上他创造性地总结并反思了礼乐制度的原则精神并将其中具有普遍性的思想发扬光大。林语堂在编译《孔子的智慧》时也并非述而不作,而是述中有作。林语堂的“作”在于,除了译者这一角色,他还担任了编者这一角色。林语堂在此书中的“编”主要体现在以下三个方面。

(1)对儒家思想普遍价值的主题提炼

1938年,林语堂在编译《孔子的智慧》时,整个世界和春秋时期的中国是何其相似:各国分立,年年征战。孔子试图在西周礼崩乐坏之际重建一个理性化的社会。而林语堂则希望借助翻译儒家学说为正在黑暗中挣扎的人类带来一道亮光。在此书的“导言”中,林语堂开篇即点明,孔子思想普遍意义,这一普遍价值便在于其人文思想①。因此,林语堂在编译此书时,从儒家思想中提炼出“人道”这一具有普遍价值的主题。人道思想特别关注个人的自身价值和社会价值,即关注“人应当是什么”“人应当怎么样”等问题,是人通过正心修身进而由己及人,由个人及社会,最终实现社会和谐的人文体系。

(2)对儒家思想的分流与筛选

在主题确定后,林语堂对儒家思想进行了分流及筛选。在林语堂看来,儒家思想最具普遍价值的是孔子、子思及孟子的学说,它们显示了“儒

---

① Lin, Y. T. *The Wisdom of Confucius*. Beijing: Foreign Language Teaching and Research Press, 2009: 2.

家哲学最重要最有影响力的发展”[①]。这一发展路径也最契合林语堂对普遍性“人道”的理解。荀子强调礼法并用，而林语堂则认为儒家思想的现代及普遍意义在于“以道德为施政之基础，以个人正心修身(即人道)而达到政治的和谐”[②]。林语堂认为，宋明理学的历史局限性在于违背人性，“宋儒由佛经学得形而上学，因而也要谈空说性，分天理与人欲为二物，因而要存天理，灭人欲……这话以现代的人生观看来，是绝对说不通的”[③]，因此，林语堂并未收录荀子的思想及宋明理学。此外，根据“人道”这一主题，林语堂对孔子的思想也进行了内部筛选。如在构建政治哲学时，仅保留了孔子“王道”的思想，而摒除了“宽猛相济”的思想。在阐述“礼”的普遍意义时，紧扣循“人道”而行所能实现的“理想社会”这一主题，选择了《礼记》中《经解》《哀公问》及《礼运》三篇，而并未选择《礼记》中记录各种典礼仪式和制礼精神的篇章。

(3)对儒家思想的重构及体系化

在《孔子的智慧》中，林语堂力图通过对《大学》《论语》《孟子》《中庸》《礼记》等儒家典籍的整理重组，构建一个层次分明的人学体系。这一体系以“人道”为主线。

这一体系的第一部分为《中庸》。林语堂认为，“《中庸》一书本身即构成了儒家哲学一个相当完整的体系”[④]。《中庸》展现了林语堂着力构造的孔子人学体系的基本架构，在整个体系中起着纲举目张的作用。这一部分提出了孔子人学最重要的命题及出发点：“天命之谓性，率性之谓道，修道之谓教。”“天命”是指自然规律及自然规律赋予人的行为准则；这一准

---

① Lin, Y. T. *The Wisdom of Confucius*. Beijing: Foreign Language Teaching and Research Press, 2009: 34.

② Lin, Y. T. *The Wisdom of Confucius*. Beijing: Foreign Language Teaching and Research Press, 2009: 4.

③ 林语堂. 林语堂名著全集(第16卷)：无所不谈合集. 长春：东北师范大学出版社，1994:60.

④ Lin, Y. T. *The Wisdom of Confucius*. Beijing: Foreign Language Teaching and Research Press, 2009: 78.

则内化为人的主观意识就是“人性”；按照“人性”去行事，便是“人道”。而“人道”正是孔子人学体系的关键词。

第二部分为《大学》。《大学》体现的是“人道”的外在向度，即修己治人之道。《大学》本为教育王子贵人而作。但林语堂关注的并不是儒家的教育制度，而是《大学》所表达的人文思想：“此书内容实际上是在谈论‘修身’与外部世界秩序的联系，或伦理与政治的联系。”①这部分沿用朱熹的划分，分为“经”“传”两部分。“经”的部分提出“大学之道，在明明德，在亲民，在止于至善”之“三纲领”。“传”的部分列出了“格物”“致知”“诚意”“正心”“修身”“齐家”“治国”“平天下”八条目。从“三纲领”到“八条目”，“人道”就像一个逐渐向外拓展的同心圆，从个人到家庭、国家乃至世界。

第三部分为《论语》。这部分体现的是“人道”的内在向度，即“修身”与“成己”的思想。林语堂在此部分依然以“人”为脉络将《论语》原本支离零星的孔子语录进行筛选及串联。本部分围绕“仁”这一核心概念展开。林语堂将“仁”理解为“人”，并以《雍也》篇为证：“宰予问曰：‘仁者虽告之曰：井有仁焉，其从之也？’”此部分包括四个方面。一是“仁”之方法，即孔子“己欲立而立人，己欲达而达人”的恕道原则。二是何为“仁”的问题。林语堂在书中收录了孔子对“仁”的多种阐释。三是“求仁”，即“成己”的问题，通过求仁成为君子。林语堂专门用一部分将言及“君子”的语句并置。四是“行仁”的问题。得仁的人必然会在修己之后成就他人，从个人到社会，因此，林语堂辑录了孔子的为政思想。

第四部分对“礼”这一“人道”外化的行为规范进行阐释。第五部分论教育的作用，强调教育的最大功用在于立人。最后一部分为《孟子·告子》篇。此部分是对孔子人学体系的深化及拓展。此篇为孟子性善论的集中体现。在前面几部分中，林语堂着重整理了孔子“人应该怎么样”的人道思想，这一章中的人性论则对“人”进行了本体论的思考。

---

① Lin, Y. T. *The Wisdom of Confucius*. Beijing: Foreign Language Teaching and Research Press, 2009: 107.

总的说来，林语堂建构的儒家人学体系，包含个人的内在修养及外化的行为准则（即“人道”）、维系理想社会所应遵循的个人行为规范、教育之于“立人”的重要性三个方面。而“人道”是孔子人学体系的核心。

2. 和而不同：林语堂编译《孔子的智慧》的微观策略

“和而不同”是林语堂在翻译儒家典籍时的核心微观策略。“和”体现在翻译时力图确保两种文化在交流上的畅通，从而促进文化之间的对话及共存共荣；“不同”在于在保证可通约性的同时强调异质性，从而避免文化简化主义。“和”在操作层面上采用了以下几种策略。

(1)适时增删

林语堂在翻译时，具有强烈的读者意识。以《论语》为例，《论语》中涉及大量的人名、地名。这些人名、地名对于没有任何源语文化知识背景的西方读者，特别是普通读者来说是相当困扰的。辜鸿铭译《论语》时的做法是略去除孔子、颜回、子路之外几乎所有的人名及几乎所有的地名。其他的弟子用 a disciple 来指代；国家用 a certain State 来指代。这样做极大地降低了读者的认知成本，但同时也造成了大量文化信息的丢失。林语堂在翻译中保留了人名，但为了帮助读者理解，林语堂对人物的关系、身份进行了增补说明，并在书后的附录中专门列表对书中所出现的主要人物进行详细的介绍。如：

> 或问子产，子曰：“惠人也。”问子西，曰：“彼哉！彼哉！”
>
> 译文：Someone asked about Tsech'an (a good minister of Cheng) and Confucius said, "He is a kind man." The man then asked about Prince Tsehsi (of Ch'u), and Confucius said, "Oh, that fellow! Oh, that fellow!"

此外，《论语》是一部未经编辑的、杂乱无章的孔子语录，语境的缺失会给读者的理解造成很大的障碍。如：

> 哀公问社于宰我。宰我对曰：“夏后氏以松，殷人以柏，周人以栗，曰：使民战栗。”子闻之曰：“成事不说，遂事不谏，既往不咎。”

译文：(Confucius hates a bad pun.) Duke Ai asked about the customs of the worship of the Earth, and Tsai Yu replied, "The Hsias planted pine trees on the altar, the Shangs used cypresses, and the Chous used chestnuts, in order to make the people nuts." (Literally "give the people the creeps," a pun on the Chinese word *li*.) When Confucius heard this, he said, "Oh, better forget your history! Let what has come, come! Don't try to remedy the past!"

这句话理解的关键在于宰我曲解了周人立社的本意，将栽种栗树与使民战栗相联系，难免对哀公起到误导作用。即使对于中国读者，如不借助注释，也很难弄清孔子责备宰我的原因。因此，林语堂在前面补充"孔子厌恶不恰当的比喻"，减轻了读者的认知困难。

(2)以西喻中

在《孔子的智慧》中，林语堂常对所译的人与物进行补充说明，用西方读者所熟知的人和物与所译的人与物进行跨文化的类比。如：

《论语》：*The Analects*, the Confucian *Bible*

子路：Tselu, the Confucian St. Peter, who constantly questioned the Master's conduct.

子思：Tsesze, just as St. John developed the idealistic side of Jesus' teachings and added a little of his own, so we see, for instance in "Central Harmony", how Tsesze developed the philosophic significance of the *Doctrine of the Golden Mean*, of Humanism and of "the true self."

林语堂将《论语》比作儒学中的《圣经》，将子路比作耶稣的大弟子彼得，将子思比作耶稣的门徒圣约翰。彼得性格爽直率真，热情易冲动，敢于质疑耶稣，在性格上和子路颇为相似。而圣约翰则发展了耶稣教义中理想的一面，并融入自己的思想而著有《约翰福音》《启示录》等，正如子思对孔子"中庸之道"的传承与发展。林语堂的这种类比，更有益于读者的理解接受。

(3)强调异质

在实现“和”的同时,林语堂强调尊重不同文化的差异,避免文化简化主义。《中庸》的译文大体来自辜鸿铭,但林语堂对其中某些部分进行了修改。除个别措辞的调整,最关键的是对哲学关键词翻译的修改。如:“天命之谓性,率性之谓道,修道之谓教。”辜鸿铭将“教”归化地译为religion。根据《四书集注》[①]的注释,“教”意为“教化”,即通过自我修身正心将“天命”内化为“人道”,“天”与“人”是内在统一的。如果译为religion,西方读者头脑里浮现的是一个具有超越意义、与“人”相对的“天”。这一“天”与自己谙熟的世界并无不同,这无疑改变了儒家思想的核心价值。因此,林语堂将religion改译为culture。

四、林语堂的编译实践对典籍英译的启示

《孔子的智慧》是中国典籍英译的成功案例之一,先后在美国(1938)、英国(1938)、日本(1939)、德国(1957)、西班牙(1958)及葡萄牙(1958)出版,并分别于1943年、1966年、1994年在美国再版。根据OCLC的统计数据,全球共有1664家图书馆收藏此书,其中美国图书馆达1548家。笔者对英国牛津大学、美国芝加哥大学及亚利桑那州立大学进行了调查,此书在三所大学图书馆的借阅量分别为:17次(2008—2015),9次(1996—2015),8次(1998—2015)(之前的数据因图书馆系统更新而无法考证)。尽管借阅次数不多,但综合考虑版本年代久远(均为1938年版)、图书馆阅览室藏有副本、互联网书店及电子书籍的冲击等因素,这样的借阅量已属难得。就专业读者的接受而言,根据JSTOR的统计,1938年初版以来共有三篇关于此书的书评分别刊载于《太平洋事务》(*Pacific Affairs*),《东西方哲学》(*Philosophy East and West*)以及《修辞评论》(*Rhetoric*

---

① 朱熹. 四书集注. 长沙:岳麓书社,1985.

Review)。这三篇书评均高度评价了此书,尤其是肯定了林语堂在此书中对孔子思想的编译及重构。笔者以"The Wisdom of Confucius"及"Lin Yutang"为关键词在 Google 图书中进行搜索,共搜到 1910 本相关书籍。其中,两本为原著,一本出现在 *Encyclopedia of Chinese Philosophy* 关于林语堂的介绍中,其余 1907 本均为将此书列入参考书目的书籍。就普通读者的接受而言,英语世界最具影响力的购书网站如 Amazon、Ebay、Abebooks 目前仍在销售此书。综合 Amazon 及世界最大的在线读书俱乐部 Goodreads 的 78 位读者的评价,87%的读者给了 3 星以上(即满意)的评价。读者对此书的肯定均集中在林语堂编译此书及阐释孔子思想的方式以及对于普通读者而言非常重要的可读性[①]方面。少数读者的批评主要在于西方读者的阅读习惯与儒家思想语录体文体特征之间的矛盾。这些读者期望读到连贯的语篇,而这一矛盾只有读者对中国文化的积累达到一定程度时才能得以解决。

林语堂编译《孔子的智慧》时,高扬人性、探究人生的意义是全人类所共同面对的时代命题。而在当下的社会语境中,人类也面临着一些共同的危机,如生态的恶化、不同文化与种族之间的冲突、贫富的差距等。因此,林语堂编译此书的视角和策略,可对当今文化多元化及全球伦理背景下传播中国文化以及异质文化间的对话与交流提供一些可资借鉴和参考的启示。

首先,我们在翻译中国典籍时,特别是在"译什么"这个问题上,不应采取单边的"送去主义",不应仅以自己为出发点,一厢情愿地将自己认为优秀的作品强塞于人。"文化的流动……大都是引进方为了生存及其条件的改善择其所需的拿来。"[②]我们应聆听译语文化的诉求。当然,这种聆听并不是一味地迎合某一特定的文化。那些具有普遍价值的命题,那些

---

① http://www.goodreads.com/book/show/1910155.The_Wisdom_of_Confucius; http://www.amazon.com/gp/product/B000CBDUYU? keywords = the%20wisdom%20of%20confucius%20lin%20yutang&qid = 1445072715&ref_ = sr_1_4&sr = 8-4.

② 赵芸. 著名翻译家谈"文化走出去". 上海采风,2010(3):20.

能够展现某一时代人类的生存与困惑的译作必定会跨越国界,唤起共鸣,因为人们能从中获得解除痛苦、排解困惑的良方。林语堂在编译《孔子的智慧》时,他的出发点和立足点并不囿于中国文化这一边。他站在普遍的高度,看到儒家思想对于整个人类的指导意义。这种文化之间的交流是建立在文化间相互学习、相互对话、面对时代命题共同前进的基础之上的。在交流中,接受方是能从中获益的。因此,他们也乐于敞开大门,欣然接受。反观当前国内的典籍译介工作,大多数仍是一种单边的行为。以"大中华文库"为例,其入选作品皆为我国各领域最具代表性的经典古籍,计划规模 110 种。然而,这 110 种是我方所认为的最优秀的民族文化,在西方读者眼中,他们是否又具有相同的价值呢?我们努力地"送去",但别人需要吗?这种仅以自己为出发点,单边"送去"的结果可能是对方因不感兴趣而拒绝接受,从而造成事倍功半以及人力物力的浪费。

其次,郝大维和安乐哲指出:"孔子哲学的失败在很大程度上是创造性的失败。……《论语》所反映的孔子的哲学完全不是文化的教条,但当人们被动地领会它、不向它赋予自己的意义和价值、不把它人格化时,它就成了一种文化教条了。"①尽管郝大维与安乐哲谈的是后儒在发扬儒家思想时存在的局限,但这段话也揭示了译介中国典籍时存在的一个典型问题:大多数译者将中国经典视为一种历史,在翻译中所做的是静态的复述,鲜有译者具有"文化自觉",在不同的时代语境,针对不同的读者对这些经典进行动态的重构。这种创造性的二次开发在特定的历史条件下,对于促进人类文明的传承与发展及延续译作的"后续生命"却是极为重要的。

一个文本只有成功地到达其读者,才能实现其意义及普遍价值。在具体的操作层面,林语堂既强调异质,避免文化简化主义,又通过增补背景信息及以西喻中以保证交流畅通,这种做法值得我们借鉴。

---

① 郝大维,安乐哲. 孔子哲学思微. 南京:江苏人民出版社,1996:239.

五、结　语

“君子和而不同，小人同而不和。”（《论语·子路》）这句话原指人与人之间相处的一种方式。在林语堂看来，这也是处理不同文化间关系的重要原则。“和”即统一、和谐。“和”的目的是促进人类文明的共存共荣，而在实现“和”的同时也尊重、包容不同文化之间的差异。林语堂心中理想的翻译是站在普遍的高度，将单个文化的各美其美发展为整个人类文明的美美共美。也就是通过翻译使居于不同文化的人学到自己未知的东西，倾听不同的声音，分享人类文明的共同财富，从而促进人类文明的共同繁荣。这在强调对话、全球伦理、和平与发展的21世纪尤为重要。林语堂以宽广的胸襟将民族文化看作整个人类的珍贵遗产，以时代精神对民族文化进行编译及现代重构，从而促进人类文明的共存共荣。这是林语堂留给我们的重要启示及宝贵的精神遗产。

（夏婉璐，四川大学外国语学院；原载于《中国翻译》2016年第4期）

林语堂《中国与印度之智慧》的文本选择与编译策略[①]

李　平　冼景炬

内容提要：林语堂先生的大部分作品都被探讨过，可是，林语堂编译的《中国与印度之智慧》至今无人论及。该书曾被美国大学普遍采用，作为研究东方文化与哲学的教材。编译者的目标读者是非常明确的：西方的普通读者。如何使中国、印度文化中最为精髓和深刻的方面雅俗共赏，使本来非常艰涩的典籍变为愉快而亲切的休闲读物，林语堂有其成功之道。因此，本文关注的重点是编译材料的选择、编排和翻译的策略等。笔者通过对该作品尤其是28篇序言的研究，认为林语堂采用的编译方法开创了东西文化译介的一条新路，值得引起大家注意，对我们今天的翻译实践和文化交流都具有指导意义。

关键词：林语堂，文本选择，编译，文化交流

一、智慧与 wisdom

无论在东方还是西方，翻译都是一项极其古老的活动。事实上，在整个人类历史上，由于人类文明的不断交流，翻译活动一直没有停止过。中

① 本文曾于2007年12月5—7日在福建漳州林语堂国际学术研讨会上宣读过，后收入林语堂研究丛书《走近幽默大师》（陈煜斓. 北京：中国社会科学出版社，2008：417-428.）。这里有改动。

国与印度两大文明交流的历史可谓久矣。中国有文字记载的翻译就始于佛经翻译。而把中国和印度的智慧同时介绍给西方读者,林语堂可算是第一人。1942 年,美国兰登书屋(Random House)邀请林语堂为其编译一本智慧书:《中国与印度之智慧》(*The Wisdom of China and India*)。然而,如何界定"智慧"呢? 一个民族有一个民族的智慧,不同民族对智慧的理解也有所不同。中国人眼里的东方智慧,与西方眼里的东方 wisdom 恐怕不是一回事。为西方读者编一本东方智慧书,编者必须做出自己的选择。既然智慧包含的内容很多,如何让本书不成为大杂烩,或者百科全书式的参考书,而是一部经过精心挑选、有代表性、有思想性、有系统性的著作,是编者面临的艰巨任务。

二、林语堂编译的经历

林语堂不仅是一位了不起的文学家,而且是一位杰出的编辑家。他的编辑经历从上海圣约翰大学读书时期就开始了。在大学一年级时,他就被选为《约翰声》的编辑,四年级时还担任了本届毕业纪念年刊 *The Johannean 1916* (《圣约翰人 1916 年刊》)的主编。这些经历为他后来的发展无疑打下了很好的基础。他在 20 世纪 30 年代主编《论语》《人间世》《宇宙风》等刊物时,以其才气、学识、性情、品位,形成了卓然不群的编辑风格。他提倡的"开卷有益,掩卷有味"的办刊宗旨,在其后来著、编、译的作品中都有体现。

林语堂学贯中西,他对中西文化的了解,对中英两种语言炉火纯青的掌握,为他在翻译方面的造诣奠定了重要的基础。尽管他一生的主要精力投入在中英文写作中,但他仍然做了许多翻译工作,写了不少有关翻译理论的文章。早在 1924 年,林语堂就在《晨报副刊》上发表了《对译名划一的一个紧要提议》,而他于 1932 年所写的《论翻译》,是他最系统、最全面论述翻译理论的文章。他的翻译实践更是全面开花,无处不在。除了如《卖花女》(萧伯纳著)之类的英译中,如《浮生六记》(沈复著)之类的中译英，也有《啼笑皆非》之类的自译，《孔子的智慧》之类的翻译中有创作，《生活的艺术》之类的创作中有翻译。而《中国与印度之智慧》与以上作品均有所不同，是编与译相结合，侧重在编，兼顾翻译。其中《中国卷》是编与译的结合，而《印度卷》则完全是编。兰登书屋的目标读者是非常明确的：西方的大众读者（the average reader；the general reader），而不是研究中国和印度的学者、专家。如何使中国、印度文化中最为精髓和深刻的方面雅俗共赏，使本来非常艰涩的典籍变为愉快而亲切的休闲读物，林语堂有其成功之道。因此，本文关注的重点不是内容本身，而是编译的目的、材料的选择、编排的顺序、翻译的策略等。

三、编辑本书的指导思想、选材、排列顺序

本书的书名是 *The Wisdom of China and India*，但是在内容排列上，林语堂却故意把"印度之智慧"的内容排在"中国之智慧"前面。他的理由是："我把印度智慧与中国智慧合编在一起，目的是使读者愉快地欣赏该国文学的优美与智慧。……出于中国的礼节，我将印度智慧这部分编列在前头，这与书名的次序恰恰相反。我之所以把中国放在书名的前头，是因为我非常怀疑一般读者不相信印度和中国一样具有丰富的文化、创造性的想象、睿智与幽默。"①

在林语堂看来，尽管中国、印度同为文明古国，都有数千年的历史，但西方世界对印度文化的无知比对中国文化的无知还要厉害，他们甚至认

---

① Lin, Y. T. *The Wisdom of China and India*. 8th printing. New York: Random House, 1942: 3. *The Wisdom of China and India* 出版后很畅销，在 1942 年多次再版，前后版本的序言可能有改动。同年，兰登书屋（Random House）将该书一分为二，以 *The Wisdom of China* 和 *The Wisdom of India* 分别出版，并多次再版。本文所引中文译文主要参考杨彩霞翻译的《中国印度之智慧》（西安：陕西师范大学出版社，2006），但笔者根据英语原文做了适当修改。

为“印度对世界文明没有做出什么贡献”①,因此,印度比中国更需要得到西方读者的正确了解。

为了便于读者理解后文的内容,林语堂为每一章都写了序言,共28篇。这些序言在书中起着重要的作用,是这本书的灵魂纲领。它们不仅贯穿全书,连接印度和中国,而且连接着东西方文化。在序言中,林语堂不遗余力地为读者理解后面的主要内容铺平道路,介绍所选内容,解释选材的原因及其出处。没有这些序言,这本书就成了材料的堆积,会让读者一头雾水。众所周知,林语堂是以“两脚踏东西文化,一心评宇宙文章”作为治学涉世之首的。这个特点在这些序言中有完美体现。在序言中,林语堂用坦率幽默的笔调、睿智通达的语言,充分发挥其“两脚踏东西文化”的优势,用东西方文化类比的方法来帮助西方读者理解东方文化。他通过指出东西方文化的共性,在双方的对比中达到相互的发现,从而实现其东西方应互相学习、互相补充的主张。例如,介绍“玄学家和幽默大师”庄子的时候,林语堂说:“耶稣之后有保罗,苏格拉底之后有柏拉图,孔子之后有孟轲,老子之后有庄周。此八贤中,前生者皆先知先觉,或未尝著书,或所著甚少,后继者乃加以发挥阐扬,成为鸿篇,四例俱同。”②耶稣、保罗、苏格拉底、柏拉图都是西方读者非常熟悉的人物,通过这样一类比,西方读者对孔子、孟子、老子、庄子之间的关系及其在中国的地位也就很清楚了。同样,介绍“民主哲学家”孟子的时候,林语堂也进行了类比:

> 孟子生活在公元前372—289年,因此与柏拉图(Plato, 427—347 B.C.)和亚里士多德(Aristotle, 386—322 B.C.)是同时代人。孟子的诞辰年与孔子的卒年(479 B.C.)相隔107年,他比荀子(315—235 B.C.)约长一辈,就像柏拉图比亚里斯多德年长一样。在

---

① Lin, Y. T. *The Wisdom of China and India*. 8th printing. New York: Random House, 1942: 5. 译文出自:林语堂. 英译庄子. 台北:世界书局,1957:1.

② Lin, Y. T. *The Wisdom of China and India*. 8th printing. New York: Random House, 1942: 625.

发展唯心主义思潮方面，孟子与孔子的关系地位同柏拉图与苏格拉底的关系一样，但在哲学现实主义方面，荀子与亚里斯多德在一定程度上有相似的观点。①

通过孟子与柏拉图、亚里士多德的横向比较，让西方读者知道孟子生活的时代；通过孟子和孔子的师承关系与柏拉图和苏格拉底的师承关系的纵向比较，让西方读者明白他们之间的共性。通过这些横向纵向比较，西方读者对中国的这些哲学家就有了深刻的印象。

为了让读者明白印度为世界文明做出的贡献，以引起读者对印度智慧的重视，林语堂也用东西比较的方法来打动读者。比如："印度在宗教和想象文学方面是中国的老师，在三角学、二次方程式、语法、语音学、《一千零一夜》、动物寓言、象棋以及哲学方面都是世界的老师，她也激发了薄伽丘、歌德、赫尔德、叔本华、爱德华，可能还有老伊索。"②西方读者读了，不能不对印度肃然起敬。同样，为了让读者认识到《奥义书》(*The Upanishads*)的价值，林语堂把它与《圣经 · 旧约》进行类比："今天的印度人把整部《奥义书》视为圣典，其中有学识的婆罗门人至今仍每日以吟唱形式来祈祷，这也许让人奇怪，然而，只要同《旧约》进行类比，这就容易理解。"③

在"编者注"中，林语堂同样做了大量的东西文化比较，以帮助读者理解原文。如在中国故事"二母争子"(The Judgment Between Two Mothers)这部分，林语堂用一大段来讲述该故事和后面的"缣之讼"(The Judgment on a Dispute)(均出自2世纪的《风俗通》)，与《圣经 · 列王传》中所罗门审判故事，以及印度佛"诞生故事"中的评注，有着惊人的

---

① Lin, Y. T. *The Wisdom of China and India*. 8th printing. New York: Random House, 1942: 743. 本段引文中的年代表述不合规范，为保留原样，未做修改。

② Lin, Y. T. *The Wisdom of China and India*. 8th printing. New York: Random House, 1942: 3-4.

③ Lin, Y. T. *The Wisdom of China and India*. 8th printing. New York: Random House, 1942: 31.

相似之处[①]。灰姑娘是世界上流传最广泛的民间故事之一，但是林语堂却在“编者注”中开门见山地告诉西方读者：“中国版的灰姑娘”（The Chinese Cinderella）《叶限》是世上最早为人所知的文字故事，并引用该故事的研究权威杰姆逊（R. D. Jameson）的话来证明“最古老的印刷版本是中文版”，该版本比西方最早版本（1558 年）早约 700 年。[②] 通过中西比较，读者可以更好地理解、接受这些中国故事。

除了以上东西方文化之间的比较，林语堂还注意中国文化与印度文化之间的比较与联系，从而使这本书的中国部分与印度部分成为一个有机的整体。除了前文提到的“印度在宗教和想象文学方面是中国的老师”，还有更多例子：“印度哲学与关于上帝的知识是分不开的，正如中国哲学和人格问题不可分一样。”[③]“《尚书》（《书经》）的重要性是本质的，它对儒教而言就像《奥义书》对印度教一样。”[④]

《孔子的智慧》是林语堂应兰登书屋之约而写的第一部著作。该书完整地表达了林语堂的孔子观，也系统地向西方介绍了儒家学说。1938 年出版后，受到了美国广大读者的欢迎，而且在长时期内，一直是西方读者了解孔子及其学说的入门之作，为促进西方读者了解中国传统文化起到了重要的作用。该书在商业上的成功表现无疑是兰登书屋再次邀请林语堂编《中国与印度之智慧》的主要原因。因此，林语堂在编辑后者时理所当然参照了前者的编辑方法。在选材时他尽量考虑那些“较合近世思想者”“尤合西人脾胃”“其中最精彩最合近世思想者”“从未有人译过”的材料。他选的内容包括中国与印度的古代经典、颂诗、寓言传说、幽默故事

---

① Lin, Y. T. *The Wisdom of China and India*. 8th printing. New York: Random House, 1942: 939.

② Lin, Y. T. *The Wisdom of China and India*. 8th printing. New York: Random House, 1942: 940-941.

③ Lin, Y. T. *The Wisdom of China and India*. 8th printing. New York: Random House, 1942: 5-6.

④ Lin, Y. T. *The Wisdom of China and India*. 8th printing. New York: Random House, 1942: 698.

等。即便是古代经典，林语堂也很少把整本书照搬过来，而是有选择性地用其中的一部分。正如他谈及《孔子的智慧》时所说："无奈今人（中西相同）不肯下学思并重功夫，读者手不释卷，心在霄汉，一直读下去，如上堂听演讲，让讲者一直讲下去，我做闲人，方觉舒服。如此将《论语》一句一句译出，必不足引起现代读者兴趣。"①不仅如此，他甚至没有按照中国文学传统的孔子、孟子、老子、庄子顺序来安排材料，而是按照当时时世的需要和读者的兴趣来编排。林语堂把老子的《道德经》放在最前面，因为他认为，就当前乱世的一些即时问题而言，读老子的著作要比读孔子的著作更为重要。"在整个东方文学中，如果说有哪本书最该先读，我个人认为那应该是老子的《道德经》。如果说有哪本书为我们阐释了东方精神，或对理解中国人的行为特征非常重要，包括那些隐秘的方面，这本书就是《道德经》。……老子有能耐让希特勒和梦想统治世界的其他人显得愚蠢可笑。"②他选择《尚书》和《孟子》，因为他认为这些对于理解中国民主思想非常有必要，而西方对此知之甚少。③ 他选择墨子，因为墨子对侵略战争的谴责。④ 林语堂这样编排还达到了另一种效果：让西方读者意识到，中国除了著名的孔子外，还有孟子、老子、庄子、墨子等大师，因为美国人尽管对中国文化缺乏常识，但他们对 Confucius（孔子）并不生疏。据高克毅先生说，在 20 世纪 30 年代的美国，甚至有些流行的俏皮话都冠以 Confucius say（子曰）两个词。⑤

除了中国、印度的古代经典作品，林语堂还加入了一些寓言故事和日

---

① Lin, Y. T. *The Wisdom of China and India*. 8th printing. New York: Random House, 1942: 325.

② Lin, Y. T. *The Wisdom of China and India*. 8th printing. New York: Random House, 1942: 579.

③ Lin, Y. T. *The Wisdom of China and India*. 8th printing. New York: Random House, 1942: 576.

④ Lin, Y. T. *The Wisdom of China and India*. 8th printing. New York: Random House, 1942: 787.

⑤ 高克毅. 一言难尽：我的双语生涯. 台北：联合文学出版社，2000：73.

常生活材料,使不同读者都开卷有益,如幽默、生活随笔、格言、谚语等。

选好了要编入的内容之后,下一步是选择什么样的译本。林语堂对译本的选择是非常重视的。他说:"从我个人经历而言,由于我年轻的时候碰巧读到的是一些作品的糟糕版本或译本,我一直跟许多世界经典无缘。"①因此他不希望读者重蹈覆辙以致误人子弟。在所有序言中,林语堂都详细地解释了他为什么用这个译本而不用那个译本。在他看来,那些"太过于直译,不太易读"的译文,如理雅各(James Legge)翻译的《孟子》,或者不顾原文的题材,"爱用口语体"的译文,如翟理斯(Herbert Giles)翻译的《庄子》,都不能令他满意。他主张采用那些"通晓易懂"的意译本,那些"表现出了语言的娴熟通畅以及对思想内容的深刻理解"的译本,那些"易懂、表达力强的成熟译本,既没有学术类翻译的笨重,又没有过额翻译的过度阐释"②。为了读者阅读的方便,他甚至尽可能添加标题。

能够找到合适的译本当然省事,但事情往往不是那么容易。如果找不到合适的译本,林语堂就只好亲自操刀。

四、翻译的指导思想、策略

正如林语堂在《在美编〈论语〉及其他》一文中提到翻译问题时所言,尽管四书五经于百年前由理雅各译成英文,其功不可谓不伟,但是叫他采用理雅各的译文则尚不惬意。《论语》更有他人所译数种,他都认为不满意,因此全书自己下手。在《中国之智慧》中,林语堂亲自操刀翻译的还真不少,如老子、庄子的著作。尽管老子的《道德经》是中文书中翻译得最多的,林语堂见过 9 种德译本、12 种英译本,但他仍然觉得有必要重译一下。他说:

---

① Lin, Y. T. *The Wisdom of China and India*. 8th printing. New York: Random House, 1942: 31.

② Lin, Y. T. *The Wisdom of China and India*. 8th printing. New York: Random House, 1942: 56.

> 老子的风格洗练精辟，行文简洁刚健。我试图保留其洗练精辟的风格以及句子节奏，但没有保留许多段落中的押韵。翻译是寻求确切词语的艺术，在找到确切词语时，可以避免拐弯抹角说话，风格也得以保留。翻译也要求一定程度的愚蠢，最好的翻译是愚蠢的翻译，因为只有蠢人最忠诚，不越常规以寻求“出色”的阐释。老子“知其雄，守其雌”的建议一直是我的原则。……我给出脚注，主要目的是使文本的意义更为确切清晰，因而没有附加任何评述。原文没有章节标题，为了方便读者阅读，我都给加上了标题。①

应该说，林语堂运用自由诗体所译的版本是相当成功的，较其之前的版本在内容、气势与风格上更为忠实，文字表达上更为凝练准确，读起来让人觉得是一种享受。他渊博的学识、深厚的国学底子以及对道家哲学的颇有研究，使他能够透彻准确地理解原文，为其忠实地传递原文意蕴奠定了基础。另一方面，他地道的英文与其坚持“传神”的翻译标准使他的译文能够行云流水、明白晓畅。林语堂在《在美编〈论语〉及其他》一文中也提到译中国古文的方法及原则。

> 夫译事难，译中国古文为今日英文则尤难。就文字言，一字之间求英文恰当名词能尽表其意者，固已大费踌躇。且一人译为此，他人必译为彼，就中皆成见主观，是非莫定也。信达雅非不可必兼，兼则怡然快于胸中，此译书之乐。……故译古文为英文，结果等于古文译白话，虽欲不添枝叶不可得也。既添枝叶，所添又须合今日西文习惯，则其中可斟酌之处更多。……译英既如译成中文白话，则所谓译，直是 Paraphrase，即增加词字而为完满有意义之解说。弟谓在此项工作，翻译与 Paraphrase（略同白话译）决分不开。既须增加词字以为完备有意义之解说，则译者之责任愈重，而其对于原文词义之理

① Lin，Y. T. *The Wisdom of China and India*. 8th printing. New York：Random House，1942：582.

解体悟愈重要。[①]

林语堂很看重原文的风格。在《论翻译》中,他专门提到风格的重要性。他认为,一作家有一作家之风度文体,此风度文体乃其文之所以为贵。因此文章之美,不在质,而在体。译艺术文最重要的,就是应以原文之风格与其内容并重。不但须注意其说的什么,并且须注意怎么说法。[②]他重译《庄子》,主要是因为在翟理斯爱用口语体,没有考虑原文的风格,而且在比较容易可以直译的地方,翟理斯也用意译。林语堂从梅贻宝翻译的《墨子》里选取文章,部分也是因为该译文"不加修饰的风格与原文一致,符合墨子的简朴和节俭的主张"[③]。

尽管如此,正如林语堂所言,"诚以古文译英,可商量出入及参酌个人心得之处正多,非自己译来总不痛快。他日英文高手读林译,亦必有不惬意处而又自己下手,此自然之道也"[④]。无论林语堂的译文多么优美,后世的读者读后,持不同意见而跃跃欲试重译者还是大有人在的。

五、结　论

笔者通过对林语堂该作品尤其是他的 28 篇序言(Introduction)的研究,认为林语堂采用的编译方法开创了东西文化译介的一条新路,值得引起大家注意,对我们今天的翻译实践和文化交流都具有指导意义。

无论是作为编辑还是翻译,林语堂始终把普通读者放在首位。在《中国与印度之智慧》产生过程中,无论是作为编者还是作为译者,林语堂都

---

① 林语堂. 在美编《论语》及其他//林语堂. 林语堂名著全集(第 18 卷):拾遗集(下). 长春:东北师范大学出版社,1994:330-331.

② 林语堂. 论翻译//罗新璋. 翻译论集. 北京:商务印书馆,1984:431.

③ Lin, Y. T. *The Wisdom of China and India*. 8th printing. New York: Random House, 1942: 787.

④ 林语堂. 在美编《论语》及其他//林语堂. 林语堂名著全集(第 18 卷):拾遗集(下). 长春:东北师范大学出版社,1994:330.

关注读者的需要。无论是东西文化的比较还是中印文化之间的比较，林语堂都是为了帮助西方读者理解他所介绍的作品。按照接受美学理论，在编译过程中，林语堂的头脑里始终有一个“隐在的读者”(implied reader)，“写作过程便是向这个隐在的读者叙述故事并与其对话的过程。因此读者的作用已经蕴含在文本的结构之中”[①]。笔者曾做过简单统计，发现该书序言中竟出现了 52 个reader(s)。其实，林语堂的作品一直得到读者欢迎的一个因素就是作者心里有读者。他在《作文六诀》中提到的第二、三诀都与读者有关：“(二)感动读者——读者是喜欢受感动的。要感动他，自然先要取得他对你的信仰。对他讲他所不懂的话，他便信仰你而为你所感动了。……最要是，你得看向谁说话。(三)敬重读者——文字有作者与读者双方关系，读者固然要敬重作者，作者亦应当敬重读者，谁也不可看不起谁，不然便双方觉得无聊，读者掩卷而去了。”[②]

本书除了很薄的《道德经》是全译，其他的都是选译或选编，但是为了方便那些希望对照原文的认真读者，他在每部分开头都用括号插入了原来的“章节”数。其中郑板桥家书虽然仅有 16 封，但林语堂并没有全部翻译过来，而是略去了第三、四、九、十一和十二封家书，第十三封家书的第二后记以及第十六封家书的第一部分，因为他认为一般读者很难理解郑板桥对中国作家和历史人物的批评观点。[③] 读者如果读了这些选编或者选译，动了读全篇的想法，这本书抛砖引玉的目的或者媒婆的作用也就达到了。由此可见，林语堂向西方人弘扬东方文化，已达到了知己知彼的境地，也就是他自己所说的“两脚踏东西文化”，因此，“使读者(尤其西方友人)手此一册，对于东方的思想，以及东西思想的关联，能一目了然，茅塞

---

① Iser, W. *The Act of Reading: A Theory of Aesthetic Response*. London: Routledge, 1978: 35.

② 林语堂. 作文六诀//林太乙. 林语堂散文全集. 长春:时代文艺出版社,1995: 204-205.

③ Lin, Y. T. *The Wisdom of China and India*. 8th printing. New York: Random House, 1942: 1069.

顿开”[①]这个目的达到了。

也许读者对林语堂所理解的智慧有不同意见，对中国智慧、印度智慧的内容选择及其翻译策略并不赞同，但如果翻阅过林语堂的“智慧”系列中的其他作品《孔子的智慧》《老子的智慧》《美国的智慧》，他就会明白林语堂无愧于被美国文化界列为“20 世纪智慧人物”之一，因为他完全明白如何对付西方读者，如何针对不同对象采取不同方法，如何使他的书本本畅销。笔者还发现，林语堂的 *My Country and My People*（《吾国与吾民》）被重译为《中国人的智慧》[②]，无非是利用智慧这个噱头来吸引外行的读者。不过，林语堂先生曾打算编一本《庄子的智慧》，可惜没有实现。[③]

最后，笔者想要说明的是，这本《中国与印度之智慧》，其实是林语堂的智慧。他从东西文化比较的角度解说东方文化，通过比较、参照和反观，不仅拓宽了读者的视野，而且引发了一种新的审美情趣，创造出一种林语堂特色的艺术品。从《中国之智慧》我们可以看出林语堂先生的一些偏爱。首先是对老庄的偏爱。林语堂在《吾国与吾民》和《生活的艺术》中屡次提到老庄顺乎自然的哲学，总是心向往之。在《中国之智慧》中，他把老子和庄子的学说排在最前面，后面的《浮生六记》和郑板桥家书也都是老庄精神在日常生活中的体现。其次是对鲁迅的偏爱，把“鲁迅醒世语”编入这本智慧书。林语堂与鲁迅的关系不一般。早在 1928 年 12 月 6 日，林语堂就在《中国评论周报》(*The China Critic Weekly*)上发表《鲁迅》一文，可能是最早向英语读者介绍鲁迅的文章。因而，林语堂向国外介绍鲁迅，可以算是他弘扬中华文化意味深长的开端。

如果说本书有一些遗憾，那就是：第一，对于《孟子》的翻译，林语堂一方面认为理雅各的译文“太过于直译，不太易懂”，为《孟子》这样的重要著作没有很好的译作而惋惜，另一方面又抱歉自己没有机会重译。其实，林

---

① 陈子善．林语堂书话．杭州：浙江人民出版社，1998：43．

② 林语堂．中国人的智慧．西安：陕西师范大学出版社，2007．

③ 高克毅．一言难尽：我的双语生涯．台北：联合文学出版社，2000：98．

语堂完全可以重译,因为他从《孟子》一书中选取的文章并不长。1942 年的一篇书评也认为,由于所选部分只有 38 页,编者有责任提供一个更好的译本。① 第二,林语堂自己承认:"我不是梵语学者,也不是巴利语学者,只是一个热爱那些具有不朽智慧的书籍的人。"②因此,林语堂是通过二手资料来了解印度典籍并评论的,这么做难免有隔靴搔痒之感,印度学者读了,难免有不同意见。其中有些材料是从中文转译过来的,如"佛的三个布道"(Three Sermons by Buddha)中的"贝拿勒斯的布道"(The Sermon at Benares)是"公元 420 年从梵文译成中文,后来又由塞缪尔·贝尔(Samuel Beal)从中文译成英文"③。古印度的语言经过第二种语言的转译,意义和韵味的损失自不待言,更重要的是典籍中人物的译名问题,通过别种语言的转译,一些印度人妇孺皆知的人物,可能会变成稀奇古怪的另一种发音,当我们把这些人物的名字再次返述给印度人时,他们也许是一片茫然。

(李平,南京农业大学外国语学院;冼景炬,香港城市大学中文、翻译及语言学系)

---

① Thompson, G. H. Wisdom of China and India (Lin Yutang). *Classical Weekly*, 1942(36): 284.

② Lin, Y. T. *The Wisdom of China and India*. 8th printing. New York: Random House, 1942: 3.

③ Lin, Y. T. *The Wisdom of China and India*. 8th printing. New York: Random House, 1942: 358.

下篇　个案研究：自译、《浮生六记》与《红楼梦》英译

从自译视角看忠实的幅度:以林语堂为例

李　平　程　乐

内容提要:“忠实”问题是翻译界一直探讨的一个基本问题,但是过去的研究都是基于作者与译者是两个人。如果作者与译者是同一人,即作者翻译自己的作品,是否就是最忠实的翻译?本文以林语堂自译为例,从阐释学和接受美学视角,结合林语堂的翻译观,来探讨作者自译中的忠实问题。

关键词:自译,忠实,林语堂,译者

一、引　言

学术界常常有学者翻译自己的论文,以期在国外刊物发表,但是作家翻译自己的作品,在文学翻译中并不普遍。诚然,无论是作家群还是翻译家群,既能写又能译的只占少数,而翻译自己的作品则更少。有些人可以用双语创作,却不愿翻译自己的作品,如胡适、徐志摩等。但是偏偏有这么一个“自作自译”的群体存在,却往往被忽视。据笔者所知,自 1900 年来,中国除了刘绍铭①提到的余光中、叶维廉、杨牧、王靖献、张错外,还有鲁迅、林语堂、老舍、卞之琳、萧乾、张爱玲、林太乙、白先勇、聂华苓等。鲁

① Lau, S. M. Unto myself reborn: Author as translator. *Renditions*, 1989-31 (Spring): 73-87.

迅也许是现代中国第一个翻译自己作品的作家，尽管目前只找到他自译的部分作品。鲁迅的小说《兔和猫》最初发表于 1922 年 10 月 10 日北京《晨报副刊》，后来收入小说集《呐喊》。不久，鲁迅把它翻译成日文，发表在日文版《北京周报》第 47 期新年(1923)特刊上[①]。此外，鲁迅还翻译了《中国小说史略》前半部，在《北京周报》1924 年 1 月第 96 期至 11 月第 137 期连载[②]。鲁迅翻译别人的作品时主张“宁信而不顺”，不知他翻译自己的作品，是“信而不顺”呢？还是既“信”又“顺”？可惜笔者不懂日文，无法研究他自译的作品。张联认为，“翻译文学中作家自译作品，是颇耐人寻味、值得特别关注的”[③]。西方早在 1961 年就开始了自译研究[④]。近几年，自译现象才引起中国翻译界的注意。目前国内的自译研究，还处于起步阶段，基本都是个案研究，如林克难、许钧[⑤]。研究最多的是张爱玲自译研究，如 Li、刘绍铭、陈吉荣等[⑥]。杨仕章在一篇自译研究综述中提出，自译是一种带有标记性的翻译，需要做专门的探讨[⑦]。但是，至今无人从自译视角来探讨翻译理论中最基本的一个问题：忠实。鉴于杨仕章多次以林语堂为例，本文就试以林语堂的理论与自译文本来探讨这个问题。

---

① 胡德才.《兔和猫》在鲁迅创作中的意义. 鲁迅研究月刊，2004(2)：41.

② 丸山升. 日本的鲁迅研究. 鲁迅研究月刊，2000(11)：50.

③ 张联. 翻译文学的版本. 人民日报，2007-01-14(08).

④ Cohn，R. Samuel Beckett self-translator. *PMLA*，1961，76(5)：613-621.

⑤ 林克难. 增亦翻译，减亦翻译——萧乾自译文学作品启示录. 中国翻译，2005(3)：44-47；许钧. 文字的转换与文化的播迁——白先勇等谈《台北人》的英译. 中国翻译，2001(6)：60.

⑥ Li，J. Politics of self-translation—Eileen Chang. *Perspectives：Studies in Translatology*，2006，21(2)：99-106；刘绍铭. 文字的再生. 香港：天地图书有限公司，2007；陈吉荣. 基于自译语料的翻译理论研究：以张爱玲自译为个案. 北京：中国社会科学出版社，2009.

⑦ 杨仕章. 译者标记性研究：自我翻译者. 解放军外国语学院学报，2009(3)：78.

二、翻译界对“信”的期待

自从严复提出“信、达、雅”,对翻译标准的讨论就没有停止过。但是,过去翻译界对“信”的讨论,都是基于翻译他人作品而言,很少有人探讨基于作者翻译自己作品的“信”。著名翻译家傅雷曾在《翻译与临画》(《高老头》重译本序)中提出:“理想的译文仿佛是原作者的中文写作。那么原文的意义与精神,译文的流畅与完整,都可以兼筹并顾,不至于再有以辞害意,或以意害辞的弊病了。”①傅雷的这种主张在翻译界比较有代表性。茅盾也认为,好的译者应与原作者“合而为一,好像原作者用另一国文字写自己的作品”②。不过,由于作家自译这种现象很少引起学界注意,以至于有人认为理想永远是理想,在实践中根本做不到。比如王宏志曾对傅雷的这种说法提出了质疑,认为很难确定怎样才是“原作者的中文写作”③。其实,外文作品经作者自译成中文,就是原作者的中文创作,如林语堂的《啼笑皆非》(*Between Tears and Laughter*)、张爱玲的《秧歌》(*The Rice-Sprout Song*)、盛成的《我的母亲》(*Ma Mère*)等。总之,大家对作家自译期望很高。“信言不美,美言不信”的矛盾似乎在自译中能够得到圆满解决,既“信”又“美”的译文似乎只有作者自己才能实现,严复提出的译事三难“信、达、雅”似乎在自译中才能得到兼顾。尽管在中国 20 世纪以前的经典译论中,“信”才是中国古代翻译家们的承诺,而“忠实”从来就没有成为翻译家的承诺和目标④,但是,自五四运动以来,“忠实”成为中国现当代译论的中心,而“直接把‘信’等同于或‘翻译’成‘忠’的是一方面崇尚道家

---

① 傅雷. 翻译与临画//刘靖之. 翻译论集. 修订版. 台北:书林出版有限公司,1951/2002:69.

② 茅盾. 为发展文学翻译事业和提高翻译质量而奋斗//罗新璋. 翻译论集. 北京:商务印书馆,1954/1984:511.

③ 王宏志. 重释“信达雅”:二十世纪中国翻译研究. 上海:东方出版中心,1999:5.

④ 王东风. 解构“忠实”——翻译神话的终结. 中国翻译,2004(6):4.

的大道自然，另一方面追求西方人性解放的林语堂”①。

三、林语堂对“忠实”的解读

林语堂 1933 年提出了翻译的三个标准：忠实标准、通顺标准、美的标准。而如何解读忠实是其中最重要的问题：“是否应字字拘守原文，或是译者可有自由的权利，于译文时可有自行其裁判力，于原文字句得斟酌损益，以求合于译文通顺明畅的本旨。”②林语堂当然是赞成后者。他认为：“译者对于原文有字字了解而无字字译出之责任。译者所应忠实的，不是原文的零字，乃零字所组者的语意。”③译者应该有一定的自由度，在忠于原文总意义的基础上，为了译文通顺明畅，可以在表达时对原文适当增删。在此基础上，他提出忠实的其他意义，即达意传神和通顺。

林语堂曾谈道：“译事虽难却有基本条件。中文译英，则中文要看通，而英文要非常好；英文华译，要英文精通，而中文亦应非常好。不然，虽知其原文本意，而笔力不到达不出来。”④他又说：“所谓好不好都是比较的话。凡看见译文不好的，或者是未真懂原文，所以以直译为借口，生吞活剥；或者虽然原文深解了，而找不到确当的字以译之，又麻烦了。”⑤因此，无论是中译英还是英译中，翻译的两个基本条件是：第一是要真懂原文，第二是要有足够的译语表达能力。至于这两者的比重，是三七开——吕叔湘认为“前者七而后者三”⑥，还是五五开，仁者见仁，智者见智，各有各的说法。

① 王东风．解构“忠实”——翻译神话的终结．中国翻译，2004(6)：5.
② 林语堂．论翻译//林语堂．语言学论丛．上海：开明书店，1933：328.
③ 林语堂．论翻译//林语堂．语言学论丛．上海：开明书店，1933：335.
④ 林语堂．论译诗//林语堂．无所不谈．台北：开明书店，1974：334.
⑤ 林语堂．论译诗//林语堂．无所不谈．台北：开明书店，1974：334.
⑥ 吕叔湘．翻译工作与“杂学”//罗新璋．翻译论集．北京：商务印书馆，1984：527.

1. 原文理解:自译者的特权

忠实翻译的第一步是正确理解原文。从阐释学角度来看,不同读者(译者也是读者),对原文的形式和内容有不同的理解值。这个值是个变数。从接受美学角度来看,是文本对读者的召唤。译者作为读者之一,对原文也有不同的解读。由于原文的意义与源语中的语境息息相关,译者为了正确理解原文而花费了大量时间,但是,遗憾的是,绝大多数翻译的问题都是出现在原文理解这个阶段。在这个方面,大多数译者都有同感(如 Nida、Gutt①)。在理解原文方面,自译者作为原文作者,拥有其他译者无法相比的优势。他比任何人更了解原文的思想内容、语言风格以及原文的写作目的与时代背景,而且他对原文的解读也更具权威。正如余光中所言:"自己译自己,最了解,没误解。"②以林语堂的自译为例:

原文:It should be noted that throughout the text, Giles translates "Heaven" as "God" where it means God. On the other hand, the term "Creator" is an exact rendering of chao-wu, or "he who creates things."③

译文1:在本书上,庄书说"天"指西文之 God 时,翟氏译为 God。而所谓 Creator,"造物"一字却系原文本有之辞。④

译文2:还应该注意到,整个文本中,在本意为"上帝"(God)的地方,翟理思译成了"上天"(Heaven)。另一方面,"创造者"(Creator)

---

① Nida, E. A. *Language and Culture: Contexts in Translating*. Shanghai: Shanghai Foreign Language Education Press, 2001: 108; Gutt, E. A. On the impossibility of practicing translation without theory. In Peeters, J. (ed.). *On the Relationships between Translation Theory and Translation Practice*. Berne: Peter Lang, 2005: 16.

② 转引自:金圣华. 余光中的"别业":翻译——余光中教授访谈录//金圣华. 认识翻译真面目. 香港:天地图书有限公司,2002:123.

③ Lin, Y. T. *The Wisdom of China and India*. New York: Random House, 1942: 628; Lin, Y. T. (trans.). *Chuangtse*. Taipei: World Book Co. Ltd., 1957: 7.

④ Lin, Y. T. (trans.). *Chuangtse*. Taipei: World Book Co. Ltd., 1957: 3.

一词是“造物”即“造万物者”的确切翻译。[①]

通过比较,我们发现,同一原文 Giles translates “Heaven” as “God” where it means God,译文 1 与译文 2 不同。比较原文,可以看出译文 2 误解了原文;而林语堂翻译自己的东西,在理解上具有很大的优势。

2. 译语表达:自译者的优势

翻译包括理解与表达双重任务。无论对原文的理解多么准确,翻译的过程考虑得多么周到,但是翻译的成功与否,最终是由译语的表达能力决定的,从接受美学的角度来看尤其如此。自译者虽然在理解原文上享有特权,但是在表达方面却不一定有优势,因为自译者的双语(源语和译语)很难都达到高水准。比如,张爱玲有自译的习惯,但是她的英文著作和翻译永远无法与其中文作品相比。我们都知道,文学翻译可以从三个层面来实现:第一个是语言层面,即从一种语言转换为另一种语言;第二个是文学层面,即原作的美在译作中的再现;第三个层面是文化层面,即源语文化在译语读者中的传播。后两个层面的实现主要取决于第一个层面的表现。而这一切都是通过读者的接受表现出来的,读者的接受决定了译作的成功与否。典型的事例有,不懂原文而译文被中文读者接受的林纾,不懂原文而译文被英文读者接受的庞德(Ezra Pound)。就准确性来说,林纾和庞德的译本并不算好,甚至很糟。但是,他们的译本却被译语读者广泛接受,这个事实不容忽视。林纾和庞德都是突出原文某一方面的值,而忽略或者降低其他方面的值。林语堂认为,绝对忠实是不可能的,对艺术文尤其如此:“译者所能谋达到之忠实,即比较的忠实之谓,非绝对的忠实之谓。……其实一百分的忠实,只是一种梦想。翻译者能达七八成或八九成之忠实,已为人事上可能之极端。凡文字有声音之美,有意义之美,有传神之美,有文气文体形式之美,译者或顾其义而忘其神,或得其神而忘其体,决不能把文义文神文气文体及声音之美完全同时译

① 林语堂. 中国印度之智慧. 杨彩霞,译. 西安:陕西师范大学出版社,2006:65.

出。”[1]在不同语境，这些美的值是不一样的。在原文中，哪一种美的值最大，译文中就实现这种美的等值。即是说，译者应忠实于原文的最大值。原文中的这种值应该在译文中得到最大程度的对等，而其他值则相应变小。通过研究作者自译，我们至少可以发现：(1)他选择哪些译，哪些不译；(2)他是否成功地表达所选择的内容；(3)他如何达到目的。

在忠实于原文最大值的同时，力求译文通顺明畅。英文中的 TT (Target Text, or Translated Text)在中文称“译作”，即翻译加创作。林语堂认为，“译文与作文之不同者，即其原有思想非发自译者心中，而出于一使用外国文之作者，然于译者欲以同一思想用本国文表示出来时，其心理应与行文相同”[2]，因此，翻译与创作之间的最根本区别在于：原有思想属于谁？属于自己，那就是创作；属于别人，那就是翻译。除此之外，翻译与创作的行文过程是一样的，译者应该在忠实原文思想的基础上创造美的译文。无论是翻译还是创作，表达阶段的行文心理应该是一样的。这就是林语堂后来说的“翻译即创作”[3]，译作即译者的创作。

自译者有两种身份：“作者的自我”和“译者的自我”。在翻译过程中，这两种身份会展开对话。“译者的自我”占上风的时候，译作更贴近原文；而“作者的自我”占上风的时候，译作与原作可能渐行渐远。如何自我控制，在“译者的自我”跟“作者的自我”之间取得平衡，既身临其境，又超然度外，使译作与原作保持合适的距离，既不受原作的束缚，又不至于脱离原作，是作者自译时必须考虑的问题。翻译时，“译者的自我”跟“作者的自我”之间，怎么取得平衡，大致和谐统一？什么情况下自译者会暂时放弃“译者的自我”，而纵容“作者的自我”自由发挥呢？比如，林语堂自译的《子见南子》，从语言上看，有模仿萧伯纳《卖花女》的倾向；从内容上看，有根据演出效果、读者/听众的接受能力和审美习惯所做的删节和“变通”。

---

① 林语堂．论翻译//林语堂．语言学论丛．上海：开明书店，1933：336．

② 林语堂．论翻译//林语堂．语言学论丛．上海：开明书店，1933：338．

③ 林语堂．论翻译//林语堂．语言学论丛．上海：开明书店，1933：341．

若单纯从文本形式对等的角度去看，这类翻译也许算不上忠实的“翻译”。但是，若从翻译效果去看，这种翻译无疑是忠实的。自译者可能比普通译者更在乎译作在读者中产生的效果。作者既然亲自操刀，当然希望给读者提供一个更忠实、更优美的作品。为了达到这种效果，作者可能会根据译语读者的需要而对原作自觉调整。正如杨仕章所言，由于作品是自己的，所以自译者比他译者更清楚作品中什么必须传达，什么可以忽略，什么可以变通，等等。①

通过研究林语堂的大量译例，笔者发现，林语堂会根据作品内容和读者对象而采取不同的翻译策略。但是，林语堂是否“采用归化策略”②，是否“只管主要内容，全然不顾细节……只保留个基本意思，其余随兴所至，自由发挥”③，则不能一概而论，因为林语堂的自译具有多样性。笔者比较过林语堂的近 60 篇自译作品，发现原文与译文在形式上存在不同比例的对等，但是内容上都是接近的。对比 *Between Tears and Laughter* 和《啼笑皆非》，我们可以一句一句地找到对应，而对比 *Confucius Saw Nancy* 和《子见南子》，我们却只能一段一段地对照。以 *With Love and Irony*（《爱与刺》或《讽颂集》）为例，原文 49 篇小品文中有 25 篇可以找到对应的中文。通过比较中英文，笔者发现，形式上，9 篇文章 90%以上对等，9 篇介于 50%与 90%之间，7 篇不到 50%。这与林语堂对忠实的理解是基本一致的。他认为，绝对忠实是不可能的，译者所能达到的忠实是相对的④。因此，他主张忠实于原文的“总意义”，而非“字字对译”。至于不对应的原因，与译文语境、译文读者、翻译目的、翻译文体等有关，笔者⑤曾著文分析过，恕不重复。“1. 原文理解：自译者的特权”部分的译例从形式上看，译

---

① 杨仕章. 译者标记性研究：自我翻译者. 解放军外国语学院学报，2009(3)：79.

② 杨仕章. 译者标记性研究：自我翻译者. 解放军外国语学院学报，2009(3)：79.

③ 杨仕章. 译者标记性研究：自我翻译者. 解放军外国语学院学报，2009(3)：80.

④ 林语堂. 论翻译//林语堂. 语言学论丛. 上海：开明书店，1933：336.

⑤ 李平. 书写差异：林语堂同一作品在中美的不同策略. 阅江学刊，2010(2)：111-115.

文 1 有删节，如“he who creates things”；译文 2 很忠实，每个词都译出来。但是从内容上看，译文 1 简洁明了，更忠实，因为“he who creates things”是解释“造物”的，对英文读者有必要，对中文读者就是多余的了；译文 2 不但啰唆，而且有误译。其实，作者自译有一个共同点，就是不拘泥于原文形式和字句的得失，而追求整体意境。比如余光中在自译自己的作品时，原文中内容比较能跟外国人分享的，他就会选用；纠缠多的，他多避免①。《台北人》自译者白先勇也认为：“作为译者，我觉得讲忠实，不能拘泥于一字一词的得失。”②

懂得表达技巧之后，自译者是否有足够的表达能力？作者既然为作家，母语水平肯定毋庸置疑，可是外语水平到底如何，是否达到了相当水准，的确是个未知数。一般说来，作者的外语不会跟他的母语一样好，那么，他的译文要么不如原文，要么比原文好，前者的可能性更大。多少人能够像林语堂那样，中文是典雅的中文，英文是漂亮的英文，无论是在中国还是在美国，都是公认的作家呢？因此，有些作者自译不成功，很大程度上是由于译语表达水平不够。

四、结　论

许钧曾提醒我们：“翻译研究，不应仅仅限于在一种理想的追求中，给翻译实践硬性规定一些标准或原则，而应正视翻译实践中出现的实际问题或现象，作出正确、客观的描述，分析其产生的原因，再在更大的范畴内去加以考察，得出结论。”③中国的译者到底是如何在翻译中实践忠实这一标准的呢？潘文国观察发现，中国有些译者，外译中时，胆子特别小，对原

---

① 金圣华．余光中的“别业”：翻译——余光中教授访谈录//金圣华．认识翻译真面目．香港：天地图书有限公司，2002：123.

② 转引自：许钧．文字的转换与文化的播迁——白先勇等谈《台北人》的英译．中国翻译，2001(6)：60.

③ 许钧．怎一个“信”字了得．译林，1997(1)：213.

文亦步亦趋，半步不敢离开，结果译文半通不通；而中译外时，胆子却又特别大，什么东西都敢译，结果译出的东西，中国人看了头疼，外国人看了叫苦。他认为，"所有问题的根源都在于对到底什么是忠实的理解"[①]。林语堂的自译证明，"忠实"与"创造性"可以并行不悖，忠实是再创造的基础，再创造是忠实的表现手段。完美的译文不一定不忠实。忠实是相对的，而非绝对的。作家自译过程中，似乎更关注整体的忠实值，而牺牲局部的忠实值。这与杨仕章提出的观点基本一致，即，"作家在翻译自己的作品时，往往更注重作品的精神，而对原作的语言要素处理得比较自由"[②]。因此，自译的整体忠实值与局部不忠实值似乎比他译都要大。如果研究者仅仅从局部出发，仅仅关注形式和字句的不增不减，自译可能是最不忠实的翻译。我们只有从整体出发，才能意识到作者的自译可能是最忠实的翻译。这与弗米尔(Vermeer)对忠实的理解是一致的。弗米尔把忠实理解为篇际一致(intertextual coherence)，即原文与译文之间应该篇际一致，其表现形式则取决于译者对原文的理解及翻译目的[③]。当然，作家自译有何等程度的忠实还与下列因素有关：(1)原作的体裁：政论、小说、戏剧、散文，还是诗歌等；(2)翻译的目的：谁是目标读者？专业读者还是普通读者？为市场还是为艺术？(3)原作的文化因子：原作中文化特色的内容越多，译作改动就越大，局部不忠实部分就越多，整体忠实值也就越低；(4)作者的译语表达能力。

（李平，南京农业大学外国语学院；程乐，浙江大学外国语言文化与国际交流学院；原载于《浙江工商大学学报》2012 年第 5 期）

---

① 潘文国．危机下的中文．沈阳：辽宁人民出版社，2008：173.

② 杨仕章．译者标记性研究：自我翻译者．解放军外国语学院学报，2009(3)：79.

③ Nord，C. *Translating as a Purposeful Activity*：*Functionalist Approaches Explained*. Shanghai：Shanghai Foreign Language Education Press，2001：32，139.

林语堂自译《啼笑皆非》的"有声思维"

李　平　杨林聪

内容提要:近 20 年,心理学的有声思维方法(TAPs)开始应用到翻译学,以研究翻译思维过程,但是该研究一般都是针对翻译学习者的,至今无人对自译者的思维过程进行研究。本研究以林语堂自译的《啼笑皆非》为个案,基于双语平行语料库提取数据和实例,结合相关文本和史料,用描写方法分析其翻译过程。初步研究发现:这些思维数据和实例,也可以如 TAPs 那样,分为自我描述、自我评价和自我展现三种;林语堂在翻译过程中,整体策略与其翻译观以及普遍翻译规则基本一致,但是在局部策略中有鲜明的个性特点,这可能正是译者之风格所在。

关键词:翻译过程,有声思维,林语堂,自译,《啼笑皆非》

一、引　言

研究翻译者的翻译心理是翻译研究的重要组成部分。长期以来,对翻译家翻译心理的研究主要关注译者的翻译动机。近 20 年,国外研究者开始关注译者的翻译过程。对于翻译过程的研究,一般都采取心理学的"有声思维"的方法(think-aloud protocols,简写为 TAPs),研究者要求受试者把一篇源语文本翻译成一目标语文本,在翻译过程中将大脑的思维活动完全口述出来,研究者通过录音或录像记录,然后整理成书面记录,从而分析研究译者的思维过程。近几年中国学者也开始关注 TAPs。李德超[①]、文军和孙三军[②]等对此有比较深入的研究，其中不少研究者[③]开始把该方法应用到翻译教学实践中，以帮助学生提高翻译能力。存在的问题是，译者和测试者在翻译过程中不一定能够完全说出自己的思维活动。更重要的是，不同背景的人，其思维习惯不同；翻译他人的作品与翻译自己的作品，其思维过程也不同；翻译学习者的思维与职业译者的思维也不同。翻译学习者(包括非职业译员)在翻译过程中可能更注重形式，而职业译员(尤其是翻译家)可能更注重内容；翻译学习者更多地采用局部策略，而职业译员更多地采用整体策略[④]。因此，研究职业译员，尤其是著名翻译家，比研究翻译学习者，对于我们了解翻译思维过程，提高对翻译的认知能力，可能更有意义。

林语堂是著名的双语作家、翻译家。笔者在研究林语堂作品中发现，林语堂翻译自己作品时会有意无意地反思原作的表达，剖析其思维过程，甚至展开评论。笔者认为，这是一种另类有声思维，或者称之为无声思维。无论是有声思维还是无声思维，都属于“言语报告的方法”，属于一种“内省法”，不过前者是以口头讲述，而后者是以书面作答。前者可以通过实验方法进行，后者则从著译家的作品、译文前言、注释、自传、日记、书信之类书面材料中获得。本文主要以林语堂的自译《啼笑皆非》为例对翻译

① 李德超. TAPs 翻译研究的前景与局限. 外语教学与研究，2004(5):385-391；李德超. TAPs 翻译过程研究二十年：回顾与展望. 中国翻译，2005(1):29-34.

② 文军，孙三军. 论使用出声思维研究翻译过程. 外语学刊，2006(3):93-97.

③ 李德超. 有声思维法在翻译教学中的运用——TAPs 翻译研究对翻译教学的启示. 中国翻译，2008(6):34-39；文军，殷玲. 翻译过程中翻译策略的实证性研究——基于英语专业大学生的有声思维调查. 解放军外国语学院学报，2010(4):75-80；张倩. “有声思维”教学：一种新的翻译教学尝试. 西安外国语大学学报，2010(4):84-86.

④ 李德超. TAPs 翻译过程研究二十年：回顾与展望. 中国翻译，2005(1):30.

过程的无声思维进行探讨。最近有一些论文①从不同视角来研究《啼笑皆非》，不过这些研究都用1994年或者2004年再版本（删节本）②，而不是用1945年全译本，也没有用1944年陈封雄的节译本，更没有人从有声思维视角用平行语料库方法来研究林语堂的自译活动。

TAPs翻译研究的内容主要包括对翻译策略、翻译单位、翻译述要和翻译方式这四个方面的研究③。笔者认为，在无声思维中，这四个方面可以归结到“翻译策略”里。翻译策略可以分为整体策略和局部策略。整体策略包括翻译单位，如以句为单位来进行翻译，和翻译方式，如在文中加注。局部策略包括翻译述要、某些句子结构的调整和某些词语的翻译与解读。具体而言，这些数据和实例，也可以如TAPs那样，可以分为自我描述（self-report）、自我评价（self-observation）和自我展现（self-revelation）三种④。但是李德超认为：“只有内省式‘自我评价’型数据和‘自我展现’型数据才是TAPs翻译研究所应依靠的主要数据来源。其他类型的数据，最多只能起到补充说明受试思维过程的作用，而不能作为分析所依靠的主要对象。”⑤鉴于我们无法让已故的翻译家用口头描述翻译目的和翻译策略，我们只能通过他们留下的书面材料，追溯其翻译过程，构成无声思维中的各种数据和资料。因此，自我描述、自我评价和自我展现三种数据和实例都是翻译过程分析的来源。

---

① 李琳. 从接受美学视角看林语堂的自译. 长沙：湖南大学硕士学位论文，2009；陈蕙荃. 文学自译研究——以林语堂《啼笑皆非》为个案. 杭州：浙江财经学院硕士学位论文，2010；郑佳佳. 林语堂自译研究. 天津：天津财经大学硕士学位论文，2010.

② 林语堂. 林语堂名著全集（第23卷）：啼笑皆非. 林语堂，徐诚斌，译. 长春：东北师范大学出版社，1994；林语堂. 啼笑皆非. 林语堂，徐诚斌，译. 西安：陕西师范大学出版社，2004.

③ 李德超. TAPs翻译过程研究二十年：回顾与展望. 中国翻译，2005(1)：30.

④ 李德超. TAPs翻译研究的前景与局限. 外语教学与研究，2004(5)：386；Cohen, A. Studying second language learning strategies: How do we get the information?. *Applied Linguistics*, 1984(5): 102.

⑤ 李德超. TAPs翻译研究的前景与局限. 外语教学与研究，2004(5)：387.

翻译与创作一样，著译者的心理是一种极为复杂的过程。区别于毫无根据的臆测，本研究的无声思维是基于文本和史料的分析。本研究采用 ParaConc 软件，对林语堂的《啼笑皆非》原作和译作的前 11 章进行语料加工，以句对齐方式，建立双语平行语料库，并参考林语堂的其他资料，来考察林语堂自译的思维过程。

二、自我描述

根据科恩(Cohen)的观点，“自我描述”型数据是译者对所进行的翻译任务总的态度或看法①。译者用概括性的语言讲述翻译的动机和翻译的整体策略。翻译创作的动机同人们其他的行为动机一样，大致可分为“缺乏性动机”和“丰富性动机”两种。前者起因于生活中的某种缺乏或者痛苦；后者起因于对快乐、理解、创造、成就和自我实现的渴望。不同的是，翻译创作性动机的发生，更多的是基于精神上的追求，而不是生理上的或者物质上的。应该说，林语堂翻译《啼笑皆非》，两种动机兼而有之。

作者在“中文译本序言”中描述了原书的写作意图。林语堂有感于“吾国遭人封锁，声援无方”，国际上存在“强权政治种族偏见”和世界和平无望，感觉“骨鲠在喉，不吐不快”②。因此，他试图从西方的人道主义和中国传统哲学宗教观点探究乱世之源，希望找到维护世界和平的良药。原著“在美国出版后曾风行一时，为 1943 年美国十六种最畅销书之一”③。可是，原作在美国引起了很大争议，得罪了英国及亲英的美国人士。这就

---

① 李德超. TAPs 翻译研究的前景与局限. 外语教学与研究，2004(5)：387；Cohen，A. Studying second language learning strategies：How do we get the information?. *Applied Linguistics*，1984(5)：102.

② 林语堂. 啼笑皆非. 林语堂，徐诚斌，译. 重庆：商务印书馆，1945：iii. 该版本前 11 章林语堂译，第 12 章起徐诚斌译。

③ 林语堂. 啼笑皆非. 陈封雄，节译. 台北：远景出版社，1979：163.

是林语堂翻译之前的“缺乏性动机”。

林语堂极少翻译自己的英文著作,但是《啼笑皆非》是例外,尽管他只翻译了前 11 章。子曰:“可与言而不与之言,失人;不可与言而与之言,失言。知者不失人,亦不失言。”《啼笑皆非》原作“系为西方人士而作,所谓对症下药也”①,可惜因有些西方人不理解而“失言”。林语堂的翻译意图很明确:“世人有可与言者,有不可与言者。吾不欲失人,故以此书译出,公之吾国读者。”②林语堂希望在中国读者中找到知音,渴望自己的爱国、爱和平热情得到理解和支持,如其所言:“惟求得关心治道之有心人,读到一二道得衷曲之处,颔首称善,吾愿足矣。”③这就是林语堂自译的“丰富性动机”。因此,自译者进行自译,主要是一种寻求自我满足的精神追求,希望得到理解、实现自我的一种创作心理。

翻译策略具有“问题取向性”特点,即译者在翻译过程中意识到某些问题对读者的理解可能产生障碍,因而有意识地解决这些问题。林语堂的整体翻译策略是句译加注释:“原文所无,译文中加释加注之处,以[……]号别之。”④林语堂是国内外翻译界第一个提出以句子为翻译单位的翻译家,在翻译实践中他也采用了这一方法。在《啼笑皆非》的翻译中,绝大部分句子都是一一对应的,这使得建立英汉平行语料库成为可能(见附录)。翻译时以句为单位,并不是说一句英文一定要翻译成一句中文,一句英文译成两句中文或者两句英文译成一句中文的情况也存在。即使是句句对应,也不一定要按照句子单词排列顺序来译,一个句子内部可以根据中英文的差异作适当调整。

【例 1】原文:Where China utterly differs from the West are the three contempts: the contempt for the soldier, the contempt for

① 林语堂.啼笑皆非.林语堂,徐诚斌,译.重庆:商务印书馆,1945:iii.

② 林语堂.啼笑皆非.林语堂,徐诚斌,译.重庆:商务印书馆,1945:iii.

③ 林语堂.啼笑皆非.林语堂,徐诚斌,译.重庆:商务印书馆,1945:iii.

④ 林语堂.啼笑皆非.林语堂,徐诚斌,译.重庆:商务印书馆,1945:v.

the police, and the contempt for lawyers.①

林语堂译(以下简称"林译"):中国与西方绝对不同者有三,一曰排律师,二曰排巡警,三曰排兵卒。②

陈封雄译(以下简称"陈译"):中国与西方大不相同的地方乃三种"鄙视":鄙视兵士,鄙视警察,及鄙视律师。③

陈译与原文的句子顺序一致,即 soldier—police—lawyer,而林译把三者顺序重新调整,变为:律师—巡警—兵卒。可能的解释是:按英文的句子结构,最重要的往往要放到最后面,然而按中文的句子结构,最重要的往往要放到最前面。这与林语堂的翻译思想一致,"行文时须完全根据中文心理"和"中文语法"④。但是,又如何解释下面的句子顺序呢?

【例 2】原文:The Chinese believe that when there are too many policemen, there can be no individual liberty, when there are too many lawyers, there can be no justice, and when there are too many soldiers, there can be no peace.⑤

林译:中国人认为法繁则无公理,警多则无自由["扰民"],兵众则无太平。⑥

陈译:中国人相信假如警察太多,那便没有个人自由,假如律师太多,便没有公平,假如兵士太多,便没有和平。⑦

陈译与原文的句子顺序一致,即 policemen—lawyer—soldier,而林译把三者顺序重新调整,变为:律师—巡警—兵卒。中国的警察和律师都是鸦片战争以后西制东渐的产物,在鸦片战争之前,中国没有警察和律

---

① Lin, Y. T. *Between Tears and Laughter*. New York: John Day, 1943: 66.
② 林语堂. 啼笑皆非. 林语堂,徐诚斌,译. 重庆:商务印书馆,1945:70.
③ 林语堂. 啼笑皆非. 陈封雄,节译. 台北:远景出版社,1979:42.
④ 林语堂. 论翻译//林语堂. 语言学论丛. 上海:开明书店,1933:338.
⑤ Lin, Y. T. *Between Tears and Laughter*. New York: John Day, 1943: 66.
⑥ 林语堂. 啼笑皆非. 林语堂,徐诚斌,译. 重庆:商务印书馆,1945:70.
⑦ 林语堂. 啼笑皆非. 陈封雄,节译. 台北:远景出版社,1979:42.

师,照样存在了几千年,可见警察、律师都不重要。中国自古有“好男不当兵”的说法,可见兵士没有社会地位。因此,三者之间无所谓哪个重要,哪个不重要。可能的解释是:为了与例 1 的译文顺序保持一致。英文上下文的不一致,可能是作者的疏忽。在翻译过程中,译者可能意识到这个问题,就有意识地修改了。

根据林语堂的翻译思想,翻译单位应该以句为本位,译者不仅要对原著者负责,也要对中国读者负责①。考虑到中西文化的差异,作为一个译者,有些术语和表达对于中国读者而言可能陌生,要通过注释的办法与中国文化接轨,这既是他翻译整体策略的一部分,同时也是局部策略。

林语堂尽量避免在译作中增加评述和解释性内容,但是有时为了帮助读者理解作品或者某些词语,他会增加这些内容②。他采用的手段很多,除了在《孔子的智慧》中采取的阐释法(paraphrase),还采用加注,如脚注、尾注、夹注。在翻译《啼笑皆非》的过程中,林语堂主要采取夹注的方法,在其翻译的前 11 章,经笔者粗略统计,有多达 156 处注释。在林语堂自译的前 11 章中,笔者以“按”为关键词搜索,找到 22 个句子(图 1),其中第 5、9、20 句三个“按”不是按语,故共有 19 个按语。这些按语要么是译者的感言或评论,要么是解释原作中关键词的意义或者解释为什么这么译。当然,更多的按语没有用“按”注明(如例 5),但是用[ ]符号表示是译者添加的部分。

① 林语堂. 论翻译//林语堂. 语言学论丛. 上海:开明书店,1933:327.

② Lin, Y. T. *The Wisdom of Confucius*. New York: Random House, 1938: 47.

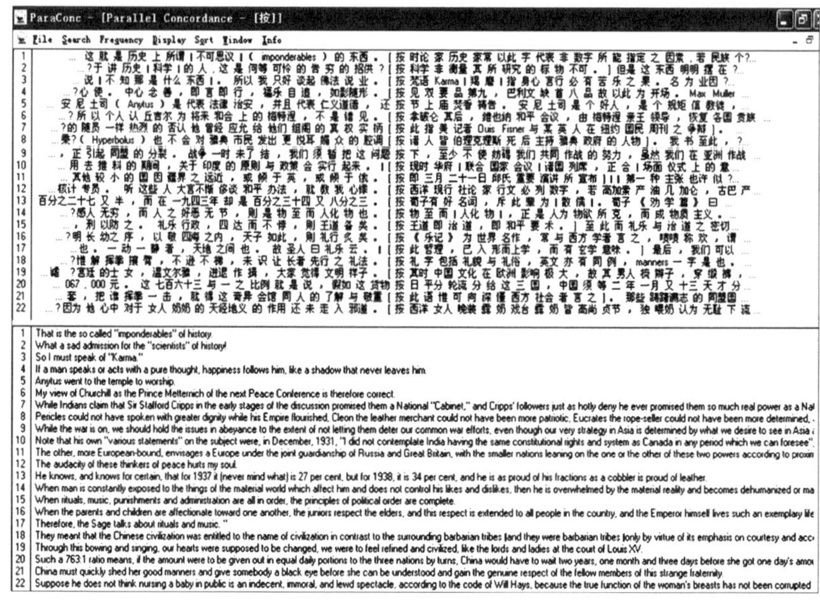

图 1　以“按”为关键词的检索

三、自我评价

“自我评价”型数据表现的是翻译者对正在进行的特定翻译任务的看法，指翻译者在完成任务后，追溯执行任务时大脑思维活动的信息，即追溯式数据①。在译作中主要表现在某些关键词语的翻译和理解。

【例 3】原文：When man is constantly exposed to the things of the material world which affect him and does not control his likes and dislikes, then he is overwhelmed by the material reality and becomes dehumanized or materialistic. ②

林译：夫物之感人无穷，而人之好恶无节，则是物至而人化物也。

---

① 李德超．TAPs 翻译研究的前景与局限．外语教学与研究，2004(5)：387．

② Lin, Y. T. *Between Tears and Laughter*. New York: John Day, 1943: 71.

[按物至而"人化物",正是人为物欲所克,而成物质主义。"人化物"即已失人道,故可译为"dehumanized";又是为物所化,故亦可译为"materialistic"。所以"物质主义"之形容词见于古籍者,当以"人化物"一语为最早。]①

人的心理是主观自在的内心体验,别人无法直接认识,只有靠他自己通过内心反省讲出来,别人才能获得。林语堂还通过注释形式探讨原作的创作和译作的翻译。在例 3 中,林语堂在按语中解释为什么把两个词 dehumanized 和 materialistic 都翻译成"人化物"一个词,并反省自己当初为什么用 dehumanized 和 materialistic 两个词。这种反思原作创作和译作翻译思维过程的注释恐怕只有自译者才能做出。

英文作品中提到的西方历史著名人物,对于西方读者可能如雷贯耳,但是对于普通的中国读者,可能是闻所未闻。原作者在作品中一般只需点到为止,而译者则需要加注介绍,以帮助译语读者了解。但是以中西文化传播为使命的林语堂却与众不同,他不仅仅是介绍人物,而且通过与中国读者熟悉的历史人物类比,让读者豁然开朗。

【例 4】原文:Let's be a little learned and professorial and tiresome and go back to Thucydides. ②

林译:好,大家也来搬书籍,做学究,看看修昔的底斯怎样记述。[Thucydides, 希腊的司马迁,所记当代希腊五十年间内战 *Peloponnesian War* 一书,称为希腊最客观公允的史书,为现代史家所极称赏。]③

Thucydides 现译为修昔底德,他的《伯罗奔尼撒战争史》与司马迁的《史记》的确有许多相似之处。中国读者因为这种类比而对修昔底德倍感亲切。同样,在介绍 16 世纪法国著名的预言家诺查丹玛斯(Nostradamus)

---

① 林语堂. 啼笑皆非. 林语堂,徐诚斌,译. 重庆:商务印书馆,1945:74.

② Lin, Y. T. *Between Tears and Laughter*. New York: John Day, 1943: 23.

③ 林语堂. 啼笑皆非. 林语堂,徐诚斌,译. 重庆:商务印书馆,1945:25.

时，林语堂把他比为“欧洲的刘伯温”①。林语堂对中西文化的优劣非常清楚，在《啼笑皆非》中，他就提议中西互融，并努力寻求中西文化的相通点。不同读者（原文读者和译文读者）的语言欣赏习惯和心理认知环境不同。林语堂在原著中用西方人感兴趣和认同的方式向西方人介绍中国文化，而在翻译过程中，又用中国人感兴趣和认同的方式向中国读者介绍西方文化。因此，为适应译文读者的需求，译者在翻译过程中应充分考虑译文读者的认知环境和文化背景，根据译文的文体功能来决定自己的翻译策略，使译文既能连贯自如地传达原文的内容，又能符合译语规范和文化要求。

四、自我展现

翻译的伦理观和翻译原则都规定，翻译应忠实于原文，译者不能随意改动原文的内容。忠实也是林语堂三个翻译标准——忠实、通顺、美——的第一条。但是区别于严复的“信”，林语堂的忠实给予了译者一定的自由——“译者对于原文有字字了解而无字字译出之责任”②，应忠实于原文的总意义，而非单字或者词。但是，由于作品是自己的，自译者可能做出超越普通译者职责以外的行为，根据读者、译入语文化或者某种需要而改动原文，甚至在文中插入个人评论或者感慨。

“自我展现”型数据是指译者在翻译过程中直接说出的“揭示思维过程的意识流”③。在无声思维中，这类型主要指原文内容所无，译者在翻译过程中超出文本以外的思维活动。一般译者，包括部分自译者，会约束自己或者隐藏这方面的思维活动，但是有些自译者则忠实地记录自己的思

① 林语堂．啼笑皆非．林语堂，徐诚斌，译．重庆：商务印书馆，1945：25.

② 林语堂．论翻译//林语堂．语言学论丛．上海：开明书店，1933：335.

③ 李德超．TAPs翻译研究的前景与局限．外语教学与研究，2004(5)：387；Cohen, A. Studying second language learning strategies: How do we get the information?. *Applied Linguistics*, 1984(5): 102.

维过程。

【例 5】原文：He knows, and knows for certain, that for 1937 it (never mind what) is 27½ per cent, but for 1938, it is 34⅝ per cent, and he is as proud of his fractions as a cobbler is proud of leather.①

陈译：他知道，知道得很确实，一九三七年是百分之二十七又二分之一（不必管它是什么），到一九三八年成为百分之三十四又八分之五，他对于这点尾数正像鞋匠对他的皮张那样豪傲。②

林译：他确知无疑某物[不管何物]，在一九四二年是百分之二十七又半，而在一九四三年却是百分之三十四又八分之三。[按荀子有好名词，斥此辈为“散儒”。荀子《劝学篇》曰：“上不能好其人，下不能隆礼，安特将学杂识志顺诗书而已耳，则末世穷年不免为陋儒而已。”又曰：“不隆礼，虽察辩，散儒也。”孔子对子夏警告曰：“女为君子儒，无为小人儒。”亦指此辈。子夏博闻强记，善说三百篇昆虫草木之名，故夫子施以警告。故曰：“博我以文，约我以礼。”盖礼乃立身行世之大端，既博之又必约之，学有归宿，斯不为散矣。附此一笑。]经济学家对于数字分数之自矜，正如皮鞋匠之矜伐皮货。③

普通译者一般都如实地按照原文去译，如陈译那样。但是林语堂在译文中，不仅更改了时间（把“1937 年”“1938 年”分别改为“1942 年”“1943 年”），更改了数字（把“百分之三十四又八分之五”改为“百分之三十四又八分之三”），而且在注释中发表了一段很长的感慨。其实，时间和数字的准确与否并不重要，因为林语堂只是用数字来说明经济学家的迂腐。对于这些改动，译文读者并不知道，即使知道也未必在乎，即使在乎也无可奈何，因为原文是译者的，如果他觉得有必要，他有权改动原文。至于注

---

① Lin, Y. T. *Between Tears and Laughter*. New York: John Day, 1943: 64.

② 林语堂．啼笑皆非．陈封雄，节译．台北：远景出版社，1979:38.

③ 林语堂．啼笑皆非．林语堂，徐诚斌，译．重庆：商务印书馆，1945:66-67.

释里的引经据典,不仅仅是为了“附此一笑”,更是为了帮助读者理解,希望引起共鸣。

又如翻译到女人喂奶问题时,林语堂觉得意犹未尽,不禁继续写道:“[按西洋女人晚装露奶戏台露奶皆高尚贞节,独喂奶认为无耻下流。留美半世,也难看得到一次西妇喂奶。盖喂奶者,所谓‘房事’一类东西,是关起房门干的。况喂奶则伤胸部之美,西妇不愿生育大有理由在。]”①这种难以抑制的创作心理活动的确是“骨鲠在喉,不吐不快”。但是考虑到翻译的忠实性,他只能以[ ]符号使之与译文分别开来。因此,即使是翻译自己的作品,自译者依旧坚持翻译的基本原则,可见译者对创作、翻译、改写等观念非常明确,尽可能避免术语的混乱,以免误导读者。

五、结　语

研究著名译者的无声思维,可使我们对译者在翻译过程中的思维活动有一定的了解,发现译作形成的认知过程,这些对于解决翻译的创造性,或者特定语言现象在翻译过程中的转换方式,都能提供很好的借鉴②。自译者的无声思维翻译研究和 TAPs 翻译研究一样,直接与翻译实践紧密相关,两者有颇多相通之处,许多方面可以互相借鉴,相信该研究能够给翻译教学和实践带来新的视角。但是,鉴于现实生活中自译者毕竟是少数,且每个案例各具特色,不如 TAPs 研究那样具有广泛性、可重复性,因而研究结论的代表性也相对较小。

---

① 林语堂. 啼笑皆非. 林语堂,徐诚斌,译. 重庆:商务印书馆,1945:93.

② 莫敏. 释意理论视阈下涉外高技能人才的跨文化翻译过程. 湖南财政经济学院学报,2012(1):137-140; 李芳. SVC 句型的语言功能与翻译研究. 湖南财政经济学院学报,2012(5):141-145.

附录:《啼笑皆非》双语平行语料库

左栏:*Between Tears and Laughter*(原文);右栏:《啼笑皆非》(译文)

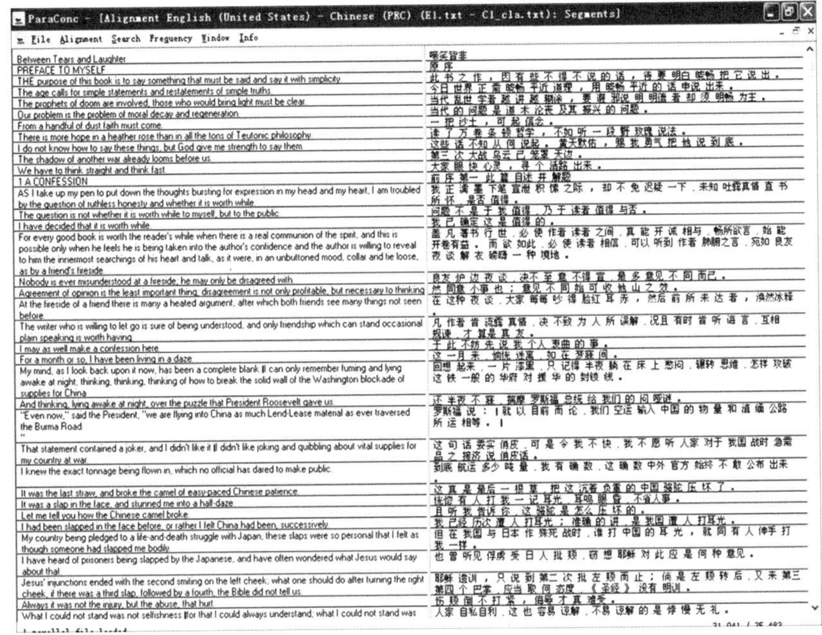

ParaConc - [Alignment English (United States) - Chinese (PRC) (E1.txt - C1_cla.txt): Segments]

File Alignment Search Frequency Window Info

English	Chinese
Between Tears and Laughter	啼笑皆非
PREFACE TO MYSELF	原序
THE purpose of this book is to say something that must be said and say it with simplicity	此书之作，因有些不得不说的话，待要明白晓畅把它说出。
The age calls for simple statements and restatements of simple truths	今日世界正需晓畅平近道理，用晓畅平近的话申说出来。
The prophets of doom are involved, those who would bring light must be clear	当代乱世学者越讲越糊涂，要避邪说明明道者却须明畅为主。
Our problem is the problem of moral decay and regeneration	当代的问题是道术沦丧及其振兴的问题。
From a handful of dust faith must come	一把沙土，可起信念。
There is more hope in a heather rose than in all the tons of Teutonic philosophy	读了万卷条顿哲学，不如听一段野玫瑰说法。
I do not know how to say these things, but God give me strength to say them	这些话不知从何说起。皇天默佑，赐我勇气把他说到底。
The shadow of another war already looms before us	第三次大战乌云已笼罩天边。
We have to think straight and think fast	大家眼快心灵，寻个活路出来。
1 A CONFESSION	前序第一 此篇自述并解题
AS I take up my pen to put down the thoughts bursting for expression in my head and my heart, I am troubled by the question of ruthless honesty and whether it is worth while	我正濡墨下笔宣泄积愫之际，却不免迟疑一下，未知吐露真情直书所怀，是否值得。
The question is not whether it is worth while to myself, but to the public	问题不是于我值得，乃于读者值得与否。
I have decided that it is worth while	我已确定这是值得的。
For every good book is worth the reader's while when there is a real communion of the spirit, and this is possible only when he feels he is being taken into the author's confidence and the author is willing to reveal to him the innermost searchings of his heart and talk, as it were, in an unbuttoned mood, collar and tie loose, as by a friend's fireside	盖凡著书行世，必使作者读者之间，真能开诚相与，畅所欲言，始能开卷有益。而欲如此，必使读者相信，可以听到作者肺腑之言，宛如良友夜谈解衣磅礴一种境地。
Nobody is ever misunderstood at a fireside; he may only be disagreed with	良友炉边夜谈，决不至意不得宣，最多意见不同而已。
Agreement of opinion is the least important thing; disagreement is not only profitable, but necessary to thinking	然同意小事也；意见不同始可收他山之效。
At the fireside of a friend there is many a heated argument, after which both friends see many things not seen before	在这种夜谈，大家每每吵得脸红耳赤，然后前所未达者，涣然冰释。
The writer who is willing to let go is sure of being understood, and only friendship which can stand occasional plain speaking is worth having	凡作者肯流露真情，决不致为人所误解，况且有时肯听逆言，互相规谏，才算是真友。
I may as well make a confession here	于此不妨先说我个人衷曲的事。
For a month or so, I have been living in a daze	这一月来，惝恍迷离，如在梦寐间。
My mind, as I look back upon it now, has been a complete blank ‖ I can only remember fuming and lying awake at night, thinking, thinking, thinking of how to break the solid wall of the Washington blockade of supplies for China	回想起来，一片漆黑，只记得半夜躺在床上愁闷，辗转思维，怎样攻破这铁一般的华府对援华的封锁线。
And thinking, lying awake at night, over the puzzle that President Roosevelt gave us	还半夜不寐，揣摩罗斯福总统给我们的闷哑谜。
"Even now," said the President, "we are flying into China as much Lend-Lease material as ever traversed the Burma Road "	罗斯福说：‖就以目前而论，我们空运输入中国的物量和滇缅公路所运相等。‖
That statement contained a joker, and I didn't like it ‖ I didn't like joking and quibbling about vital supplies for my country at war	这句话委实俏皮，可是令我不快，我不愿听人家对于我国战时急需品之接济说俏皮话。
I knew the exact tonnage being flown in, which no official has dared to make public	到底航运多少吨量，我有确数，这确数中外官方始终不敢公布出来。
It was the last straw, and broke the camel of easy-paced Chinese patience	这真是最后一根草，把这沉着负重的中国骆驼压坏了。
It was a slap in the face, and stunned me into a half-daze	恍惚有人打我一记耳光，耳鸣眼昏，不省人事。
Let me tell you how the Chinese camel broke	且听我告诉你，这骆驼是怎么压坏的。
I had been slapped in the face before, or rather I felt China had been, successively	我已经历次遭人打耳光；准确的讲，是我国遭人打耳光。
My country being pledged to a life-and-death struggle with Japan, these slaps were so personal that I felt as though someone had slapped me bodily	但在我国与日本作殊死战时，谁打中国的耳光，就同有人伸手打我一样。
I have heard of prisoners being slapped by the Japanese, and have often wondered what Jesus would say about that	也曾听见俘虏受日人批颊，研想耶稣对此应是何种意见。
Jesus' injunctions ended with the second smiting on the left cheek; what one should do after turning the right cheek, if there was a third slap, followed by a fourth, the Bible did not tell us	耶稣遗训，只说到第二次批左颊而止；倘是左颊转后，又来第三第四个巴掌，应当取何态度，《圣经》没有明训。
Always it was not the injury, but the abuse, that hurt	伤颊倒不打紧，侮辱才真难受。
What I could not stand was not selfishness ‖for that I could always understand; what I could not stand was	人家自私自利，这也容易谅解，不易谅解的是悖慢无礼。

(李平，南京农业大学外国语学院；杨林聪，南京信息工程大学语言文化学院；原载于《中南大学学报》2014 年第 1 期)

自译中的变译

——以《小评论:林语堂双语文集》为个案

卞建华　张　欣

内容提要:林语堂在自译中,未拘泥于原文结构和行文模式,而是针对原文与译文不同的预期读者,采用变译方法,用目的语对原文进行二次阐述。从林语堂自译的效果看,"忠实性"与"创造性"可以并行不悖,忠实是再创造的基础,再创造是忠实的表现手段。

关键词:《小评论:林语堂双语文集》,自译,变译,忠实,创造

一、引　言

香港学者钱锁桥编的《小评论:林语堂双语文集》(*The Little Critic*: *The Bilingual Essays of Lin Yutang*)辑集了林语堂整个文学生涯中的50篇双语作品。这些作品创作于20世纪30年代,绝大部分是先有英文作品,后有中文作品,而且大部分英文作品都先后发表于《中国评论周报》《小评论》专栏,而《中国评论周报》创刊于1928年,一直延续到1945年,是现代中国唯一一份由一批受过西式教育的中国专业知识分子自己运营的英语周刊,其读者群主要是中国的英语读者,当然也包括在华的外国人士。研读林语堂的双语作品不难发现,其中文体相当特别,也就是说,我们可以把这些创作于英文小品文之后的中文小品文看作林语堂的自译作

品。由于发表的时间不同,两种版本不是完全对照翻译。有些中文几乎是英文的全译,有些几乎是重写,主要意思大致相同①。林语堂对"翻译"作为一种跨文化行为有着自己独特的体会,"翻译绝不是把一种语言里的词汇搬到另一种语言那么简单,译者在翻译行文中总是扮演积极的角色"②。林语堂以"双语作家创作双语作品"这一现象在中国文学乃至世界文学中独树一帜,值得批评界特殊关注。本文以《小评论:林语堂双语文集》为个案,分析林语堂自译作品中的变译方法,进而对翻译的忠实性和及创造性之间的关系提出新的认识。

二、自译概念及相关研究

自译(self-translation 或 auto-translation)为一种特殊形式的翻译,已有几千年的历史。莱恩尼尔·格鲁特曼(Rainier Grutman)认为,自译是指翻译自己作品的行为或结果③。波波维奇(Popovic)认为,自译是作者本人将原作译成另一种语言,自译不应看作源文本的变异,而是真正的翻译④。

西方在 1961 年开始自译研究。霍肯森和曼森(Hokenson & Munson)对西方欧洲自译史进行了理论和实践两方面的梳理和思考,认为双语文本即自译文本,其作者即是能用不同语言创作,并把自己的文本译成另一种语言的作者。两位学者把西方自译史分成三个阶段:中世纪与文艺复兴时期、19 世纪近代时期、20 世纪以来的现当代时期,三个阶段的自译发

---

① 李平,程乐. 从自译视角看忠实的幅度:以林语堂为例. 浙江工商大学学报,2012(5):86-90.

② 转引自:钱锁桥. 引言//钱锁桥. 小评论:林语堂双语文集(英汉对照). 北京:九州出版社,2012:32.

③ Grutman, R. Auto-translation. In Baker, M. (ed.). *Routledge Encyclopedia of Translation*. London and New York: Routledge, 1997: 17.

④ 转引自:Shuttleworth, M. & Cowie, M. *Dictionary of Translation Studies*. Shanghai: Shanghai Foreign Language Education Press, 2004: 13.

展史伴随着语言的变迁①。第一阶段语言集中在拉丁语和法语之间，第二阶段法语逐渐占据越来越重要的位置，到 20 世纪以后的第三阶段，由于受到美洲语言的冲击，自译方向基本倾向于把英语作为目的语。这一时期杰出的自译家有印度的泰戈尔(Tagore)、俄国的纳博科夫(Vladimir Nabokov)、英国的贝克特(Samuel Beckett)等。

20 世纪 80 年代，自译现象开始引起国内学者关注。一般认为，中国的自译作家有张爱玲、萧乾、林语堂、白先勇、余光中、卞之琳、叶君健等。关于自译理论的探讨，杨仕章认为，文学自译虽然包括许多创造性成分，但仍属于翻译的范畴②。桑仲刚通过对国外自译研究的梳理和述评，指出目前在“自译”是否是“译”还存有争议的情况下，需要在归纳其双语转化策略的基础上重构自译规范，概括自译法则，进而逐渐构建自译理论③。陈吉荣和王宏印认为，自译为翻译策略提供了新视角，增强了翻译策略的解释力，使译者从被动的语言机能接受者成为真正意义上的主动译者④。关于自译的策略研究，陈吉荣对张爱玲的《金锁记》自译进行了相关研究，并在对西方语言自译作品研究的基础上，对文本双语主义进行了考辨⑤。黎昌抱从哲学阐释学角度，对文学自译的运作机制进行了探究，对文学自译的标准策略进行了考察⑥，并基于语料库对自译与他译进行了比较研究⑦。杨联芬认为，自译或许可以最大限度地减低语言转换所带来的原有思想与审美性的丢失，不过，自译其实已经不是简单的语言转换，而是作

---

① Hokenson, J. W. & Munson, M. *The Bilingual Text: History and Theory of Literary Self-translation*. Manchester: St. Jerome Publishing, 2007.

② 杨仕章. 译者标记性研究：自我翻译者. 解放军外国语学院学报，2009(3)：77-82.

③ 桑仲刚. 探析自译——问题与方法. 外语研究，2010(5)：78-83.

④ 陈吉荣，王宏印. 从节译看自译的具体化策略. 外语教学，2008(2)：81-84.

⑤ 陈吉荣. 谈本位论观照之下的《金锁记》自译. 北京第二外国语学院学报，2007(10)：1-6.

⑥ 黎昌抱. 哲学阐释学视阈下的文学自译运作机制研究. 外语教学，2011(3)：92-95.

⑦ 黎昌抱. 基于语料库的自译与他译比较研究. 外国语，2015(2)：57-64.

者使用母语所进行的一次重新思考、体验与表达[①]。国内外学者在自译理论与实践方面做了开拓性工作，取得了显著成绩。不过，迄今为止，学界对《小评论：林语堂双语文集》及其相关问题的探讨，尚不多见，只有一篇硕士学位论文[②]，不少问题值得进一步探讨。

三、林语堂作品自译中的变译

变译是译者用译入语摄取原作内容以满足委托人或读者特定需求的翻译活动，即根据委托人或读者显性或隐性的阅读需求，采取变通手段对原文进行形式、内容或风格等方面的改变。变译手段包括增、减、编、述、缩、并、改、仿等，这些手段构成了摘译、编译、译述、缩译、综述、述评、译评、译写、改译、阐译、参译、仿译等变译方法[③]。

一般认为，译者是原作的读者和阐释者，为了最大限度地还原原文作者的写作意图和风格，译者往往即使殚精竭虑也难免会在某种程度上难以完全理解、解读和阐释原文。而林语堂作为集原文作者与译者于一身的"特殊译者"，在解读和阐释原文的时候，就有了"普通译者"不具备的得天独厚的优势，解读原文往往会更加透彻，阐释原文意义、传递原文风格时会更加得心应手，更加游刃有余。文学翻译并非逐字逐句的"对译"或"对等"，译者通过接触和消化作者的语言和精神，在心灵上能够与作者达到"神通"，这样产出的译文，好似"一辆磁悬浮列车"，看似脱离原文，实则万变不离其宗，始终沿着既定的轨道，疾驰在传达原作思想和内容的轨道

---

① 杨联芬．母语还是翻译？——谈海外华人文学的写作语言．华文文学，2006(1)：19-20．

② Hu，L. H. A study on Lin Yutang's self-translation from the perspective of relevance theory—a case study of the *Little Critic*：*The Bilingual Essays of Lin Yutang*. Tianjin：Tianjin Foreign Studies University，2015.

③ 黄忠廉，方梦之，李亚舒，等．应用翻译学．北京：国防工业出版社，2013：12．

上[①]。自译者不像普通译者一样会受到原作者和读者之间交互作用的制约，因而会享有更多的自由，通常会采用更加灵活的策略对原文做出较大的调整和改变。林语堂的自译表现出较大程度的变通，运用了变译策略中的诸多方法，如编译、译述、译写等，使英汉两种文本，有的放矢地契合了英语读者和汉语读者的阅读期待和文化心理，可以说，达到了自己的写作和翻译目的，获得了较好的阅读效果。

1. 编　译

编译是先对原文进行编辑，然后再进行翻译的变译方法。编译时，译者一般对一个或几个语篇单位进行加工处理，使原文更有条理性、逻辑性，然后再进行翻译。编译原文的目的既是为了满足特定读者的阅读需要，又是为了调整相关信息，更能有的放矢地摄取原文信息，传达其中心内容，以期达到最佳的跨文化交际效果[②]。

例如，林语堂在上海青年会关于民权保障之演讲稿“On Freedom of Speech”(《谈言论自由》)。其英文版共 9 段，无小标题；而中文版本则将英文结构打乱，重新排列组合，并对原文信息有的放矢地进行了摄取及灵活增减，这样，呈现在汉语读者面前的版本共 10 段，分为 6 个部分，每一部分都增添了小标题，如“论人与兽之不同”“论喊痛的自由”“言论系讨厌东西”“民之自由与官之自由”“论魏忠贤所以胜利”，尤其是针对中文读者群，林语堂专门增加了“论商女所以必唱后庭花的理由”部分。文章开头便说，“其实世上没有言论自由这回事，在现今中国谈言论自由是一种奢侈，在中国要争取的只是动物权利而已，因为动物受伤都要叫两下，人被侵犯受伤总得也让他叫两下”[③]。林语堂在 20 世纪 30 年代的文学文化实践，一方面不满当局“法西斯式”的监管审查，同时也看不上“普罗”意识形

① 任东升. 语篇翻译与译者的写作——以霍克斯“作者自云”译文为例. 外语教学，2003(4)：33-36.

② 黄忠廉，方梦之，李亚舒，等. 应用翻译学. 北京：国防工业出版社，2013：97.

③ 钱锁桥. 小评论：林语堂双语文集. 北京：九州出版社，2012：202.

态的纯洁专横，而是寻求多元开放、理性容忍、智性独立的政治情调。他“坚持自由主义原则，拥抱多元与开放”，但绝不回避社会批评，针对民国政府严控言论自由的现状，林式幽默不断试探监控审查的底线。

林语堂自译中的编译方法在“On Freedom of Speech”（《谈言论自由》）的第一段便可见一斑（下文例子中的下划线为本文作者所加）。

【例 1】英文：Gentlemen: I am here to speak on the freedom of speech. It is a great topic, and I am going to make my speech as free as possible. But you know that this cannot be done, for when anyone announces that he is going to speak his mind freely, everyone is frightened. This shows that there is no such thing as true freedom of speech. No one can afford to let his neighbors know what he is thinking about them. Society can exist only on the basis that there is some amount of polished lying and that no one says exactly what he thinks.①

中文：一、论人与兽之不同

今天所讲的是言论自由，所以鄙人也想在此地自由言论。诸位知道这是不可能的事。凡一人声明要言论自由畅所欲言时，旁人必捏一把冷汗。假使那人果然将他心里的感想或是对亲友邻舍的意见和盘托出，必为社会所不容。社会之存在，都是靠多少言论的虚饰，扯谎。我们所求的不过是有随时虚饰及说老实话的自由而已。②

从例 1 可以看出，林语堂在对原文进行编辑的基础上，在中文版本中增加了英文版本没有的小标题“一、论人与兽之不同”，将原文的第一句和第二句合并，将原文的第六句拆分，将原文的第五句进行进一步阐释，将原文第一句的“Gentlemen”和“I”、第二句中的“to speak his mind freely”和“everyone is frightened”分别用“诸位”和“鄙人”、“畅所欲言”和“旁人

① 钱锁桥．小评论：林语堂双语文集．北京：九州出版社，2012：199.

② 钱锁桥．小评论：林语堂双语文集．北京：九州出版社，2012：203.

必捏一把冷汗”这几个带有鲜明中国特色的称呼语和表达方式替代，将第四句进行了删除。

2. 译　述

译述是指译者把自己对原文的理解用自己的话进行转述，无须顾及原文的形式和作者是如何说的，即不必对原作句式结构和内容亦步亦趋，只需注重原文说了哪些核心内容。“述”既可以是译者对原文的全部转述，也可以是对原文部分内容的转述。译述的变译方法使译者有了话语权，可以根据社会文化语境、读者需求来确定转述的内容①。

林语堂自译中的译述方法在“The Beggars of London”(《伦敦的乞丐》)中有所体现。

【例 2】英文：It is difficult for foreigners to love England, but it is equally difficult for people to know the English well and not speak of them with some admiration that savors of loyalty, a loyalty that does not wear out with the years. ... So it is the whole British Empire, all so decent, so inevitably decent. Talking about the British Empire reminds me where the Englishman's sense of decency and his cocksureness about himself come from. ... For the English man, the beggars don't exist. Well and good, but for me, they do. But I was not thinking of the old women selling matches.②

中文：英国的风俗民情，在读过英国文学的人，总有多少的认识，但是总不如亲临其境自己去体会出来。……③

伦敦并无乞丐，因为这是法律所不允许的，有老妇站在街旁卖自来火的，那便是乞丐。知者总是给点钱而不是取自来火，或是给价特

---

① 黄忠廉，方梦之，李亚舒，等. 应用翻译学. 北京：国防工业出版社，2013：97.

② 钱锁桥. 小评论：林语堂双语文集. 北京：九州出版社，2012：280.

③ 钱锁桥. 小评论：林语堂双语文集. 北京：九州出版社，2012：284.

高，算为施舍。①

在例 2 中文版中，林语堂使用译述等方法是出于对目标读者和文化差异的考虑。英文版对英国人各种行为习惯如此详尽的描写，如果全部译成中文可能不会引起中文读者的兴趣，因此，林语堂针对中文读者的阅读习惯和审美期待将英文版本中的详细描述予以省略。而伦敦法律不允许乞丐在街乞讨，又是中文读者所不了解的文化背景，林语堂则将其添加上。笔者认为，林语堂的改动并没有影响译文的表达，反而更好地传达了原文信息。自译不仅仅是对原作的翻译，更是弥补原作不足之处，澄清其含糊之处，让作者意图更加明确的途径②。

3. 译　写

译写是翻译加写作的变译方法。其中的“翻译”可以指对原文的全译或变译，然后在译文基础上添写与译文相关的信息。其中的“写作”不仅可以指对原文的评论，还可以指与译文相关的信息拓展。译写是先对原文信息进行全译或变译，大多数情况下使用摘译、编译、缩译等变译方法，至于是采用单个还是多个变译方法，则需要译者根据读者的潜在阅读需求以及译者对原文材料的总体把握度来决定，然后在译文基础上，添加或拓展相关信息或对译文信息进行相关的评论③。

译写是一种典型的混杂性或杂糅性翻译。译写中包含着“变换”“变形”和“置换”的混杂性，是“译”的“变形”和“变换”，是“译”和“写”的混杂。变译者的“写”集中表现了其翻译的“自由和超越”思想，其“自由”意志“超越”了译文的羁绊，逐步摆脱了译文的限制，随着增写的内容进入了新境界。译写中的“译”绝大多数情况是编译、摘译、译述、缩译等变译，当然，也可以是全译。在译写中，译的部分是主体，是变译活动的立足点和基本

---

① 钱锁桥．小评论：林语堂双语文集．北京：九州出版社，2012：285.

② 吴琳．文学翻译中的自译——白先勇自译个案研究．北京：对外经济贸易大学硕士学位论文，2006.

③ 黄忠廉，方梦之，李亚舒，等．应用翻译学．北京：国防工业出版社，2013：107.

框架,写是一种补充手段,没有译,译写就完全变成了创作。因此,就结构而言,“译”是源发点,“写”则是辐射点。换言之,译写文本是混杂文本,是“源发点”和“辐射点”的混合体。在《小评论:林语堂双语文集》中,这样的译写例子比比皆是。

【例 3】英文:I had come back from the trip to Anhui to find spring in my garden. Her steps had lightly tripped over the lawn, her fingers had caressed the hedgerows, and her breath had touched the willow branches and the young peach trees. Therefore, although I had not see her coming, I knew she was here.[①] (“Spring in My Garden”)

中文:我来到浙西以前,尚是乍寒乍暖时候,及天目回来,已是满园春色了。篱间阶上,有春的踪影,窗前檐下,有春的淑气,“桃含可怜紫,柳发断肠青”,树上枝头,红苞绿叶,恍惚受过春的抚摸温存,都在由凉冬惊醒起来,教人几乎认不得。所以我虽未见春之来临,我已知春到园中了。[②] (《纪春园琐事》)

在例 3 英文版中,林语堂用拟人的手法把“Spring(春)”比作旖旎的姑娘,反复使用“her”“she”来称呼、描述,非常符合英语的行文特色和文化特点。而在中文版中,按照代词最小化原则,将原文中的“her”和“she”统统用“春”来指代,并适时增加了“桃含可怜紫,柳发断肠青”这样的诗句,使得文本在中国读者中更具感染力,更具可读性。

【例 4】英文:Many of my best friends have asked me why I am wearing Chinese instead of foreign dress. And those people call themselves my friends. They might just as well ask me why I am walking on two legs. The plain, absolute reason for my wearing

① 钱锁桥. 小评论:林语堂双语文集. 北京:九州出版社,2012:287.

② 钱锁桥. 小评论:林语堂双语文集. 北京:九州出版社,2012:292.

Chinese dress is simply that I am a human being and a thinking individual. Why must I give a reason for wearing the only human dress in the world?[①] ("On Chinese and Foreign Dress")

中文：许多朋友问我为何不穿西装。这问题虽小，却已经可以看出一个人的贤愚和雅俗了。倘是一人不是俗人，又能用点天赋的聪明，兼又不染季常癖，总没有肯穿西装的，我想。在一般青年，穿西装是可以原谅的，尤其是在追逐异性之时期，因为西装虽有种种不便，却能处处受女子之青睐，风俗所趋，佳人所好，才子自然也未能免俗。[②]（《论西装》）

在例 4 中，中文题目由"On Chinese and Foreign Dress"（论中外服装）改译为《论西装》，林语堂以幽默笔调，增添了中国人熟悉的"季常癖"（惧内、怕老婆）这样的文化负载词，并继续加以阐述"在一般青年，穿西装是可以原谅的，尤其是在追逐异性之时期，因为西装虽有种种不便，却能处处受女子之青睐，风俗所趋，佳人所好，才子自然也未能免俗"，昭示了自己"及其同类海归知识分子精通英语、熟悉西方文化，回归后反而能欣赏文化差异，重新认识自己的本土文化"，他对西服"狗领"挖苦嘲笑，对中装则颇为赞赏。

【例 5】英文：... I doubt whether this race of matter-of-fact people would ever be capable of turning up their souls in ecstatic response to Shelley's Skylark or Chopin's Nocturne. These people miss nothing by giving up their smoke. They are probably happier reading *Aesop's Fable* with their Temperance wives.[③]("My Last Rebellion Against Lady Nicotine")

中文：……晚上同俭德会女会员的太太们看《伊索寓言》也就安

① 钱锁桥. 小评论：林语堂双语文集. 北京：九州出版社，2012：208.

② 钱锁桥. 小评论：林语堂双语文集. 北京：九州出版社，2012：213.

③ 钱锁桥. 小评论：林语堂双语文集. 北京：九州出版社，2012：62-63.

眠就寝了。辛稼轩之词,王摩诘之诗,贝陀芬之乐,王实甫之曲是与他们无关的。庐山瀑布还不是从上而下的流水而已?试问读稼轩之词,摩诘之诗而不吸烟,可乎?不可乎?[①] (《我的戒烟》)

在例5中,我们可以看到中文题目由"My Last Rebellion Against Lady Nicotine"(我对尼古丁女士的最后一次反抗)改译为《我的戒烟》,原文中 Shelley's Skylark or Chopin's Nocturne(雪莱的"致云雀"或肖邦的"小夜曲")分别用中文读者比较熟悉的"辛稼轩之词""王摩诘之诗""贝陀芬之乐""王实甫之曲"加以替换和添写,想必也是出于面对不同目标读者创作不同文本的目的。

上述例子中"译"的内容仍然构成了全文的主体,"写"的部分是补充和辐射,由此可见,林语堂作品自译过程中通过"译"和"写"两种手段呈现出"嫁接"和"互释"的杂糅特性。在自译这种活动中,翻译主体既是译者也是作者本人,其使用翻译策略和使用文字的自由度是单纯的译者无可比拟的。译者本人是译作的唯一判官,他的翻译译得活,译得透,对文章的内涵、背景、写作环境、作者的个性、写作的情绪等理解得深刻透彻,可以再现原作内容风格,不斤斤于一词一语,所以译文妥帖自如,浑然天成。

四、对翻译忠实性和创造性的再思考

翻译是"为实现信息的跨文化、跨语言转换而设计的复杂行动(a complex action designed to achieve a particular purpose)"[②]。广义的翻译,即翻译行为,可以由"文化顾问"(cross-cultural consulting)来完成,翻译行为也可以包括跨文化技术写作(cross-cultural technical writing)。翻译中的忠实意味着译文与原文应具有一致性,忠实的表现形式则取决

① 钱锁桥. 小评论:林语堂双语文集. 北京:九州出版社,2012:67.

② Nord, C. *Translating as a Purposeful Activity: Functional Approaches Explained*. Shanghai: Shanghai Foreign Language Education Press, 2001:13.

于译者对原文的理解及翻译的目的①。翻译是译者将源语文化信息转换成译入语文化信息并求得二者相似的思维活动和语言活动,分为窄式翻译和宽式翻译两种类型。前者指译者将源语文化信息转换成译入语文化信息并求得风格极似的思维活动和语言活动,后者指译者将源语文化信息转换成译入语文化信息以满足读者特定需求的思维活动和语言活动②。

译者主体性是翻译中不可避免的一个因素,译者的主体性作用与作者和读者的作用紧密相连。作者、译者与读者三个主体,是以对方存在为前提的一种共在的自我。协调好作者、译作与读者间的关系,使共在的自我在翻译中充分发挥和谐的创造作用是非常重要的③。林语堂的自译作品是将作者与译者合二为一,充分地发挥了译者的主体作用,创造出了符合目标语境及预期读者需求的译作。

翻译不是发生在真空里的行为,具有"社会性、文化性、符号转换性、创造性和历史性"④,同时,翻译也具有局限性。这些特性说明,要求译者绝对地忠实于原文只能是一个不可企及的理想化的状态。古今中外众多的翻译实践表明,绝对地或奴性地忠实于原文,对原文亦步亦趋,近乎盲目地跟着原文走,非但不能达到把原文的意义与神韵客观真实地传递给译文读者的目的,而且会导致译文与原文的貌合神离,造成对原文本质上的不忠实,同时,也由于机械而盲目地追求语言层面的忠实,译出的作品难以符合目标语读者的审美期待与接受心理⑤。

五、结　论

基于本文的案例分析以及变译理论和功能主义目的论等相关理论对

① Munday, J. *Introducing Translation Studies: Theories and Applications*. London and New York: Routledge, 2001:80.

② 黄忠廉. 变译理论. 北京:中国对外翻译有限公司,2004:76-77.

③ 许钧. 翻译概论. 北京:外语教学与研究出版社,2010:120.

④ 许钧. 翻译概论. 北京:外语教学与研究出版社,2010:37.

⑤ 许钧. 翻译概论. 北京:外语教学与研究出版社,2010:118.

"翻译"概念的理解,我们可以从更为开放、包容的视角去看待林语堂作品的自译,进而对翻译的忠实性及创造性予以重新思考。林语堂自译作品的效果说明"忠实性"与"创造性"不是非此即彼、相互对立的,而是可以并行不悖、互为条件的,忠实是再创造的基础,再创造是忠实的表现手段;译文不一定需要,也不可能百分之百地忠实于原文,忠实只是相对的,而非绝对的,绝对的忠实往往会导致背叛,而创造性的背叛反而会打开通向忠实的大门。这一看似悖论的说法在理论与实践方面为译者提供了更为广阔的思想与活动空间。因此,在翻译过程中,仅仅关注形式和字句的不增不减是不全面的,我们需要从整体上把握译文对原文意义的传递,必要时,可以针对不同的预期读者和文化语境进行再创作。

(卞建华,张欣,青岛大学外语学院;原载于《东方论坛》2017 年第 2 期)

人生态度取向与翻译的选择及策略

——谈林语堂《浮生六记》的翻译[①]

葛校琴　季正明

内容提要:"文化转向"将翻译研究从语言层次的规定性研究转向文化关照下的描述性研究。林语堂译《浮生六记》说明,译本的选择与翻译主体的性格气质、人生态度取向紧密相关。在翻译策略上,林译既有归化,又有异化,并非如韦努蒂(Venuti)认为的那样:译者选取一种方法并一以贯之。

关键词:林语堂,《浮生六记》,翻译选择,归化,异化

翻译直接呈现在译者面前的是语言转换,语言转换似乎只要寻找语言各层次的对等项即可,由此,翻译对"对等""等值"的探讨屡见不鲜。对等项的替换其实并非只是语言替换问题。翻译不是静态的,而是不同文化之间的一种交流,是一种文化现象,是依据不同编码对符号进行再解释(re-contextualization)的一个无止境的过程。[②] 20 世纪 80 年代后期,文化成为翻译研究的主导,如翻译形成中意识形态的作用、翻译赞助和出版及翻译诗学对翻译的影响等等。巴斯内特(Susan Bassnett)和勒菲弗尔

---

① 编者注:本文是国内学界最早从归化与异化视角探讨林语堂译作的研究。文中小标题为编者所加。本文译例均出自:沈复. 浮生六记(*Six Chapters of a Floating Life*). 林语堂,译. 北京:外语教学与研究出版社,1999.

② Gentzler, E. *Contemporary Translation Theories*. London and New York: Routledge, 1993: 185.

(Andre Lefevere)说,进入90年代,翻译研究已呈现历史性的文化转向(cultural turn),其侧重不在于为达到"对等"而提供可据操作的技巧,而是揭示促使翻译形成的一切语言之外的因素。毕竟译作都是特定文化的产物,翻译主体也不可能脱离其特定的文化而存在。文化转向意在摆脱翻译研究中唯科学主义的倾向,变重源语取向的规定性研究为重译语取向的描述性研究,使翻译研究进入了新一轮勃兴。林语堂翻译的《浮生六记》自然受各种文化因素的影响,其中翻译主体的人生态度取向在选定译本、决定翻译策略中起到了重要的作用。

一、《浮生六记》简介

《浮生六记》是清朝沈复所写的自传性质的小说,兼谈生活艺术、闲情逸趣、山水景色、文评艺评。小说原有6卷(章),现只存4卷,所以浮生六记实为四记(卷一,闺房记乐;卷二,闲情记趣;卷三,坎坷记愁;卷四,浪游记快)。请看两段:

> 一日,芸问曰:"各种古文,宗何为是?"余曰:"国策南华取其灵快,匡衡刘向取其雅健,史迁班固取其博大,昌黎取其浑,柳州取其峭,庐陵取其宕,三苏取其辩,他若贾董策对,庾徐骈体,陆贽奏议,取资者不能尽举,在人之慧心领会耳。"
>
> ……
>
> 芸发议曰:"杜诗锤炼精纯,李诗潇洒落拓;与其学杜之森严,不如学李之活泼。"
>
> 余曰:"工部为诗家之大成,学者多宗之,卿独取李,何也?"
>
> 芸曰:"格律谨严,词旨老当,诚杜所独擅;但李诗宛如姑射仙子,有一种落花流水之趣,令人可爱。非杜亚于李,不过妾之私心宗杜心浅,爱李心深。"(卷一　闺房记乐,p.20)
>
> 若夫园亭楼阁,套室回廊,叠石成山,栽花取势,又在大中见小,

小中见大，虚中有实，实中有虚，或藏或露，或浅或深，不仅在周回曲折四字，又不在地广石多，徒烦工费。或掘地堆土成山，间以块石，杂以花草，篱用梅编，墙以藤引，则无山而成山矣。大中见小者：散漫处植易长之竹，编易茂之梅以屏之。小中见大者：窄院之墙，宜凹凸其形，饰以绿色，引以藤蔓，嵌大石，凿字作碑记形。推窗如临石壁，便觉峻峭无穷。虚中有实者：或山穷水尽处，一折而豁然开朗；或轩阁设厨处，一开而可通别院。实中有虚者：开门于不通之院，映以竹石，如有实无也；设矮栏于墙头，如上有月台，而实虚也。（卷二　闲情记趣，p.96）

第一段是闺房论诗。先列举历代著名诗人之诗风，后比较李白杜甫诗之差异，语言练达，是一段精彩的诗评。第二段是园亭布置。作者“小中见大，大中见小，虚中有实，实中有虚”的做法，对今日园林设计颇有启发，也令读者透过这种逸趣体味出知识分子清心寡欲、追求真美的高雅性情。

该小说的写作颇有“性灵”作品之风格。所谓“性灵”即作品中所表现出来的自然天性和本真心灵。《浮生六记》的作者和他的妻子，“两位平常的雅人”，在简朴的生活中，一起追求美丽，虽然穷困潦倒，饱受生活的折磨，但“一意求享浮生半日闲的清福”（译者序），反映了受中华传统文化熏陶的中国知识分子历经人生磨难仍然热爱自然、追求真美的人生态度。“性灵”的诗学主张系由清代诗人袁枚首倡。与前朝相比，其自然观和审美观又进了一个层次。“性灵”的体现往往不掺和社会因素，也不寄寓个人悲欢离合或抑郁不平的感慨。作者在对自然山水的直接摹写的过程中，融入的是个人的真情挚爱。他们对自然的关照非常直接，剔除了诸如宗教观念、社会功利、生活思辨的介引而径入山水，使审美日光和山容水态在顷刻间发生关系，表现出一种纯美的境界。①《浮生六记》中，妻子芸竟然在神诞之夜女扮男装，赴会观“花照”，并时有游遍天下名山的“不守妇道”的想法，都是因为她太爱真太爱美；虽然饱尝了“坎坷之愁”，但对自然的热爱和对美的追求不带有任何家境窘迫、人心险恶之感叹，亦未把山

① 徐同林. 中国文学人文风景. 呼和浩特：内蒙古人民出版社，1999：232.

水当成体玄悟道的载体。这种美的境界,也是林语堂一直崇尚并在现实生活中希冀达到的。

二、林语堂与《浮生六记》

林语堂出生于福建的一个清贫的乡村牧师家庭。从小学到大学都是在教会学校受的免费教育。他自己说,我知道犹太人约书亚吹倒耶利哥城的故事,却不知孟姜女哭夫哭倒长城的传说。他为自己对中国文化的无知感到羞愧。1916 年圣约翰大学毕业后,他去清华大学任教,开始"补"国文课。他认真研读《红楼梦》,与博学的书店老板攀谈。在国外留学期间(1919—1923 年),还研读了大量中国古代典籍;回国后他办中文杂志,自己写评论,并开始从事英文写作和翻译。1936 年又去美国、法国开始近 30 年国外生活,1965 年回台北。林语堂一生近 35 年是在国外度过的,他用其功力颇深的英文向西方人讲述东方文化,并时时用地道的西方譬喻来解释东方典故。他追求闲适、自然,崇尚本真、近情。他认为:"悠闲产生自一种经过了文学的熏陶和哲学的认可的气质。它是由于酷爱人生而产生,并受了历代浪漫文学潜流的激荡,最后又有一种人生哲学——可称它为道家哲学——承认它为合情理的态度。"他认为现世就是人生的"乐园","大自然的景色,声音,气味和味道与我们的视觉,听觉,嗅觉,味觉等感官,有一种完美的,几乎是神秘的协调"(《生活的艺术》)。他欣赏道家哲学,寻求庄子"思之无涯,言之滑稽,心灵无羁绊"的境界。他说:"凡做什么事我一生都不愿居第一的。这也许是我血液里含有道教徒原素。""也许在本性上……我是个无政府主义者,或道家。"(《林语堂自传》)尽管他浸染在西方基督教文化之中,但其作品和言谈都体现出浓郁的中国文化情结,尤其是中国文人崇尚的道家的文化精神和处世之道。①

小说《浮生六记》所反映出来的中国文人的性格气质和处世态度正印

---

① 郭著章,等. 翻译名家研究. 武汉:湖北教育出版社,1999:79-109.

合了林语堂的人生态度和性情。林语堂在其“译者序”中写道：“在这故事中，我仿佛看到中国处世哲学的精华在两位恰巧成为夫妇的生平上表现出来”，和“那种爱美、爱真的精神，和那中国文化最特色的知足常乐、恬淡自适的天性”，“在他们之前，我们的心气也谦和了，不是对伟大者，是对卑弱者，起谦恭畏敬，因为我相信淳朴恬退自甘的生活，是宇宙间最美丽的东西”。正是这种精神情感上的共鸣，促使林语堂“发愿”将它“译成英文，使世人略知中国一对夫妇之恬淡可爱生活”①。

三、林语堂翻译《浮生六记》的缘起

中国传统文化是一种“德性文化”，强调道德原则与实际生活的统一，即道德原则不能脱离日常生活，日常生活之中必须体现道德原则。对知识分子则要求“文”“德”一致，并重在文章的道德教化功能和为人的人格价值。中国传统译论根植于中国传统文化，其对人文因素的关照，体现在除了对翻译主体的双语能力、学识修养的要求外，对其性格气质也提出了要求，强调译者所选择的翻译作品要与译者自身的个性气质相一致。郭沫若曾批评：“我国的译书家今天译一部威铿，明天译一部罗素，今天译一本泰戈儿，明天译一本多时妥逸夫司克，即使他们是天生的异才，我也不相信他们有这样速成的根本研究。”②要求译者在选择翻译对象时要量力而行。郁达夫论述自己的翻译选择标准时说，“非我爱读的东西不译”，“译本在可能的范围以内，当使像是我自己写的文章，原作者的意思当然也是顾到的，可是译文文字必使像是我自己做的一样”③，可见他强调翻译过程中译者和作者主观感情的融合。傅雷指出：“选择原作好比交朋友：有的人始终与我格格不入，那就不必勉强；有的人与我一见如故，甚至相

---

① 沈复．浮生六记（*Six Chapters of a Floating Life*）．林语堂，译．北京：外语教学与研究出版社，1999：330．

② 郭沫若．理想的翻译之我见//罗新璋．翻译论集．北京：商务印书馆，1984：331．

③ 转引自：陈福康．中国译学理论史稿．上海：上海外语教育出版社，1992：277．

见恨晚。"[①]傅雷还认为，选择一部翻译作品，最好还是看作品与自己的气质是否相符。林氏所选译的《浮生六记》就是这样一位"一见如故"的"朋友"，不仅是他"素好"和"深爱"的，而且与其为文为人的风格气质十分契合。

林语堂认为："翻译于用之外，还有美一方面须兼顾的，理想的翻译家应当将其工作做一种艺术。以爱艺术之心爱它，以对艺术谨慎不苟之心对它，使翻译成为美术之一种(translation as a fine art)。"[②]可见，林语堂将翻译作为一门艺术来做，以对艺术的心态对待翻译作品，以艺术家的手笔雕琢出译本，就如其以审美的心态去享受生活一样。林语堂所倡的"美"的翻译标准与他的性格气质、生活态度得到了完美的统一。

四、林语堂的翻译策略

德国语言学家施莱尔马赫(Schleiermacher)认为，翻译策略总的来看只有两种：一种是译者尽量不干扰原作者，让读者向他靠拢；另一种是译者尽量使原作者靠近读者。[③] 韦努蒂(Venuti)在此基础上，提出了翻译策略中的归化(domestication)和异化(foreignization)。归化的译法就是译文语言文体自然流畅，没有翻译的痕迹，似原作者用译语进行的创作，译文读者读来没有陌生感。而异化的翻译则使读者在阅读译本时感觉到语言和文化上的差异，如身处异国环境，颇有陌生感。《浮生六记》的翻译，由于林氏炉火纯青的英文加上他深谙东西文化，使他能非常熟练地驾驭两种文字，归化和异化运用自如。

(1)余笑曰："卿非解人，摸索在有意无意间耳。拥而狂探，田舍

---

① 傅雷．翻译经验点滴//罗新璋．翻译论集．北京：商务印书馆，1984：626．

② 林语堂．论翻译//罗新璋．翻译论集．北京：商务印书馆，1984：430．

③ 转引自：Venuti，L．*The Translator's Invisibility*：*A History of Translation*．London and New York：Routledge，1995：19-20．

郎之所为也。”(p. 66) / The beauty of caressing lies in doing it naturally and half unconsciously. Only a country bumpkin will hug and caress a woman roughly.

(2)几之高低,自三四寸至二尺五六寸而止;必须参差高下,互相照应,以气势联络为上。(p. 86) / The stands for the vases should be of different height, from three or four inches to two and a half feet, so that the different vases at different heights would balance one another and belong intimately to one another as in a picture with unity of composition .

(3)惠来以番饼二圆授余,即以赠曹。曹力却,受一圆而去。(p. 158) / Hueilai gave me two Mexican dollars which I gave to Ts'ao, but Ts'ao would not take them; only after my insistence did he receive one dollar before going away.

为了达到归化,以上 3 例林氏置换了文化意象,拉近了与读者的距离。上文提到的“园亭布置”一段,其翻译也很归化,语言自然流畅,似乎不是翻译,而是英文原作。请看后半段的翻译:

...In the big, open spaces, plant bamboos that grow quickly and train plum-trees with thick branches to screen them off. This is to show the small in the big. When a courtyard is small, the wall should run in a series of convex and concave lines, decorated with green, covered with ivy and inlaid with big slabs of stone with inscriptions on them. Thus when you open your window, you seem to face a rocky hillside, alive with rugged beauty. This is to show the big in the small. Contrive so that an apparently blind alley leads suddenly into an open space and a closet-like door forms the entrance into an unexpected courtyard. This is to provide for the real in the unreal. Let a door lead into a blind courtyard and conceal the view by placing a few bamboo trees and a few rocks before it. Thus you suggest something which is not there. Place low balustrades along the top of a wall so as to suggest a roof garden. This is to provide for the unreal in the real.

译语是现今英语用法(current usage),表达流畅(fluency),译者仿佛隐身不见(invisibility),翻译变得"透明"(transparency),原意仿佛直接通过目的语表达出来。但为了向西方介绍中国文化,林氏也采取了异化的方法。如:

(4)其形削肩长项,瘦不露骨,眉弯目秀,顾盼神飞,唯两齿微露,似非佳相。(p.6) / Of a slender figure, she had drooping shoulders and a rather long neck, slim but not to the point of being skinny. Her eyebrows were arched and in her eyes there was a look of quick intelligence and soft refinement. The only defect was that her two front teeth were slightly inclined forward, which was not a mark of good omen.

(5)君或体有不安,妾罪更重矣。(p. 162)/ Take good care of yourself and increase not the burden of my sins.

中国传统的美女形象在英文中并不显美,"两齿微露,似非佳相"可能也难为外国读者所理解。"夫病妻之罪"原语读者明了,但译文读者未必能解。这里译者不作任何解释,相信读者能够通过上下行文的字里行间领会到背后的文化内涵。

可见,归化和异化的翻译策略在翻译中并非各自单一运行。翻译策略上的选择受制于翻译主体的翻译目的,翻译目的又受制于翻译主体的人生态度和个性气质。林语堂翻译的《浮生六记》就是翻译主体与原文主人公人生态度上的契合及个性气质上的相近而带来的产物。

(葛校琴,国防科技大学;季正明,南京国际关系学院;原载于《解放军外国语学院学报》2001年第4期)

翻译适应选择论与林语堂英译《浮生六记》

翟红梅　张德让

内容提要:本文运用翻译适应选择论,以译者对需要的适应/选择为视角,分析林语堂英译《浮生六记》,旨在说明 20 世纪 30 年代林语堂英译《浮生六记》是其对外部需要——当时汉语世界对西方文学作品的需求、西方对中国人生活艺术的渴盼,以及自我表达的内心需要的适应与选择的结果。

关键词:林语堂,需要,适应,选择,《浮生六记》

一、引　言

20 世纪 70 年代之后,西方翻译研究出现重要转折,文化研究取向盛行。翻译研究的文化转向发现了译者,译者的主体性成为翻译研究的新课题,但直至胡庚申提出"译者为中心"的翻译适应选择论,译者才被推至中心,其主体地位和作用才得以实质性地凸显。胡庚申借用达尔文生物进化论中"适应/选择"学说的基本原理和思想,从译者的角度把翻译定义为"译者适应翻译生态环境的选择活动"。这个定义表明,翻译活动中无论是"适应"还是"选择",都是由"译者"完成的:适应——是译者的选择性适应;选择——是译者的适应性选择;译者集适应与选择于一身①。根据

① 胡庚申. 从"译者主体"到"译者中心". 中国翻译,2004(3):15.

该理论,译者的适应/选择主要可分为:译者对“需要”“能力”与“翻译生态环境”的适应/选择[①]。

近年来,越来越多的学者开始关注林语堂的翻译家身份,已发表的以林语堂英译《浮生六记》为研究对象的学术论文近 20 篇,但多数属微观性的翻译内部研究,很少涉及翻译文本《浮生六记》的选择,只有极少数的文章考虑到译者林语堂在翻译文本选择中的重要作用。本文将运用翻译适应选择论,从译者对需要的适应/选择这一视角出发,以林语堂英译《浮生六记》为个案研究对象,旨在说明 20 世纪 30 年代林语堂英译《浮生六记》是其对外部需要及自身的内心需要的适应与选择的结果。译者林语堂对“能力”与“翻译生态环境”的适应/选择将另文阐述。

二、译者对外部需要的适应与选择

1. 林语堂对源语(汉语)世界需要的适应与选择

20 世纪初,一场号称“小说界革命”的文学运动,以及之后的新文化运动,揭开了中国文学史上崭新的一页。“中国的新文学尚在幼稚时期,没有雄宏伟大的作品可资借镜,所以翻译外国的作品,成了新文学运动的一种重要工作。”[②]这时,自 19 世纪末开始的外国文学译介就愈加兴盛,并在 20 世纪二三十年代达到空前繁荣。当时的中国文学、文化处于弱势地位,急需翻译引进外国文学作品。以鲁迅为代表的绝大多数作家、翻译家在此文学、文化转型期间为丰富中国文化而从事着外译汉的翻译工作。

而林语堂则相反。他更致力于汉外翻译[③],着重对外传播中国文化。相对于汉语世界对西方文化的强烈需求,他更关注于西方文化对中国文

---

① 胡庚申. 翻译适应选择论. 武汉:湖北教育出版社,2004:101.

② 王建开. 五四以来我国英美文学作品译介史(1919—1949). 上海:上海外语教育出版社,2003:62.

③ Baker, M. *Encyclopedia of Translation Studies*. Shanghai: Shanghai Foreign Language Education Press, 2004: 372.

化的需求。这是由其成长环境、教育经历所决定的。林语堂出生于福建龙溪,幼时受闽南乡土文化、其家庭及教会学校的基督教文化影响很大。上海圣约翰大学的 4 年生活(1913—1916)使其更广泛地接触了西方文化。之后,在 4 年(1919—1922)的美、法、德留学生涯中,他又更广泛地涉猎了西方文化。由此可见,以基督教为核心的西方文化在林语堂人格构成中具有重要作用和意义。

2. 林语堂对译语(西方)世界需要的适应与选择

从 20 世纪初到第二次世界大战,西方世界历经了一战、工业扩张及经济萧条等重要历史时期,政治、经济等变化迅速。文学,作为反映政治和经济生活的手段,也在发生着翻天覆地的变化,西方出现了现代主义思潮。"这个时期的文学作品无论在内容还是在形式上都发生了巨大的变革。西方学者为摆脱传统的束缚,为探索新的表达方式,必然转向他们所熟悉的文化传统以外的东方世界去寻找出路。"①

美国女作家赛珍珠(1892—1973)作为个案可以说明当时西方世界对东方文化、文明的需求及其从东方世界所汲取的文学元素。赛珍珠常年定居中国,熟知中国人的特性,中国古典文学造诣深厚,能较有效地将中国文化介绍给西方。她受益于中国小说的研究,形成了自己质朴、率真的独特写作方式和风格。这为西方学者带去了新的表达方式。她 1931 年发表的以中国农村为背景、表现中国农民疾苦的长篇小说《大地》成为畅销书,获得 1932 年的美国普利策奖和 1938 年的诺贝尔文学奖。这一文学现象显示了该时期的美国文学兼收并蓄的广博胸怀,也表明了以美国为中心的西方世界及其读者欢迎并期待中国文化的译介。

赛珍珠在向西方介绍中国文化方面的贡献杰出,但作为一名外国作家,要全面深入了解中国历史、社会和文化,并将其原汁原味地介绍给西方绝非易事。于是,她想找一位中国作家,既能用英语写作,又"不致跟本国人民隔膜太远有若异国人然,而同时又须立于客观的地位,其客观的程

---

① 刘岩. 中国文化对美国文学的影响. 石家庄:河北人民出版社,1999:4.

度足以领悟全部人民的旨趣”[①]。她偶然读到林语堂的英语小品文，发现了其文学才力和创造潜力，就动员他把用英文写作介绍中国的书送美国出版。而这为满足林语堂“两脚踏东西文化”的宏愿创造了机会。

大多数研究者认为，林语堂的座右铭“两脚踏东西文化，一心评宇宙文章”表达了他对东西文化不偏不倚的态度。但较早评价林语堂的唐弢先生认为，林语堂是“用西洋传教士的眼睛”来看中国人、中国文化，看中国儒家、道家的[②]。陈旋波认为，“汉学心态是透视林语堂思想特质的重要角度”[③]。林语堂的“两脚踏东西文化”有轻重之分，轻在中国文化，重在西方文化。其文化观是被西方文化，尤其是基督教文化浸润滋养塑造而成的。

为实现自己“两脚踏东西文化”的宏愿，在名作家赛珍珠的推荐下，林语堂于 1933 年冬开始酝酿《吾国与吾民》，并于 1934 年完成写作。该书以西方世界的读者为对象，介绍和阐述了中国社会和中国文化，知识内涵丰富，文笔生动幽默，对不了解中国国情的西方读者来说起到了振聋发聩的作用。该书出版后立即成为畅销书。其中的第九章“生活的艺术”在美国反响颇为热烈。

三、译者对自我表达需要的适应与选择

翻译适应选择论借用达尔文进化论中“适者生存”学说，认为个体在适应生态环境的过程中有着主观能动性，能自我决定、自我选择以何种方式去适应。

林语堂选择先翻译《浮生六记》而非写作《生活的艺术》，既是满足西方文化对中国人生活艺术渴盼的外部需要，同时也是满足其自我表达的

---

① Buck, S. P. Introduction. In Lin, Y. T. *My Country and My People*. Beijing: Foreign Language Teaching and Research Press, 2000: 12.

② 唐弢. 西方影响与民族风格. 北京:人民文学出版社,1989:311.

③ 陈旋波. 汉学心态:林语堂文化思想透视. 华侨大学学报(哲学社科版),1997(4):68.

内心需求。《浮生六记》洋溢着浓郁的东方情调:“雪可赏,雨可听,风可吟,月可弄,山可观,水可玩,云可看,石可鉴”,是“最令西人听来如痴如醉之题目”①;所反映的日常生活的审美情趣能满足西方读者了解中国生活艺术的需求;同时,能带给当时生活在高度“物化”和“异化”的资本主义社会的西方读者以新鲜的艺术体验。而其作者沈复及其妻子崇尚自然、淡泊功名、潇洒真率的生活态度体现了中国人“旷怀达观、高逸退隐、陶情遣兴、涤烦消愁之人生哲学”②,也符合林语堂的人生态度和性情。翻译该书可满足林语堂在当时特定心境下自我表达的内心需要。

1. 林语堂的人生哲学与《浮生六记》

《浮生六记》是清朝沈复所写的回忆生平(主要是与亡妻陈芸的婚恋生活)的笔记体作品。小说作者与其妻陈芸为两位平常的雅人,他们的生活反映了中国文化特有的知足常乐、恬淡自适的天性。他们虽穷困潦倒,但仍追求浮生半日闲的清福,表现出了中国知识分子历经人生苦难仍热爱自然、追求真美的人生态度。这与林语堂的闲适人生哲学相契合。林语堂在乐感文化之下有着强烈的悲剧意识,他说过:“大概世事看得排脱的人,观览万象,总觉得人生太滑稽,不觉失声而笑。”③林语堂从沈复和陈芸身上发现了快乐度日的奥秘。他在《浮生六记》译者序中说道:“……我相信淳朴恬适自甘的生活(如芸所说‘布衣菜饭,可乐终身’的生活),是宇宙间最美丽的东西。在我翻阅重读这本小册之时,每每不期然而想到这安乐的问题。在未得安乐的人,求之而不可得,在已得安乐之人,又不知其来之所自。读了沈复的书每使我感到这安乐的奥妙,远超乎尘俗之压迫与人身之痛苦——这安乐,我想,很像一个无罪下狱的人心地之泰然,也就是托尔斯泰在《复活》里所微妙表出的一种,是心灵已战胜肉身了。

---

① 万平近. 林语堂评传. 重庆:重庆出版社,2001:232.

② 万平近. 林语堂评传. 重庆:重庆出版社,2001:232.

③ 林语堂. 会心的微笑//林语堂. 林语堂名著全集(第14卷):行素集 披荆集. 长春:东北师范大学出版社,1994:159.

因为这个缘故,我想这对伉俪的生活是最悲惨而同时是最活泼快乐的生活——那种善处忧患的活泼快乐。”①

林语堂的人生哲学与《浮生六记》中沈复夫妇的不谋而合,使得翻译《浮生六记》能满足林语堂的自我写作、自我表达的内心需要。

2. 林语堂当时的心理状态与《浮生六记》

林语堂选择在1935年译出《浮生六记》,不仅源于他对沈复夫妇的深爱和同情,而且也源于其当时特定的心理状态。

在清华大学和北京大学工作期间(1916—1919、1923—1926),林语堂积极投身于五四运动和新文化运动,站在爱国青年一边,走在当时文化、文学阵营的前列,敢于同封建势力及其代言人做斗争。但得知奉军张宗昌占领北京,杀害编辑邵飘萍和林白水,且自己被列入54名左翼教授的逮捕名单中时,他胆怯了,随之逃离北京。1926年暑期,林语堂赶往厦门大学任教。1927年年初,他来到武汉的国民政府任外交部秘书,第一次走上仕途。做了6个月后,他“对那些革命家也感到腻烦”②。于是,离开武汉,来到文化人、文学家聚集之地上海,开始专门从事写作。

1933年,林语堂的侄子林惠元遭枪杀,林氏的朋友杨杏佛遭暗杀。这在林语堂的心理上留下了浓重的阴影,他向往远离政治的自然世界里的安乐生活。而这与沈复在《浮生六记》中表现出的他对小世界的向往相一致。

《浮生六记》中关于童年生活的回忆及其作者醉心于园艺、假山等艺术创造活动的事实表现了沈复对小世界的向往。“他老是想逃进一个小世界中,以缓解现实的压力:他不是碰巧遇上这样一个世界,沈复是打算去发现一个或者建造一个这样的世界。当他想象自己变得很小,而外物变得很大时,他的愿望就在幻想中实现了:他逃离了现实世界,获得了属

① 沈复. 浮生六记(汉英对照). 林语堂,译. 北京:外语教学与研究出版社,1999:19.

② 林语堂. 林语堂自传. 西安:陕西师范大学出版社,2005:120.

于自己的无限空间。”①而向往“林中乐自知”的林语堂从沈复身上看到了自己，并与之产生了精神上的共鸣。林语堂也想通过翻译《浮生六记》来满足自我逃离纷乱的现实世界的心理需求。

四、结束语

本文以翻译适应选择论为理论框架，在分析 20 世纪 30 年代汉语世界对西方文学作品的需求、西方对中国人生活艺术的渴盼，以及译者林语堂自我表达的内心需要的基础上，阐明林语堂英译《浮生六记》是其对当时中西文化的外部需求及其自我表达的内心需要的适应与选择的结果。与汉语世界对西方文学作品的需求相比，立足于西方文化的林语堂更关注西方文化对中国文化的需求及自我表达的内心需求，从而选择英译《浮生六记》。

（崔红梅，张德让，安徽师范大学外国语学院；原载于《外语学刊》2009年第 2 期）

① 王峰.《浮生六记》：沈复和他的小世界. 语文建设，2002(11)：19.

林译《浮生六记》研究中存在的问题

李　平

内容提要：林语堂翻译的《浮生六记》(1939 年译本)至今仍为翻译研究者和翻译学生奉为经典，作为中译外和跨文化翻译的模本，可见其作品之影响力。但是，另一方面也反映了当前林语堂翻译研究和中译外研究的局限性，因为林的 1942 年译本几乎从未被提及。本文以林语堂所译《浮生六记》的两个不同版本(1939 年、1942 年)为例，通过实证研究，指出两译本的差异，进而凸显当前《浮生六记》研究中存在的问题。希望本研究能引起国内外学者的关注，促进林语堂翻译研究的进一步发展。

关键词：林语堂，《浮生六记》，译本，目的，读者

一、《浮生六记》英译本简介

《浮生六记》的翻译研究在中国翻译界风靡一时。《浮生六记》的英译，自然是以林语堂先生的译本 *Six Chapters of a Floating Life* 最为著名。可是，绝大多数读者不知道，林语堂的《浮生六记》有多个译本(如 1935 年、1939 年、1942 年)。国内学生和研究者一般把北京外语教学与研

究出版社 1999 年出版的版本,也即上海西风社 1939 年版本①,作为学习和研究对象,殊不知,还有更多译本。比如,牛津大学出版社 1960 年出版的 *Chapters from a Floating Life*(译者为 Shirley M. Black)、企鹅出版社 1983 年出版的 *Six Records of a Floating Life*(译者为 Leonard Pratt 和江素惠)、译林出版社 2006 年出版的《浮生六记》(汉英对照版,译者为 Leonard Pratt 和江素惠)(见附录)。而兰登书屋 1942 年出版的林语堂译文更是很少人提及。

二、《浮生六记》翻译研究现状

傅文奇曾以"题名=林语堂"为检索式,在期刊网检索到 1994—2004 年间论文 366 篇。其中"翻译"主题长期被学术界忽略,直到 21 世纪才引起重视。24 篇论文中,22 篇是 2000 年后发表的,而且以《浮生六记》的翻译研究为主。② 笔者最近四年(每年 1 月 7 日检索)连续关注中国期刊网上"林语堂研究"情况,发现"翻译"研究呈上升趋势(从 8.65% 上升到 13.11%),林语堂的翻译观、翻译技巧、审美取向等方面都有不同程度的涉及。但是,与傅文奇在 2006 年的研究发现一样,仍以《浮生六记》的翻译研究为主(见表 1)。

表 1　2009—2012 年林语堂"翻译"研究论文统计(篇)

中国期刊网关键词搜索	2009 年	2010 年	2011 年	2012 年
林语堂	1098	1272	1436	1579
林语堂 + 翻译	95	129	165	207
林语堂 + 浮生六记	62	95	114	136

每年发表的研究林语堂翻译的论文中,一大半是针对《浮生六记》翻

① 沈复. 浮生六记(汉英对照). 林语堂,译. 北京:外语教学与研究出版社,1999. 经核对,外研社 1999 年出版的版本,与 1939 年西风社版本内容完全一致。

② 傅文奇. 近十年来林语堂研究的统计与分析. 福建论坛,2006(5):102-105.

译的研究。一方面，林语堂翻译的《浮生六记》至今仍为翻译研究者和翻译学生奉为经典，作为中译外或跨文化翻译的模本，可见其作品之影响力。但是，另一方面也体现了林语堂翻译研究和中译外研究的局限性。笔者研究发现，林语堂谈及翻译理论的文章多达 20 篇，林语堂的译著多达 22 部。但是，几乎所有的论文，提起林语堂翻译理论，不外乎《论翻译》和《论译诗》；提起林语堂的译作，不外乎 1939 年版的《浮生六记》。林语堂的自译至今很少得到关注，林语堂的翻译批评方法和观点至今无人提及。

然而，即使对《浮生六记》的翻译研究，也不够深入。林译曾以多种版本出版——据笔者所知，至少有四种版本。林语堂在 1935 年先译完了这本书，在《天下月刊》连载；《天下月刊》发刊前，林语堂“前后易稿不下十次”。在“《天下》发刊后，又经校改”[①]，于 1936 年在《西风》上以英汉对照形式连载，1939 年由上海西风社出版汉英对照单行本。1942 年林语堂把英译文删节后，收录在《中国与印度之智慧》里。总之，1935 年至 1942 年间，林语堂多次修改译文，其中改动最大的为 1939 年版本和 1942 年版本。1936 年汉英对照版是在 1935 年译本的基础上，林语堂做了少量修改后形成的。故在 1936 年《西风》第 1 期第 74 页，林语堂特别提醒读者：“《浮生六记》译文虽非苟且之作，但原非供汉英对照之用，未免有未能字句栉比之处，阅者谅之。”然而，研究者均以外语教学与研究出版社 1999 年版(即 1939 年译本)为研究对象，或研究该译本本身，或与其他译者的译本比较，分别进行总括性述评、译者研究、翻译策略研究、译本对比研究、文化视角的研究、文学视角的研究、语言学视角的研究[②]。但是，这些研究忽略了该文本的读者对象，更忽略了林语堂本人曾针对不同读者而产生的多个译本。这些疏忽误导了他们的研究结果，也误导了后来的研究者和读者。本文以林语堂所译《浮生六记》的两个不同版本(1939 年、

① 沈复．浮生六记(汉英对照)．林语堂，译．上海：西风社，1939：326．

② 文军，邓春．国内《浮生六记》英译研究：评述与建议．当代外语研究，2012(10)：57．

1942 年)[①]为例,通过实证研究,指出两译本的差异,进而凸显当前《浮生六记》研究中存在的问题。

三、因人而异、因地制宜产生不同译本

就翻译方法而言,“因人而异”,意为因读者不同而采取不同的翻译办法;“因地制宜”,意为根据不同地区的具体情况酌定适宜的翻译办法。无论是依据中国的“因人而异,因地制宜”原则,还是依据严复翻译的“物竞天择,适者生存”法则,或者依据胡庚申以达尔文“适应/选择”说为理论支撑而演变出的“翻译适应选择论”,还是依据图里(Toury)的翻译系统准则或者弗米尔(Vermeer)的翻译目的论,好的译者一般都会根据不同的读者、不同的语境、不同的翻译目的而产生不同的译本。反之,不同译本会吸引不一样的读者。一般说来,汉译英的读者应该是不懂中文的英语读者。然而,一本中英对照的书可供三类不同的读者阅读:一类是只懂中文的;另一类是只懂英文的;第三类就是中英文都通的读者。第三类人还可再分为两种:语言学习者,他们通过中英对照学习语言;语言研究者,他们研究两种文字转移过程中的得与失。尽管翻译目的都是为了“使世人略知中国一对夫妇之恬淡可爱生活”[②],但是林语堂根据目标读者的不同,因人而异、因地制宜地采取了不同的翻译策略。

以日期为例,我们可以窥见林语堂是如何因人而异、因地制宜产生不同的翻译的。阴历在中国有悠久历史,直到 1912 年,孙中山在南京就任中华民国临时大总统时,才宣布中国改用世界通用公历,也叫阳历、新历。从此,阳历、阴历在中国并用。如何翻译古典文学中的日期,是照旧译成阴历还是转换成阳历?《浮生六记》原文有 89 处用到“月”字,其中 34 处

---

① 沈复. 浮生六记(汉英对照). 林语堂,译. 上海:西风社,1939; Shen, F. Six Chapters of a Floating Life. Lin, Y. T. (trans.). In Lin, Y. T. (ed.). *The Wisdom of China and India*. New York: Random House, 1942.

② 沈复. 浮生六记(汉英对照). 林语堂,译. 上海:西风社,1939:326.

与日期有关,都是农历或阴历。1939 年译本有 76 个“moon”,其中 43 个前面有序数词,与日期有关;而 1942 年译本只有 53 个“moon”,其中 20 个前面有序数词,与日期有关。1939 年译本中阴历日期比中文原文多,是因为原文中有些日期不用“月”字来表示,如“中秋日”“七夕”“重阳日”“重九日”等(见表 2)。

表 2 林语堂的两个《浮生六记》译本中的日期翻译比较

原文	译文 1(1939 年译本)	译文 2(1942 年译本)
是年七夕	on the seventh night of the seventh moon of that year (1939: 27)	on the seventh night of the seventh moon of that year [1780] (1942: 975)
中秋日	on the fifteenth of the eighth moon, or the Mid-Autumn Festival (1939: 33)	on the fifteenth of the eighth moon, or the Mid-Autumn Festival (1942: 977)
重阳日	on the Double Ninth Festival Day (1939: 179)	on the festival of the ninth day of the ninth moon (1942: 1019)
重九日	on the Double Ninth Festival Day (1939: 191)	on the ninth day of the ninth moon (1942: 1022)

1942 年译本中,林语堂似乎有意识地用阳历月份取代阴历月份,例如:“此乾隆乙未七月十六日也。”1939 年译为:This was on the sixteenth of the seventh moon in the year 1775. (p. 5)而 1942 年译为:This was on July 16 in the year 1775. (p. 969)把这两个译本做全部比较,笔者发现:1939 年译本林语堂使用的是阴历,与原文是一致的;1942 年译本林语堂有意识地改动了一些,把绝大部分月份都改成阳历,但是仍保留了中国传统节日的阴历和具体日子(某月某日)的阴历。如“是年七夕”全部译为 on the seventh night of the seventh moon of that year①。

---

① 沈复. 浮生六记(汉英对照). 林语堂,译. 上海:西风社,1939:27; Shen, F. Six Chapters of a Floating Life. Lin, Y. T. (trans.). In Lin, Y. T. (ed.). *The Wisdom of China and India*. New York: Random House, 1942: 975.

许多研究者都把1939年译本[1]作为中译外和跨文化翻译的研究对象。其实,1939年版本与其说是为外国人所译,不如说是为中文语境里的读者而译。如林语堂所言:“凡英汉对译,我很欢迎,因为便于青年自修之用。我向来读书主自修,反对替先生念书。成绩好的都是靠自修。”[2]林语堂的英汉对照书(《浮生六记》只是其中一本)的首要目的是为帮助中国读者学习英语。他认为这种书“实在是有益青年的书”[3]。在中国语境里,林语堂作为一个中英文双语专家,他有权决定译什么,怎么译,并根据翻译目的和读者对象决定翻译策略。他当然要考虑出版社的要求和图书的销量,但是他更注重自己作为译者的责任和该译本可能对自己声誉带来的影响。因此,他更多地受到中文(原文)翻译准则的约束(subjection to source culture norms),即忠实于原文。考虑到读者能够看懂原文,译者的首要选择是译文的准确性(adequate translation)。

1942年译本为绝大部分研究者所忽略,因为它不是单行本,而是收录在 *The Wisdom of China and India* 里,该书是为英文语境里的读者而编,在美国出版。在西方语境里,林语堂不但要考虑出版社的要求和图书的销量,而且受译语规范的约束(subjection to target culture norms)。鉴于读者不懂原文或者读不到原文,他更多考虑英语普通读者的接受能力和译文的可读性(acceptable translation)。该译本前三章已经达到其翻译目的,即“使世人略知中国一对夫妇之恬淡可爱生活”[4],而第四章(“浪游记快”,The joys of travel)记述作者一生的游历,有大量中国人名、地名,西方读者难以理解,而且与夫妻生活(翻译目的)关系不大。因此,第四章有大量删节。经笔者研究发现,1939年译本有45408字,而1942年译本只有39140字,可见,译者的1942年译本对某些内容进行了删节,主要是在第四章部分。

---

① 其实是外研社的1999年版本。

② 林语堂. 无所不谈. 台北:开明书店,1974:751.

③ 林语堂. 无所不谈. 台北:开明书店,1974:751-752.

④ 沈复. 浮生六记(汉英对照). 林语堂,译. 上海:西风社,1939:326.

四、后译优于前译

子曰:“吾十有五而志于学,三十而立,四十而不惑,五十而知天命,六十而耳顺,七十而从心所欲,不逾矩。”(《论语 · 为政》)一般情况下,一个人随着年龄的增长,他的知识水平和思想境界是不断提高的。就翻译而言,译者的翻译能力和生活阅历也会随着年龄增长而增长,对原文的理解能力和译文的表达能力都有提高。尽管林语堂“前后易稿不下十次”,1939 年译本还是有一些错误没有纠正过来。一般说来,后译本总是在前译本的基础上有所突破。因此,林语堂的 1942 年译本应该比 1939 年译本更准确。例如:“有**西人**赁屋于余画铺之左,放利债为业。”[①]周劭[②]在《葑溪寻梦》中提到,这个“西人”,林语堂“在《天下月刊》发表时译为 Western(洋人)”,他不知在嘉庆、道光之前,“西人”指三晋人士(山西人),而非洋人。周劭曾向林语堂指出这个错误。该译文如下:

> 1939 年译文:There was **a European** who had rented a house on the left of my art shop, and used to lend money at high interest for his living.(1939: 137; 1999: 139)
>
> 1942 年译文:There was **a Shansi man** who had rented a house on the left of my art shop, and used to lend money at high interest for his living.(1942: 1006-1007)
>
> (黑体为笔者所加,下同)

林语堂的 1939 年译本错误依旧,但是 1942 年译本改正过来了。遗憾的是,后来的译者都没有注意到这个问题,继续错下去。比如,2006 年译林版“今译”错译为“有一个**西域人**在画铺左边租赁了房子,以放高利贷

---

① 沈复. 浮生六记(汉英对照). 林语堂,译. 上海:西风社,1939:138.

② 周劭. 葑溪寻梦. 苏州:古吴轩出版社,1999:10.

为业"[①],英译也错了:

> 译林版:There was **a Westerner** who had rented the house to the left of my painting shop. He made his living by lending out money at interest.[②]

译者显然意识到这是个难题,在注释中提及,可惜于事无补。

> 译林版注释:The 'Westerner' is one of the greater puzzles Shen Fu gives us. The characters he uses are those normally used to describe a European, a non-Chinese person; but a European money-lender is Soochow in 1800 stretches all probability. We can only guess, but perhaps the author was referring to a Tibetan, a Mongol, or a person of another of the West China minority races.[③]

因此,有些读者指出林的1939年译本存在这样或那样的问题,其实,林语堂自己可能早已意识到,并在1942年译本中改正了过来。

五、结　论

不少研究者(如刘嫦[④]、孙会军[⑤]、黎土旺[⑥],恕不一一列举)仅仅研究了林语堂《浮生六记》的一个译本(即1939年译本),就得出林语堂倾向于

---

① 沈复.浮生六记(汉英对照).白伦,江素惠,英译.汪洋海,今译.南京:译林出版社,2006:112.

② 沈复.浮生六记(汉英对照).白伦,江素惠,英译.汪洋海,今译.南京:译林出版社,2006:112-113.

③ 沈复.浮生六记(汉英对照).白伦,江素惠,英译.汪洋海,今译.南京:译林出版社,2006:273.

④ 刘嫦.也谈归化和异化.外语学刊,2004(2):98-103.

⑤ 孙会军.从《浮生六记》等作品的英译看翻译规范的运作方式.解放军外国语学院学报,2004(3):67-71.

⑥ 黎土旺.文化取向与翻译策略——《浮生六记》两个英译本之比较.外语与外语教学,2007(7):53-55.

归化或者异化、准确性或者可读性的翻译方法，说服力恐怕是不够的，甚至可能是错误的。只有通过比较同一译者对同一作品的不同翻译，并找出具体的实例，如上文提到的日期的译法，我们才能说，这个译者 1939 年的译本倾向于准确性——我们不能因为几处错译，如上文“西人”的翻译，就否认译者对准确性的追求，而 1942 年的译本倾向于可读性。林语堂译《浮生六记》时针对读者的不同选择，为我们提供了具体的实例，说明了一篇译文的异化与归化、准确性与可读性，是个相对概念，没有绝对的归化与异化、准确性与可读性。译本与译本之间的异化与归化、准确性与可读性，只有程度之别，而非种类异同。绝对的归化或者异化、准确性或者可读性都算不上好的真正的翻译。译者翻译过程中应该因人而异、因地制宜地选择翻译方法，而不是死守一种。希望本研究能引起国内学者的关注，促进林语堂翻译研究的进一步发展。

《浮生六记》英译中还有很多值得探讨的问题，比如，书中多处提到“番银”，这“番银”从何而来？是中国银圆？还是外国银洋？林语堂都译为“Mexican dollars”[①]，而译林版皆译为“coins of barbarian silver”[②]，到底该怎么译？这些都值得继续探讨。

---

① 沈复. 浮生六记(汉英对照). 林语堂，译. 上海：西风社，1939：157，237；Shen，F. Six Chapters of a Floating Life. Lin，Y. T.(trans.). In Lin，Y. T. (ed.). *The Wisdom of China and India*. New York：Random House，1942：1012.

② 沈复. 浮生六记(汉英对照). 白伦，江素惠，英译. 汪洋海，今译. 南京：译林出版社，2006：127，191.

附录(所有图片均来自网络)：

1939 年西风社版

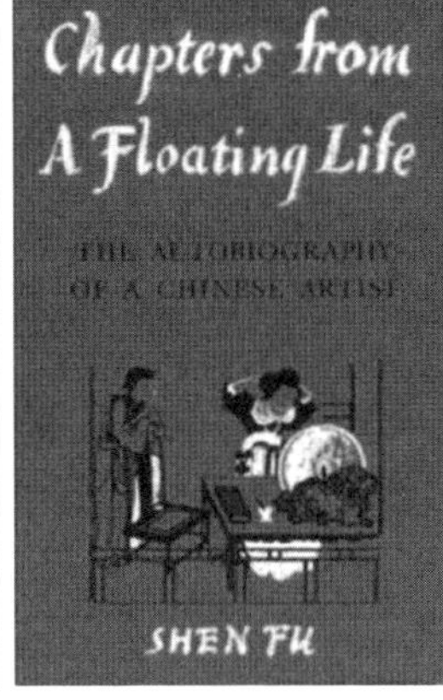

1960 年牛津版

1983 年企鹅版

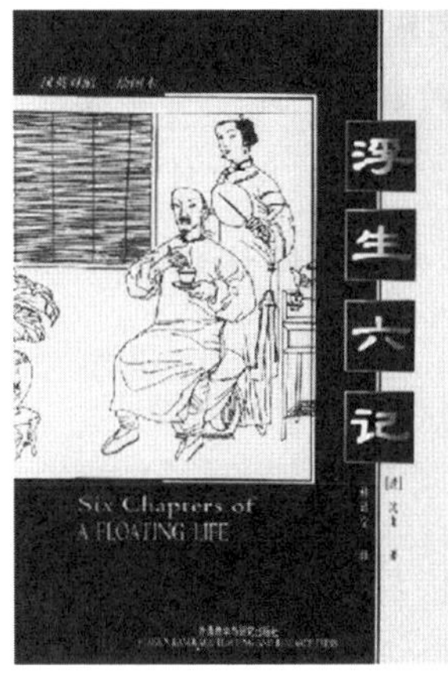

1999 年外研社版

2006 年译林版

(李平，南京农业大学外国语学院；原载于《江苏外语教学研究》2013 年第 2 期)

林语堂与《红楼梦》的翻译[①]

李　平

内容提要:中国双语作家林语堂也是一位红学家,其作品《平心论高鹗》提出了独到的观点,其仿《红楼梦》的作品《京华烟云》更是广为世人所熟知。最近先后有专家提出:林语堂翻译了《红楼梦》。这是最新发现还是伪作?本文基于大量的一手文献,论证了林语堂对《红楼梦》的翻译实践。作者认为,林语堂的确翻译了《红楼梦》的部分内容,且译文优美,但是,基于种种原因,林语堂未能完成整部译作。即便如此,林语堂的译文仍然值得引起红学研究者的关注。

关键词:林语堂,《红楼梦》,《京华烟云》,翻译,创作

王兆胜说:"对 20 世纪中国作家来说《红楼梦》是一个重大存在,这表现在几乎所有作家都读过或了解它;也表现在他们的创作或多或少都受了它的影响;还表现在有不少作家倾心和迷醉于它,并形成强烈的'《红楼梦》情结'。"[②]林语堂就是其中之一,他坦然承认自己"读《红楼梦》,故后来写作受《红楼梦》无形之熏染,犹有痕迹可寻"[③]。众所周知,《京华烟云》

---

① 编者注:本文是国内最早探讨林语堂对《红楼梦》翻译的研究,为研究者提供了大量史料。不少研究者据此线索,做出了新发现、新成果。这里有部分改动。

② 王兆胜.《红楼梦》与 20 世纪中国文学. 中国社会科学,2002(3):149.

③ 林语堂. 我怎样写《瞬息京华》//陈子善. 林语堂书话. 杭州:浙江人民出版社,1998:345.

(*Moment in Peking*,林语堂自译为《瞬息京华》)就是模仿《红楼梦》而写的。林语堂自己毫不避讳地说:“重要人物约八九十,丫头亦十来个。大约以红楼人物拟之,木兰似湘云(而加入陈芸之雅素),莫愁似宝钗,红玉似黛玉,桂妹似凤姐而无凤姐之贪辣,迪人似薛蟠,珊瑚似李纨,宝芬似宝琴,雪蕊似鸳鸯,紫薇似紫鹃,暗香似香菱,喜儿似傻大姐,李姨妈似赵姨娘,阿非则远胜宝玉。”①不仅如此,王兆胜还指出,林语堂的“生活道路、文学创作、学术研究、文化理想、审美意趣,甚至包括生命意识,都深深地打上了《红楼梦》的印痕”②。对此的相关研究有很多,却很少有人探讨林语堂对《红楼梦》的翻译。

本文无意继续探讨《红楼梦》对《京华烟云》创作的影响,而是想探讨林语堂对《红楼梦》的翻译,因为笔者经过大量一手文献资料的积累,发现林语堂在创作之中、闲暇之余,翻译了不少《红楼梦》的内容。

一、翻译《红楼梦》缘起:20世纪30年代末

林语堂是因1935年出版的《吾国与吾民》一书在美国畅销而受邀赴美的。该书中有十多处谈到《红楼梦》,而在“小说”一节中所论最多。在该书中,林语堂译介了《红楼梦》的部分内容。例如,第一回的“满纸荒唐言,一把辛酸泪。都云作者痴,谁解其中味”:

> These pages tell of babbling nonsense,
> A string of sad tears they conceal.
> They all laugh at the author's folly;
> But who could know its magic appeal?③

---

① 林语堂. 林语堂致郁达夫信//林语堂. 瞬息京华. 郁飞,译. 长沙:湖南文艺出版社,1991:784.

② 王兆胜. 林语堂与红楼梦. 河北学刊,2008(6):116.

③ Lin, Y. T. *My Country and My People*. New York: John Day, 1935: 270.

和第一百二十回的结尾：

> 那空空道人听了，仰天大笑，掷下抄本，飘然而去，一面走着，口中说道："果然是敷衍荒唐！不但作者不知，抄者不知，并阅者也不知。不过游戏笔墨，陶情适性而已！"后人见了这本传奇，亦曾题过四句为作者缘起之言更转一竿。云："说到辛酸处，荒唐愈可悲。由来同一梦，休笑世人痴。"
>
> Hearing what he said, the monk threw the manuscripts down on his table and went away laughing, tossing his head and mumbling as he went: "Really it contains only babbling nonsense. Both the author himself and the man who copies it, as well as its readers, do not know what is behind it all. This is only a literary pastime, written for pleasure and self-satisfaction." And it is said that, later on, someone wrote the following verse on it:
>
> When the story is sad and touching,
> Then sadder is its tomfoolery.
> But we are all in the same dream,
> Do not sneer at its buffoonery.①

《生活的艺术》则是《吾国与吾民》内容的延续，是林语堂旅美专事创作后的第一部书。在谈"中国人的家族理想"时，林语堂引用了《红楼梦》第二回借冷子兴之口、贾宝玉之言表达的一种看法："女儿是水做的骨肉，男人是泥作的骨肉。"(Woman is made of water and man is made of clay.)②在谈到"性灵派"时，林语堂认为林黛玉也属于该派，因为她认为"若是果有了奇句，连平仄虚实不对都使得的"(《红楼梦》第四十八回)(When a poet has a good line, never mind whether the musical tones of

① Lin, Y. T. *My Country and My People*. New York: John Day, 1935: 270.
② Lin, Y. T. *The Importance of Living*. New York: John Day, 1937: 182.

words fall in with the established pattern or not.)[①]。《生活的艺术》于1937年在美国出版,次年便居美国畅销书排行榜榜首达52周,且接连再版40余次,并为10余种文字所翻译。经济上的宽裕让林语堂有精力重新考虑出国前的翻译计划——"拟翻译五六本中国中篇名著"[②]。

于是,1937年年底,林语堂应兰登书屋(Random House)之约,开始编译《孔子的智慧》(*The Wisdom of Confucius*,林语堂自译为《孔子哲言》)一书,1938年"正月间拼命将书译完"[③]。该书出版后受到美国广大读者欢迎,好评如潮。该书作为西方读者了解孔子及其学说的入门之作,为促进西方读者了解中国传统文化起到了重要作用。林语堂觉得意犹未尽,有意再译一本。这次,他选择了《红楼梦》。

据林如斯回忆:"一九三八年的春天,父亲突然想起翻译《红楼梦》,后来再三思虑而感此非其时也,且《红楼梦》与现代中国距离太远,所以决定写一部小说。"[④]尽管最终面世的是一本仿《红楼梦》的《京华烟云》,但是,林语堂仍然通过引用方式翻译了《红楼梦》不少内容。林语堂曾说:"我不自译此书则已,自译此书,必先把《红楼梦》一书精读三遍,揣摩其白话文法,然后着手。"[⑤]为什么要精读《红楼梦》三遍才能翻译好《京华烟云》呢?因为林语堂在其小说中翻译了大量《红楼梦》的内容,若翻译《京华烟云》,必然涉及大量回译。没有精读过《红楼梦》的读者,对于书中谈及《红楼梦》或者引用《红楼梦》的地方,恐怕难以发现或者欣赏。比如,木兰引用了《红楼梦》第三十八回中薛宝钗的咏螃蟹诗:"眼前道路无经纬,皮里春秋空黑黄。"(Mulan replied at once, "Doesn't the poem about the crab

① Lin, Y. T. *The Importance of Living*. New York: John Day, 1937: 391.

② 林语堂. 关于《吾国与吾民》//林语堂. 林语堂名著全集(第18卷):拾遗集(下). 长春:东北师范大学出版社,1994:299.

③ 林语堂. 在美编《论语》及其他//林语堂. 林语堂名著全集(第18卷):拾遗集(下). 长春:东北师范大学出版社,1994:325.

④ 林如斯. 关于《瞬息京华》//林语堂. 瞬息京华. 郁飞,译. 长沙:湖南文艺出版社,1991:798.

⑤ 林语堂. 谈郑译《瞬息京华》. 宇宙风,1942(113):115.

in *Red Chamber Dream* say: The roads and ways before its eyes are neither straight nor across; The spring and autumn in its shells are black and yellow in vain.")①

林语堂还两次引用了《红楼梦》第五回宝玉在宁府上房看见的一副对联，此联是朱子理学的座右铭："世事洞明皆学问，人情练达即文章。"

> 林语堂译文 1：
>
> The affairs of the world, well understood, are all scholarship;
> Human relationships, maturely known, are already literature. ②
>
> 林语堂译文 2：
>
> The World's affairs, well understood, are all scholarship.
> Human relationships, maturely experienced, are already literature. ③

再看看其他几个《红楼梦》译者的译文：

> 王际真译文：
>
> To know through and through the ways of the world is Real Knowledge;
> To conform in every detail the customs of society is True Accomplishment. ④
>
> 杨宪益译文：
>
> A grasp of mundane affairs is genuine knowledge;
> Understanding of worldly wisdom is true learning. ⑤

---

① Lin, Y. T. *Moment in Peking*. New York: John Day, 1939: 250.

② Lin, Y. T. *Moment in Peking*. New York: John Day, 1939: 219.

③ Lin, Y. T. *Moment in Peking*. New York: John Day, 1939: 288.

④ Wang, C. C. (trans.). *Dream of the Red Chamber*. New York: Anchor Books, 1958: 39.

⑤ Yang, X. Y. & Yang, G. (trans.). *A Dream of Red Mansions*. Beijing: Foreign Languages Press, 1978/1994: 87.

霍克思译文：

True learning implies a clear insight into human activities. Genuine culture involves the skillful manipulation of human relationships. [①]

比较以上译文，可以发现几个译文的内容都比较忠实于原文，形式上也基本做到了上下句词性相同、句式相同。但是，林语堂的译文，不仅形式上与原文结构对等，而且用词简洁明快、有力量，很好地保持了原文的风格。

The world's affairs, well understood, are all scholarship;
世事 洞明 皆 学问
Human relationships, maturely known/experienced, are already literature.
人情 练达 即 文章

这种表达方式与其文学观、翻译观有关。林语堂说："在我写作时，所有会话，是故意以中文想象出来，然后译英。如此始使西洋读者读时如阅中文译品，得中文意味耳。"[②]所以，尽管《京华烟云》是用英文写的，但是，林语堂希望作品能够保留中国的异域情调——不仅在内容上，而且在形式上。

二、再续《红楼梦》翻译梦：20 世纪 50 年代初

《红楼梦》的重要译本，都产生于 20 世纪，先后出现三次翻译波。第一波出现在 20 年代，王良志译本于 1927 年在美国纽约出版，王际真译本于 1929 年在英美出版。第二波出现在 50 年代，麦克休译本于 1957 年在

---

① Hawkes, D. (trans.). *The Story of the Stone* (*Vol. I*). Harmondsworth: Penguin, 1973: 126.

② 林语堂. 我怎样写《瞬息京华》//陈子善. 林语堂书话. 杭州：浙江人民出版社，1998：347.

纽约出版，1958年再版；同时，王际真的译本也刊出第二版[①]。第三波出现在70年代，产生了著名的霍译本（译者：David Hawkes & John Minford）和杨译本（译者：杨宪益和戴乃迭）。林语堂无缘第一波，但是第二波和第三波本来都有机会赶上，可惜与之擦肩而过。

据林语堂二女儿林太乙的哥伦比亚大学同学、著名红学家唐德刚回忆：

> 五十年代之初，林语堂先生正在翻译《红楼梦》。我问林公，那第三十三回"不肖种种大受笞挞"中，宝玉向个老妈妈说："老爷要打我了……要紧，要紧！"谁知这老妈妈是个聋子，她听成"跳井，跳井"，因而宝玉未能找到救兵而被爸爸大大地揍了一阵。这故事如何翻译呢？林先生说他是这样译的：宝玉对老妈妈说："Very important! Very important!"老妈妈听成"Very innocent! Very innocent!"所以宝玉就被打得皮开肉绽，累得"老祖宗"也要回南京去了。[②]

原文是这样的：

> 正盼望时，只见一个老姆姆出来。宝玉如得了珍宝，便赶上来拉他，说道："快进去告诉，老爷要打我呢。快去，快去。要紧，要紧。"宝玉一则急了，说话不明白；二则老婆子偏生又聋，竟不曾听见是什么话，**把"要紧"二字只听作"跳井"二字**，便笑道："跳井让他跳去，二爷怕什么？"[③]

宝玉急着搬救兵——**要紧**，而老婆子认为他说的是金钏儿自杀——**跳井**。此处的关键是要翻译出"要紧"和"跳井"两个词语的谐音效果。唐德刚提起往事，当然是赞赏林语堂的翻译水平之高，而贬赛珍珠翻译《水

---

① 江帆. 他乡的石头记：《红楼梦》百年英译史研究. 上海：复旦大学博士学位论文，2007：73.

② 唐德刚，译. 胡适口述自传. 北京：华文出版社，1992：272.

③ 曹雪芹. 红楼梦. 北京：人民文学出版社，2003：350. 本文所有《红楼梦》引文均出自该版本。

浒传》之差。常言道:没有比较就没有鉴别。我们对比一下当前影响最大的霍译本和杨译本:

杨宪益译文:

"Go in quick!" he cried. "Tell them the master's going to beat me. Do hurry! This is urgent! " He was too terrified to speak distinctly and the old woman, being hard of hearing, **mistook the word "urgent" for "drowning."** "She chose drowning herself," she told him soothingly. "What does it matter to you?"①

霍克思译文:

'Quickly!' he said. 'Go and tell them that Sir Zheng is going to beat me. Quickly! Quickly! Go and tell. GO AND TELL.' Partly because agitation had made him incoherent and partly because, as ill luck would have it, the old woman was deaf, almost everything he said had escaped her except for **the 'Go and tell', which she misheard as 'in the well'**. She smiled at him reassuringly. 'Let her jump in the well then, young master. Don't you worry your pretty head about it!'②

(黑体为作者所加)

杨宪益采取直译的方法,按字面意思译作 mistook the word "urgent" for "drowning",貌似忠实,其实十分牵强附会,因为英语 urgent 和 drowning 之间完全没有原文"要紧"和"跳井"那样的谐音效果。老婆子虽然有点聋,但是她不可能将两个不相关的词语混在一起。霍克斯为照顾后文("跳井")而改动前文("要紧"),避开"要紧"二字,改写为 go and tell

① Yang, X. Y. & Yang, G. (trans.). *A Dream of Red Mansions*. Beijing: Foreign Languages Press, 1978/1994: 657.

② Hawkes, D. (trans.). *The Story of the Stone* (*Vol. II*). Harmondsworth: Penguin, 1977: 147.

(去告诉别人),因而与后面的“跳井”(in the well)二字形成了很好的谐音,但是这显然不忠实于原文。林语堂的翻译最妙,important 和 innocent 很巧妙地把原文的谐音与意义结合起来,有效地传达出原文的韵味,不仅达意,而且传神,完全符合如其所说的“忠实于原文之字神句气与言外之意”①,简直令人叹为观止。

林语堂 50 年代翻译《红楼梦》在林太乙的《林语堂传》中同样得到了佐证。1958 年 10 月,林语堂第一次访台,受到蒋介石接见,两人“竟大谈起《红楼梦》之译述问题来”②。林语堂在 1960 年出版的《古文小品译英》(*The Importance of Understanding*)收录了两篇选自《红楼梦》的译作:《黛玉葬花诗》(Taiyu Predicting Her Own Death)③和《凤姐说茄子鲞》(Eggplant Terrine)④。70 年代初,林语堂应《译丛》(*Renditions*)主编高克毅(又名:乔志高)之约,为刊物写了一篇《红楼梦赏析》(Lin Yutang's Appreciation of *The Red Chamber Dream*),并翻译了《红楼梦》第一回第一大段。⑤

林语堂自 30 年代起开始翻译《红楼梦》,晚年一直研究《红楼梦》,从他发表的作品(包括遗作)来看,他应该还在翻译,因为最后的《红楼梦人名索引》(1976 年)应该是其英译本的附录。如果林语堂能够多活几年,我们也许能够看到一个比较满意的译本问世。

---

① 林语堂. 论翻译//林语堂. 语言学论丛. 上海:开明书店,1933:335.

② 林太乙. 林语堂名著全集(第 29 卷):林语堂传. 长春:东北师范大学出版社,1994:252.

③ Lin, Y. T. *The Importance of Understanding*. Cleveland and New York: The World Publishing Company, 1960: 140-142.

④ Lin, Y. T. *The Importance of Understanding*. Cleveland and New York: The World Publishing Company, 1960: 283-284.

⑤ Lin, Y. T. Lin Yutang's Appreciation of *The Red Chamber Dream*. *Renditions*, 1974(2): 23-30.

三、《红楼梦》翻译余绪

林语堂是否最终完成了《红楼梦》的翻译？这似乎是个悬而未决的问题。先后有多人提出林语堂翻译了《红楼梦》，但是始终不见真迹。

台湾刘广定于 2006 年首先提出林语堂已经完成《红楼梦》的翻译并出版："实际上，林语堂在 1954 年 2 月在纽约已译成《红楼梦》的英文本，1973 年 11 月在香港定稿。"[①]证据是他发现了从林语堂译本转译的日文译本。后来，林语堂研究专家冯羽也提到，"佐藤亮一还译有一册林语堂的红学著作，名为《红楼梦》，其出版社和出版岁月不详"[②]。冯羽还指出，日本林语堂研究专家合山究把林语堂的创作分期时，指出林语堂晚年回到台湾和香港后，除散文和文学批评之外，还"用英文翻译了《红楼梦》"[③]。2013 年又有人提出林语堂翻译了《红楼梦》："他的这本于 1973 年 11 月定稿于香港的英译本《红楼梦》是节译本，全书共 66 章。"[④]他甚至指出其中的 27 章取自后 40 回，令人不得不信以为真。

但是，笔者曾在香港城市大学从事林语堂研究多年，充分利用其可以借阅全球图书的便利条件，搜遍全世界林语堂研究的中英文资料，并没有找到《红楼梦》的林译本。本着"有一分证据，说一分话"的原则，既然至今无人拿出林语堂的英译本，我们就无法确定该英译本和日译本是真译还是伪译。

---

① 刘广定．大师的零玉：陈寅恪胡适和林语堂的一些瑰宝遗珍．台北：秀威信息科技股份有限公司，2006：168．

② 冯羽．日本"林学"的风景——简评日本学者合山究的林语堂论．世界华文文学论坛，2009(1)：42．

③ 冯羽．日本"林学"的风景——简评日本学者合山究的林语堂论．世界华文文学论坛，2009(1)：44．

④ 王吴军．林语堂终生痴迷《红楼梦》．炎黄纵横，2013(12)：60．

四、结 语

唐弢曾贬低《京华烟云》的创作价值，说这一“小说几乎全部是《红楼梦》的模仿和套制……他学《红楼梦》，学得很认真，但这一学，却反而让《红楼梦》将他的作品比了下来”①。但是，翻译版的《红楼梦》恐怕永远达不到创作版的《京华烟云》在国外的受欢迎程度。对《红楼梦》译本在西方传播情况的调查发现，即使是得到中外研究者一致首肯的霍译本，虽然“以其可读性强的同时又是带有汉学家译介所特有的学术含量的全译本面貌，赢得了西方汉学同行的夸赞和西方普通知识分子与文学爱好者的青睐”，但是，不可否认的是，“对于西方没有太多教育背景或成年后很少从事文化、教育事业的那一部分普通读者而言，霍克思的《石头记》显然过于繁复与冗长”②。也就是说，无论是霍译本还是杨译本，都无法从文学殿堂走入普通读者的卧室。以林语堂对《红楼梦》的认识、他的英文写作技巧及在西方读者中的影响力，如果《红楼梦》有林译本，其在西方的影响力当不只如此。

应该说，林语堂完全有时间完成《红楼梦》的翻译。第一，用他发明创造中文打字机的时间(1946—1947)和精力，他完全可以翻译完《红楼梦》；第二，用他为新加坡南洋大学付出的时间(1954—1955)和精力，他也可以完成《红楼梦》的翻译；第三，在香港中文大学赞助下，他花费五年时间，于1972年完成出版了《当代汉英词典》，满足了他数十年的心愿，他仍可用几年的时间完成另一个心愿：翻译《红楼梦》。但是，晚年的体弱多病和大女儿林如斯的离世都成为其继续工作的障碍，最终未能如愿。

林语堂对《红楼梦》进行了长期的研究，并翻译了《红楼梦》的部分章

---

① 唐弢．林语堂论//子通．林语堂评说七十年．北京：中国华侨出版社，2003：267．

② 王丽耘．“石头”激起的涟漪究竟有多大？——细论《红楼梦》霍译本的西方传播．红楼梦学刊，2012(4)：215．

节,这是毋庸置疑的。问题是:他的译本是否最终成型?目前发现的所谓林译本是否属实,还是假借林语堂之名?当张爱玲生前未发表的文稿一件一件与世人见面时,我们不禁想到林语堂。在他的写作与翻译生涯中,一定有不少作品未与世人谋面。他自己毁掉了不少,出版社毁掉了一些,但是相信他家人和台北林语堂故居一定保留了相当一部分。我们期待着林语堂未刊作品的挖掘。[①]

(李平,南京农业大学外国语学院;原载于《红楼梦学刊》2014 年第 4 期)

---

① 作者补充说明:本文于 2014 年 8 月发表,南开大学博士生宋丹(现在湖南大学外国语学院工作)可能根据本文提供的线索,经过多方打听,最终于 2014 年年底在日本某图书馆发现了林语堂翻译《红楼梦》手稿,具体内容见《日藏林语堂〈红楼梦〉英译原稿考论》(2016)。因本文发表在前,手稿发现在后,因此原文照旧,不做改动。

日藏林语堂《红楼梦》英译原稿考论[①]

宋　丹

内容提要：根据对日本所藏林语堂《红楼梦》英译原稿的实地调查研究，考察了这份原稿的面貌与篇章结构；考证了林语堂的翻译时间和使用底本；论述了林语堂的翻译策略和翻译风格。

关键词：林语堂，《红楼梦》，英译

一、原稿面貌与篇章结构

林语堂《红楼梦》英译原稿装在一个底色为棕绿色、带黑色细条纹的油皮纸包裹里，是从香港用航空包裹的形式邮寄到日本的。在油皮纸中央所贴白色包裹单的左右两边均有用蓝色油性笔手写的收信人信息，是分别用繁体汉字和英文书写的佐藤亮一的联系地址及其姓名；包裹单左上端还有英文印刷体的寄件人地址，该地址最顶端是用蓝色油性笔手写的“Lin”。油皮纸的右上端贴了四张印有英国女王伊丽莎白二世头像的邮票，其中，面值为 20 港元的 2 张、10 港元的 1 张、1 港元的 1 张。

---

① 编者注：本文是国内外第一篇详细介绍林语堂《红楼梦》英译原稿的文章，具有重大历史意义。林语堂翻译《红楼梦》盛传许久，终于得以证实，宋丹功不可没。假以时日，林语堂英译的《红楼梦》必将成为新的研究热点。

稿子是用打字机打出来的,单面打印,一共 860 张,厚约 9cm。稿纸长 27.5cm、宽 22cm,版心长 22cm,宽 15cm。稿件里有林语堂不同时期用黑色水笔、黑色圆珠笔、黑色油性笔、蓝色水笔、蓝色油性笔修改的大量笔记,其中尤以黑色水笔所作笔记最多且遍布全稿。另外还有一些用铅笔和红色圆珠笔所做的笔记,以日文为主,应该是佐藤亮一在翻译时所作。

佐藤亮一用铅笔在原稿的书名页记载“11.23(金)[①]”“1973”“1-835”,在第 29 章第一页用铅笔记载“Received 23, November/73”;林语堂在第 29 章第一页用黑色圆珠笔记载“Package 2, pp. 353-835”。可见原稿是分“开头—第 28 章”(第 1-352 页)、“第 29 章—结尾”(第 353-835 页)两包,于 1973 年 11 月 23 日寄到佐藤亮一处的。

在原稿的书名页,林语堂将《红楼梦》的书名译为“The Red Chamber Dream”,“The”和“Red Chamber Dream”分上下两行书写。他还在这个书名下面用括号标注了“A Novel of a Chinese Family”(一部中国家庭的小说)。紧接在书名下是“By Tsao Shuehchin”(曹雪芹著)、“Translated and Edited by Lin Yutang”(林语堂译、编)。

原稿含 Introduction(前言)、Author's Preface(作者自序)、Prologue(序幕)、1—64 章、Epilogue(尾声)五部分。分为七册,是对原著一百二十回的编译。其中,作者自序至第 38 章对应原著前八十回,译文章数[②]与对应原著回数之比为 0.5,译文正文所用稿纸为 482 张,平均每回用稿纸 6.025 张;第 39 章至尾声对应原著后四十回,译文章数与对应原著回数之比为 0.675,译文正文所用稿纸为 346 张,平均每回用稿纸 8.65 张。由此可见林语堂对后四十回的重视程度。这与他在《平心论高鹗》中所持的后四十回系高鹗据曹雪芹原作的遗稿补订的主张[③]和他对后四十回文笔的赞赏是紧密相关的。

---

① 这里的“金”是日语里星期五(金曜日)的略写。经查,1973 年 11 月 23 日的确是星期五。

② 此处计算时,将作者自序与序幕各算一章,尾声算一章。

③ 林语堂. 林语堂文集(第 15 卷):平心论高鹗. 北京:群言出版社,2010:95.

佐藤亮一的日文转译本将林语堂原稿的七册改为四册，每册大标题与各章小标题均有大的改动，但章节数和各章内容未变。刘广定[1]和张丹丹[2]均已根据日译本将林语堂译稿每一章大致对应的原著章节作了梳理，本文不再赘述。日藏原稿具体的篇章结构与各册、各章标题如表 1 所示。

原稿注释采用了脚注形式。原始脚注总计 133 条。其中，林语堂后来修改时删去了 17 条；起先删去、后来又决定保留的 4 条；起先删去、后来犹豫是否保留的 2 条。脚注主要是对译文里涉及的中国传统文化因素的解释说明和林语堂本人对某些原著人物或情节的见解。

表 1　日藏林语堂《红楼梦》英译原稿篇章结构与各册、各章标题及中文含义

分册与各册标题	章次	各章标题
Book One Boyhood （少年时代）	Introduction （前言）	I. A Great Novelist（一位伟大的小说家）
		II. The Hero and the Symbol（主人公与象征）
		III. Tsao Shuehchin（曹雪芹）
		IV. Problems of Translation（翻译的问题）
	Author's Preface （作者自序）	
	Prologue （序幕）	
	Chapter 1	The House of Jia（贾家）
	Chapter 2	The Beloved Orphan（心爱的孤儿）
	Chapter 3	"What is a Murder?"（何为谋杀？）
	Chapter 4	The Gold Locket and the Jade Pendant（金锁与宝玉）
	Chapter 5	Boyhood Experiences（少年经历）

① 刘广定．大师遗珍．上海：文汇出版社，2008：151-155．

② 张丹丹．林语堂英译《红楼梦》探．红楼梦学刊，2015(2)：319-331．

续表

分册与各册标题	章次	各章标题
Book Two Youth's Morning (青年的早晨)	Chapter 6	The Magnarama Garden(大观园)
	Chapter 7	Maid or Monitor?(侍女还是监控者?)
	Chapter 8	"Why am I a Porcupine?"(为何我不受欢迎?)
	Chapter 9	Her Royal Highness Returned(贵妃省亲)
	Chapter 10	Amitie Concealed a Tuft of Hair(平儿隐藏一绺青丝)
	Chapter 11	Seeing Through a Veil(透过面纱来看)
	Chapter 12	Girls Could be Cruel to One Another(女孩间的残忍)
	Chapter 13	The Unanswered Door(闭门羹)
	Chapter 14	Taiyu's "Prayer to Departing Flowers"(黛玉的《葬花吟》)
	Chapter 15	Poyu Met His Match(宝玉遇到对手)
	Chapter 16	Restoring Discipline in the Women's Chambers① (恢复闺阁秩序)
	Chapter 17	"Meimei, Put Your Doubts at Rest"(妹妹,你放心)
	Chapter 18	The Flogging(笞挞)
	Chapter 19	Shieren Looked Ahead(袭人深谋远虑)
	Chapter 20	How to Make Lotus Soup Taste Good(如何让莲叶羹美味?)
Book Three Tumult of Trumpets (骚动)	Chapter 21	Shieren's Promotion(袭人的晋升)
	Chapter 22	Crabs and Laurel(螃蟹和月桂)
	Chapter 23	Gold and Wooden Chopsticks(金筷子和木筷子)
	Chapter 24	The Young Nun(年轻的尼姑)
	Chapter 25	How Amitie was Wronged(平儿是冤枉的)
	Chapter 26	Reconciliation(和解)
	Chapter 27	No Fool Like an Old Fool(老糊涂)
	Chapter 28	Revelry in Snow(雪中的狂欢)
	Chapter 29	Sunburst Re-weaving the Peacock Coat(晴雯补孔雀裘)

① 在这一章的后半部分,林语堂原本还取了一个标题,为"Sunburst Loved the Sound of Tearing up Fans"。

续表

分册与各册标题	章次	各章标题
Book Four Rumblings (轰隆声)	Chapter 30	The First Onset(初次发病)
	Chapter 31	A Funeral is an Opportunity(葬礼是良机)
	Chapter 32	Phoenix Would be Model Wife(熙凤可以是模范妻子)
	Chapter 33	And Would Commit Murder(也能策划谋杀)
	Chapter 34	The Short Arc Descends(衰落的征兆)
	Chapter 35	Poyu Tried to Study(宝玉要学习)
	Chapter 36	The Raid of the Garden(抄检大观园)
	Chapter 37	Sunburst's Dismissal and Death(晴雯被逐和死亡)
	Chapter 38	Pocia Left the Garden(宝钗搬离大观园)
	Chapter 39	The High-Strung String Snaps(强弦崩断)
	Chapter 40	The Horse was Broken(野马上了笼头)
	Chapter 41	Blood! Blood! (血! 血!)
Book Five The Deception (骗局)	Chapter 42	Something in the Wind(山雨欲来风满楼)
	Chapter 43	So Unnecessary(毫无必要)
	Chapter 44	Respite(喘息)
	Chapter 45	Harbingers of Evil(恶兆)
	Chapter 46	Body without Soul(魂不附体)
	Chapter 47	The Deception(骗局)
	Chapter 48	Betrayal(背叛)
	Chapter 49	Mock Wedding(虚伪的婚礼)
	Chapter 50	"Poyu, how would you..."(宝玉,你好……)
Book Six The Crash (崩溃)	Chapter 51	Foreshadows(预兆)
	Chapter 52	The Deep, Fathomless Night of Remorse(深深的、无尽的悔恨之夜)
	Chapter 53	The Haunted Garden(幽魂出没的大观园)
	Chapter 54	The Crash(崩溃)
	Chapter 55	Fizzle(败落)

续表

分册与各册标题	章次	各章标题
Book Six The Crash (崩溃)	Chapter 56	The Night with Rosemary(与五儿共度之夜)
	Chapter 57	The Big Tree Falls(大树倒下)
	Chapter 58	Perilous Saintliness(危险的圣洁)
	Chapter 59	And Her Toils Shall Cease(她的劳累该终结了)
Book Seven Redemption (救赎)	Chapter 60	"The Twelve Beauties Jinling"—All Foretold(金陵十二钗——全部预言)
	Chapter 61	Between the Red Skirts and the Cloth(在霓裳羽衣间)
	Chapter 62	Revenge on the Innocent(报复于无辜)
	Chapter 63	Guarded Optimism(谨慎的乐观)
	Chapter 64	Redemption(救赎)
	Epilogue(尾声)	

原稿总计翻译了约40处原著里的诗词曲赋。含卷首诗“满纸荒唐言……”、《西江月》、《护官符》、宝玉陪同贾政游大观园时题的诗句、《葬花吟》、《题帕三绝》第三首、刘姥姥所念打油诗与所行酒令、《秋窗风雨夕》、芦雪广即景联句、真真国女孩所作五律、黛玉弹琴所吟唱的第四首曲子、宝玉悼念晴雯所作的词、妙玉扶乩的乩文、第一百二十回唱词“我所居兮、青埂之峰……”、卷末诗“说到辛酸处……”及其他零散韵文。佐藤亮一在日译本的书后注释里抄录了部分诗歌的林语堂的英文译文,但并不全,尤其是缺《葬花吟》《秋窗风雨夕》与芦雪广即景联句等重要韵文的英文译文。

原稿前言部分包括对作品、主人公与象征、曹雪芹、翻译四方面的评介或说明。作者自序相当于原著第一回“当日地陷东南”之前的楔子部分,但是原稿译文只到“说来虽近荒唐,细玩深有趣味”,缺少“却说那女娲炼石补天之时”至“当日地陷东南”之前的译文。在原稿作者自序的结尾处，佐藤亮一用铅笔标注了「○[①]稿につづく」(接○稿)、“It is told that”[②](据说)、「ヌケ」(脱落)，在原稿序幕结尾处，他再次用铅笔标注了「Author's Preface 欠」(作者自序缺)。然而，佐藤亮一的日文转译本里却没有缺少这部分内容，应该是林语堂在修订稿里已经补上了。从日文翻译篇幅来推断的话，缺少的部分大约相当于两张英文原稿，这两张原稿或许在台湾遗失的修订稿里可以看得到。除此以外，日藏原稿保存完好，未见任何纸张脱落或字迹不清之处。

另外，在原稿前言第三部分后有林语堂用黑色圆珠笔撰写的三页英文手写稿，是对曹雪芹的追加介绍，主要评介了 1954 年之后近 20 年里曹雪芹研究的新成果，其中谈到了周汝昌、吴恩裕两位学者的研究，尤其是重点介绍了吴恩裕在 20 世纪 70 年代初发现的《废艺斋集稿》。这三页手写稿是林语堂后加上去的，手写稿的笔迹连同分布在各章的林语堂的手写修改笔迹与台北林语堂故居所藏林语堂其他手写稿的笔迹相同，这也就证明了这份原稿的真实性。

二、翻译时间

林语堂的长女林如斯在为《京华烟云》撰写的序言《关于〈京华烟云〉》中记载：“一九三八年的春天，父亲突然想起翻译《红楼梦》，后来再三思虑而感此非其时也，且《红楼梦》与现代中国相离太远，所以决定写一部小说。”[③]这段记载为后来研究林语堂的诸多学者所引用或参考，如

---

① 此处有一字无法识别。

② “It is told that”应该是遗失原稿的首句的开头。

③ 林如斯．关于《京华烟云》//林语堂．京华烟云．张振玉，译．长春：时代文艺出版社，1987：3．

万平近、王兆胜、施建伟、李勇①等,用以说明林语堂未翻译《红楼梦》。不过,现在看来,林语堂当时并非放弃了《红楼梦》的翻译计划,而只是暂缓,先将全身心的精力投入到《京华烟云》的写作上。一年后,《京华烟云》出版。

那么,林语堂的《红楼梦》翻译工作又是何时开始、何时结束的呢?

林语堂在日藏原稿的译者前言结尾处记载了"February, 1954 New York"(1954 年 2 月于纽约)。这说明译稿的初稿应该是在 1954 年完成的。唐德刚在《胡适口述自传》的注释里也曾回忆,"五十年代之初,林语堂先生正在翻译《红楼梦》"②。

佐藤亮一在日文转译本的译者后记里记载:「一九七三年十一月、香港の林博士から、十余年の歳月をかけて翻訳された英文の"The Red Chamber Dream"が届いた。」③(1973 年 11 月,我收到了林博士从香港寄来的包裹,是他耗时十余年英译的《红楼梦》。)佐藤亮一所说的"耗时十余年"是指至初稿完成的 1954 年为止的"十余年",而不是指至他收到林语堂原稿的 1973 年为止。此点可从林语堂在 1954 年撰写的原稿前言第四部分"Problems of Translation"④(翻译的问题)中找到证据:"Over a dozen years ago, I made an analysis of the central story, and found it was quite possible to make such a version, without destroying the essential atmosphere or its grandiose effect."(十几年前,我对原著主要情节作了分析,发现翻译一个不破坏原著基本风格及其宏伟效果的版本出来是非常可能的。)如此可以推算,林语堂最早在《京华烟云》完成的

① 参见:万平近. 林语堂评传. 上海:上海远东出版社,2008:158; 王兆胜. 林语堂与中国文化. 北京:社会科学文献出版社,2007:200; 王兆胜. 林语堂大传. 北京:作家出版社,2006:222; 施建伟.《京华烟云》问世前后——《林语堂传》之一章. 中国现代文学研究丛刊,1992(4):116-126; 李勇. 本真的自由:林语堂评传. 江苏:南京师范大学出版社,2005:171-172.

② 唐德刚,译. 胡适口述自传. 北京:华文出版社,1992:272.

③ 林語堂,編. 紅楼夢④. 佐藤亮一,訳. 東京:六興出版社,1983:248.

④ 日藏林语堂《红楼梦》英译原稿,第 XVIII-XXIII 页。

1939 年之后、最晚在 1944 年之前就已启动《红楼梦》的翻译工作。

而在这十来年里，林语堂多次修改原稿。在译者前言第四部分里，他提到，"I have revised the manuscript at least five times, equal to the number done by the author"（跟原作者增删五次一样，我对译稿至少做了五次修改）。

不过他的修订工作并非止于初稿完成的 1954 年。

他在原稿第 56 章翻译到宝钗为使宝玉转移失去黛玉的伤痛而与宝玉同房的情节时，在注释里提到了俞平伯对这一情节的批评，但他对这种批评不以为然，并注明可参考 1958 年发表的《平心论高鹗》一文。这一注释不是打字机打印的，而是他手写添加上去的，这说明在 1958 年之后，林语堂仍在做译稿的修订工作。

而上文提到的他在原稿前言第三部分增加了对 1954 年之后近 20 年的曹雪芹研究新成果的评介，这说明直至 1973 年 11 月，他将原稿寄给佐藤亮一之前，仍在修改自己的译稿。并且，佐藤亮一在日文转译本的前言里还提到，「つづいて数ヵ月後に訂正箇所を示した包みがまた届き……」（紧接着几个月后，又一个指出译文更正之处的包裹寄过来了）。看来最终定稿是在 1974 年年初。

至此，可以初步推定林语堂的《红楼梦》翻译工作始于 20 世纪 30 年代末或 40 年代初，至 1954 年 2 月完成初稿，至 1974 年年初最终修订完毕。由此可见，林语堂并非像创作他的绝大部分作品那样，是集中一两年的时间去翻译《红楼梦》的，而是利用 30 余年里的空闲时间断断续续地翻译和修改的。毕竟这一翻译工作并非是应出版社之邀，而纯粹是出于他个人对《红楼梦》的喜爱。

三、底本考证

林语堂并未在原稿里交代自己是以什么版本作底本来翻译的，这就需要拿他的译文跟他翻译《红楼梦》时所能接触到的诸版本的异文进行文本比对和考证了。20 世纪 30 年代末、40 年代初至 1974 年年初，林语堂所能接触的抄本影印本包括有正戚序本、甲戌本、庚辰本、甲辰本、梦稿本，程刻本则包含程甲本、程乙本及这一系统内的本子。

从他编译的是一百二十回本来看，他的后四十回毋庸置疑是用了程刻本的。但他是一百二十回均用了程刻本呢？还是前八十回用了八十回抄本，后四十回用了一百二十回程刻本呢？答案是前者。因为笔者从他的翻译中发现了多处抄本无而程本有的内容。如程本第七十四回"惑奸谗抄检大观园　避嫌隙杜绝宁国府"里，有晴雯与王善保家的一段对话和凤姐听后的反应，但八十回抄本无。这段内容如下：

> 王善保家的也觉没趣儿，便紫胀了脸说道："姑娘，你别生气，我们并非私自就来的，原是奉太太的命来搜察你们。叫番呢，我们就番一番；不叫番，我们还许回太太去呢。那用急的这个样子！"晴雯听了这话，越发火上浇油，便指着他的脸说道："你说你是太太打发来的，我还是老太太打发来的呢。太太那边的人我也都见过，就只没看见你这么个有头有脸大管事的奶奶。"凤姐见晴雯说话锋利尖酸，心中甚喜，却碍着邢夫人的脸，忙喝住晴雯。那王善保家的又羞又气，刚要还言，凤姐道："妈妈，你也不必合他们一般见识，你且细细搜你的。咱们还到各处走走呢，再迟了，走了风，我可担不起。"王善保家的只得咬咬牙，且忍了这口气。①

而林语堂在译文第 36 章对这段内容做了详细的翻译：

> Mrs. Wang felt a little disconcerted. "Don't get excited," she said. "I've come by madam's order. If you will let me examine them, I will; if not, I can report to madam. There is no need to be angry."
>
> Sunburst was burning up. Pointing at her, she said, "You are

---

① 曹雪芹，高鹗. 程甲本红楼梦. 北京：书目文献出版社，1992：2005-2006. 本文所引《红楼梦》原文除专门注明外，均出自该版本。

sent by madam, and I am sent here by grandma'am! I have seen all the people working under madam, but have never yet seen a self-important, pompous fool like you!"

Phoenix secretly exulted at Sunburst's stinging words. On account of the duchess, however, she asked Sunburst to keep quite. Mrs. Wang was going to answer back, but Phoenix said to her, "Don't argue with her. Go ahead with your search. We have many houses to go yet, and I don't want the others to get wind of it ahead."①

此外,如程本第七十四回侍书回呛王善保家的话里有一句"你去了,叫谁讨主子的好儿,调唆着察考姑娘、折磨我们呢?"②,这句话在八十回抄本里是没有的,但日藏原稿第 36 章里却也有相对应的译文:"If you are gone, there will be nobody to fawn upon the duchess, spy on the young ladies and pester us."③

当然,属于抄本系列的一百二十回梦稿本里也有这些内容,且林语堂在《说高鹗手定的〈红楼梦〉稿》一文卷首就提到自己"新近购到《乾隆抄本百廿回〈红楼梦〉稿》"④,但梦稿本的影印本是 1963 年由中华书局出版的,在林语堂初稿完成的 1954 年之前,他还无从获得该本。

由此可知,林语堂在编译前八十回时,使用的也是程刻本。

下面要考证的是他使用的是程甲本还是程乙本。在这里,首先需要说明的一点是,程甲本和程乙本在时间与人物年龄上虽然存在异文,但由于林语堂在翻译时,调整了原著里的时间矛盾与人物年龄矛盾之处,所以无法轻易根据这些线索来考证底本。笔者仍然是从具体的文本细节入手来考证的。表 2 中,笔者根据程甲本与程乙本存在版本异文,且在林稿中

---

① 日藏林语堂《红楼梦》英译原稿,第 456 页。

② 曹雪芹,高鹗. 程甲本红楼梦. 北京:书目文献出版社,1992:2013-2014.

③ 日藏林语堂《红楼梦》英译原稿,第 460 页。

④ 林语堂. 林语堂文集(第 15 卷):平心论高鹗. 北京:群言出版社,2010:12.

又有对应译文的内容这一原则，在前八十回和后四十回里各选取了两处作为代表性论据。

表 2　程甲本、程乙本异文与日藏林语堂《红楼梦》英译原稿译文对照表

<table>
<tr><th>原著回次</th><th colspan="2">程甲本</th><th>程乙本</th></tr>
<tr><td rowspan="4">第二十一回</td><td colspan="2">平儿道：“他醋你使得，你醋他使不得，他原行的正，走的正，你行动便有坏心，连我也不放心，别说他呀。”①</td><td>平儿道：“他防你使得，你醋他使不得，他不笼络着人，怎么使唤呢？你行动就是坏心，连我也不放心，别说他呀。”②</td></tr>
<tr><td>林稿章次</td><td colspan="2">Chapter 10</td></tr>
<tr><td>林稿译文</td><td colspan="2">“She has the right to be suspicious, you don't,” replied Amitie. “She conducts herself properly, but you are always doing something sneaky. Even I don't trust you, not to speak of her.”③</td></tr>
<tr><td>林稿译文回译</td><td colspan="2">“她有权怀疑你，你无权怀疑她。”平儿答道：“她举止得当，而你总是干些鬼鬼祟祟的勾当。连我都不相信你，何况她。”</td></tr>
<tr><td rowspan="4">第三十二回</td><td colspan="2">袭人听了，吓得惊疑不止，只叫“神天菩萨，坑死我了！”便推他道：“这是那里的话，敢是中了邪，还不快去！”④</td><td>袭人听了，惊疑不止，又是怕，又是急，又是臊，连忙推他道：“这是那里的话？你是怎么着了？还不快去吗？”⑤</td></tr>
<tr><td>林稿章次</td><td colspan="2">Chapter 17</td></tr>
<tr><td>林稿译文</td><td colspan="2">Shieren was completely horrified. “O Buddha! I am punished!” She thought to herself. She tried to jerk him awake. “What are you talking? Have you come under the weather? Your father is waiting for you!”⑥</td></tr>
<tr><td>林稿译文回译</td><td colspan="2">袭人完全被吓到了，她心想：“阿弥陀佛！我真是造孽了！”她试图推醒他道：“你在胡说些什么呢？是不是病了？老爷还在等着你呢。”</td></tr>
</table>

① 曹雪芹，高鹗．程甲本红楼梦．北京：书目文献出版社，1992：567-568.

② 曹雪芹，高鹗．红楼梦．启功，注释．北京：人民文学出版社，1979：248. 本文所引的程乙本原文均出自该版本。

③ 日藏林语堂《红楼梦》英译原稿，第 140 页。

④ 曹雪芹，高鹗．程甲本红楼梦．北京：书目文献出版社，1992：843.

⑤ 曹雪芹，高鹗．红楼梦．启功，注释．北京：人民文学出版社，1979：390.

⑥ 日藏林语堂《红楼梦》英译原稿，第 218 页。

续表

原著回次	程甲本	程乙本
第九十七回	……送入洞房。还有坐床、撒帐等事,俱是按金陵旧例。①	……送入洞房。还有坐帐等事,俱是按本府旧例,不必细说。②
	林稿章次	Chapter 49
	林稿译文	They are then led to the bridal room and went through the customs of "sitting the bed" together and "letting down the bed curtain" symbolic of the union, all according to the old custom of Nanking. ③
	林稿译文回译	然后他俩被送入洞房,行坐床、撒帐之仪。这一切按南京旧俗,以象征夫妻珠联璧合。
第百十九回	众人道喜,说是:"宝玉既有中的命,自然再不会丢的,况天下那有迷失了的举人。"④	众人道喜,说是:"宝玉既有中的命,自然再不会丢的,不过再过两天,必然找得着。"⑤
	林稿章次	Chapter 63
	林稿译文	The people in the house were saying, "Well how certainly Poyu will be found. It is just not possible for a newly conferred chujen to be lost. The whole country will know about it."⑥
	林稿译文回译	屋里众人道:"宝玉定能找得到。一举成名天下知。哪有新科举人会失踪的事。"

从表2不难看出,以上几处异文,林语堂的译文都是接近程甲本的。至此,可以判断林语堂是用程甲本作为底本来编译《红楼梦》的。

至于他用的是程甲本系统里的哪个本子,笔者判断应是王希廉评本(双清仙馆本)。

1976年,华冈出版有限公司出版了林语堂的《红楼梦人名索引》。这

① 曹雪芹,高鹗. 程甲本红楼梦. 北京:书目文献出版社,1992:2644.
② 曹雪芹,高鹗. 红楼梦. 启功,注释. 北京:人民文学出版社,1979:1270.
③ 日藏林语堂《红楼梦》英译原稿,第637页。
④ 曹雪芹,高鹗. 程甲本红楼梦. 北京:书目文献出版社,1992:3194.
⑤ 曹雪芹,高鹗. 红楼梦. 启功,注释. 北京:人民文学出版社,1979:1528.
⑥ 日藏林语堂《红楼梦》英译原稿,第816页。

本书正文仅30页,列出了83位主要人物在书中哪些位置和情节中出现过。该书的原稿现藏在台北林语堂故居,笔者得以亲眼看见。

此书附有林语堂1975年7月14日手写序言的影印版,如下所示:

> 人名索引本为普通书籍所应有,如红楼梦一书,要紧人物约八九十位,而贾赦、贾政所遇各事之前因后果:如贾赦何以犯法被抄,黛玉父亲何名、出身、家世,应简单举出,以便读者。所以这便是索引之用意,书中页数以最普遍之百二十回王希廉护花主人版本为据。

《红楼梦人名索引》对每个情节,都会标识它在王希廉评本中所在的章回和页码。如果这是直接附在林语堂所指的王希廉评本之后或者与该本一同发售的话,确实能起到索引的作用。关键是王希廉评本系统内的本子不止一种,孙玉明就曾说:"自道光十二年(1832)双清仙馆刊印《新评绣像红楼梦全传》之后,翻刻、合刻王希廉评语的版本便成为《红楼梦》评点本的主流,仅现存的本子,就有二十余种之多。"[①]而林语堂也未并说明他做这本索引时具体用到的是哪一种王希廉评本,那么普通读者即便购买了这本索引,如果手头没有与林语堂所用本子相同的本子的话,这个索引的意义就不大了。

况且,在亚东本出现以前,王希廉评本的确是被广泛阅读的本子,不过后来被亚东本取而代之。而在20世纪70年代时,各种校本已竟相出版,王希廉评本早已不是"最普遍"的了。

所以,笔者推测这个《红楼梦人名索引》的原稿实际上另有他用,可能是林语堂在编译《红楼梦》之前,对全书的人物、情节所做的梳理记录,目的是在编译时进行情节、人物的取舍与编辑。到他晚年修订《红楼梦》的翻译而重拾此稿时,向来就有出版头脑的他决定将这一原稿以索引之名出版。进一步说,林语堂可能就是用他在《红楼梦人名索引》序言中提到的这个王希廉评本作为翻译《红楼梦》的底本的。

---

① 孙玉明.《双清仙馆本·新评绣像红楼梦全传》序.红楼梦学刊,2003(1):164.

将目标锁定为王希廉评本后，笔者作了文本考证，以验证这一推断。表 3 列出了程甲本与王希廉评本在第三回贾母赏给黛玉的丫鬟姓名上存在的异文并日藏林语堂《红楼梦》英文原稿第 2 章对应的译文。

表 3 程甲本、王希廉评本异文与日藏林语堂《红楼梦》英译原稿译文对照表

程甲本①	王希廉评本②	林稿译文	林稿译文回译
将自己身边一个二等丫头名唤鹦哥的与了黛玉。	将自己身边两个丫头名唤紫鹃、鹦哥的与了黛玉。	She assigned her own maids, IGHTINGALE and PAROQUET, to serve her.③	她派自己的两个丫头紫鹃和鹦哥去服侍黛玉。
当下，王嬷嬷与鹦哥陪侍黛玉在碧纱橱内。	当下，王嬷嬷与紫鹃等陪侍黛玉在碧纱橱内。	That night, Nurse Wang and Nightingale kept Taiyu company inside the beige-gauze cabinet.④	当晚，王嬷嬷与紫鹃在碧纱橱内陪侍黛玉。

从表 3 可以看出，林语堂的译文是完全同王希廉评本的。至此，可以得出最终结论：日藏林语堂《红楼梦》英译原稿的底本是王希廉评本。

四、翻译策略

林语堂在译者前言第四部分提到，全译《红楼梦》最大的障碍是：若全译 75 万字的原著，会有一千多页的原稿，没有哪个出版商愿意冒如此大的风险来出版这样的长篇；再者，原著里缓慢悠闲的叙事节奏也会令西方读者失去耐心。这是他选择编译《红楼梦》的两大理由。

那么他又是通过哪些翻译策略来进行编译的呢？笔者试从宏观和微观两个视角对他的翻译策略做了考察。

---

① 曹雪芹，高鹗．程甲本红楼梦．北京：书目文献出版社，1992：157.

② 王希廉．王希廉评本新镌全部绣像红楼梦(一)．台北：广文书局，1977：85.

③ 日藏林语堂《红楼梦》英译原稿，第 36 页。

④ 日藏林语堂《红楼梦》英译原稿，第 37 页。

(一)宏观视角下的翻译策略——减小密度、缩短长度、降低难度

莫言在为《生死疲劳》撰写的序言《捍卫长篇小说的尊严》中说:“长度、密度和难度,是长篇小说的标志,也是这伟大文体的尊严。”①而林语堂的《红楼梦》编译却是反其道而行之,他将《红楼梦》这部长篇巨著缩短了长度、减小了密度、降低了难度,以适应西方读者的阅读取向。

1. 减小密度、缩短长度

从长度而言,林语堂英译原稿的篇幅大约相当于原著篇幅的一半有余。而他又是主要通过减小密度来达到缩短长度的目的的。

“长篇小说的密度,是指密集的事件,密集的人物,密集的思想。”②林语堂的编译主要缩减了原著中密集的事件和密集的人物。

对于原著中性质类似的事件,林语堂的翻译往往一略一详或多略一详。如原著第五回和第百十六回里,贾宝玉各于梦中造访了一次太虚幻境,林语堂概述了第一次,详细翻译了第二次,并在翻译第二次时加入了第一次所见到的部分判词。再如原著里咏海棠和螃蟹宴中咏菊的两次诗社活动,林语堂简要介绍了诗社成立的经过、参与人员、规则等,删去了咏海棠部分,而详细翻译了螃蟹宴咏菊的活动。

对于原著里的诸多人物,林语堂保留了主要人物及对推动主线情节起关键性作用的人物。删去或者淡化了秦可卿、秦钟、贾瑞、金桂、柳湘莲、倪二、赵姨娘等人。但是,对于原著中浓墨重彩地塑造的性情各异的侍女们,如袭人、晴雯、鸳鸯、紫鹃、平儿、小红等,林语堂均予以保留并详细翻译了她们各自的代表事件。

他在译者前言第一部分就谈道:

> A unique feature of the novel is the space given to the chambermaids. In no other novel that I know is such extended

① 莫言. 捍卫长篇小说的尊严//莫言. 生死疲劳. 上海:上海文艺出版社,2008:1.

② 莫言. 捍卫长篇小说的尊严//莫言. 生死疲劳. 上海:上海文艺出版社,2008:5.

treatment given to adolescent maidservants... It is this rich humanity of all characters, high and low, that compels me to recognize Tsao Shuehchin as a "great" novelist, and his work, in spite of the natural remoteness of language and customs, a masterpiece to rank probably with the world's ten greatest novels.[①]

这部小说的一个独特之处在于它将描写篇幅的很大一部分给了青春期的侍女们。据我所知,这在小说中是绝无仅有的。……我认为正是对这些身份或高或低的女孩们的丰富人性的刻画成就了曹雪芹伟大作家的地位,而且不论语言、习俗之自然隔阂,这部小说都能排在世界十部最伟大小说之列。

甚至对前八十回并不突出的柳五儿,林语堂也详细翻译了原著第百零九回"候芳魂五儿承错爱"的情节。他在《平心论高鹗》中就认为,"五儿承错爱,我认为是全书最妙文章之一段"[②]。

所谓"密集的思想,是指多种思想的冲突和绞杀"[③]。在《红楼梦》原著中也蕴含各种思想的对立,如求取功名、兼济天下乃当时社会之主流思想,宝玉却对其嗤之以鼻;再如宝玉和黛玉对自由恋爱的追求与封建思想的冲突等。仔细阅读林语堂的译文后,笔者认为,他的编译虽然减小了原著的事件密度和人物密度,但是并未消解原著中各种思想的矛盾与冲突,而只是通过注释或者融入译文正文中的阐释降低了西方读者理解这些思想冲突的难度。此点于下节会谈到。

2. 降低难度

《红楼梦》原著包罗万象、博大精深,于普通的西方读者而言,其阅读难度可想而知。莫言称长篇小说的难是"结构上的难、语言上的难、思想

---

① 日藏林语堂《红楼梦》英译原稿,第Ⅲ-Ⅳ页。

② 林语堂. 林语堂文集(第15卷):平心论高鹗. 北京:群言出版社,2010:79.

③ 莫言. 捍卫长篇小说的尊严//莫言. 生死疲劳. 上海:上海文艺出版社,2008:5.

上的难"①,其实,《红楼梦》之于西方读者,还有文化上的难。而林语堂的编译则是从这四个方面降低了原著的难度。

(1)降低结构难度

郑铁生将学界对《红楼梦》叙事结构的各种说法归为三种类型:各种主线论、网状结构论、对称结构论②。曹立波则认为,网状结构论"因其直观性和整体性等特点,而更接近合理性","正逐渐成为共识"③。而对网状结构的阐述也有诸多说法,笔者比较赞同王平提出的三条经线与若干纬线交叉编织而成的网络式叙事结构的观点④。他指出,贾宝玉的人生悲剧、女儿国的悲剧、以贾府为代表的贵族家庭的悲剧这三条经线(主线)与以刘姥姥三进荣国府、贾雨村的仕途沉浮为主,以秦钟短命夭折、蒋玉菡爱情波折、柳湘莲人生遭遇等为辅的众多纬线纵横交叉、编织成网。

林语堂的译稿在结构上保留了原著的三条经线,这三重悲剧的演进在他的译稿里十分清晰分明,因而他的译文顺序也是大体遵照原著主线情节的发展顺序的。

而对于原著里的众多纬线,他的处理则有取舍轻重之分。他删掉了刘姥姥三进荣国府中的一进,保留了二进与三进。贾雨村的仕途沉浮也作了删减,如删去了石呆子事件、急流津遇见甄士隐等情节。而对于秦可卿病逝、秦钟夭折、贾芸钻营、薛蟠的家庭矛盾等情节则几乎完全删去。即便是著名的红楼二尤的故事,他的编译也是重尤二姐而轻尤三姐。

对于此种做法,他在译者前言第四部分就谈道:"Pruned of its less relevant episodes, the cathedral-like architectonic design of the novel remains, perhaps even stands out better."(删除一些无关紧要的情节,无损这部小说宛如大教堂构造般的设计,也许这样反而使结构更明晰。)

---

① 莫言. 捍卫长篇小说的尊严//莫言. 生死疲劳. 上海:上海文艺出版社,2008:6.

② 郑铁生. 半个世纪关于《红楼梦》叙事结构研究的理性思考. 红楼梦学刊,1999(1):42-54.

③ 曹立波.《红楼梦》立体式网状结构模型的构建. 红楼梦学刊,2007(2):268,267.

④ 王平. 论《红楼梦》的网络式叙事结构. 东岳论丛,2000(5):123-127.

(2)降低语言难度

在译者前言第四部分,林语堂从对饶舌的北京官话和长篇大论的处理、对中文的行文习惯和语序的处理、人名翻译这三项具体阐述了自己在翻译《红楼梦》的语言时的翻译策略。对于第一项,他的做法是将冗长话语的中心信息提炼出来翻译;而像宝钗谈画和黛玉讲琴这样的长篇大论,前者他全部删去,后者只保留一半。对于第二项,他举例说,在翻译对话时,无须一一按照原文翻译"B 听 A 说罢,便道……"这一类对话提示语,否则西方读者将无法忍受;而且要避免按中文的语序来翻译英文,他举例说受中文行文习惯影响的"Poyu said, 'If you wish, tonight I'll come.'"这一句按英文行文习惯应说成:"'I'll come tonight if you wish,' said Poyu."[①]对于第三项,他的原则是:"In the translation of names, my object has been to make them as easily pronounceable and distinguishable as possible."(在人名的翻译上,我的目标是使它们尽可能地容易发音和区分开来。)所以他将宝玉译为"Poyu"而不是"Paoyu",因为他知道西方人会将"Paoyu"读成"Pay-oh-yu";将紫鹃译为"Nightingale"而不是"Cuckoo",是因为"Cuckoo"除了"杜鹃鸟"之本义外,还有"疯狂"之喻义[②]。

由上可知,林语堂特别注意中英文的语言特点与使用习惯的不同,以及与这种不同相互影响的思维模式。之所以如此细心地琢磨、消解西方读者阅读译文时会遇到的语言隔阂,是因为他觉得:"For Tsao Shuehchin in the original is eminently readable, and the western reader is entitled to that pleasure."(曹雪芹的原著是非常易读的,因而西方读者也有权享受这一阅读的愉快。)

(3)降低思想难度

对于《红楼梦》里各种思想的矛盾与冲突,于中国读者而言,要完全理

---

① 在日藏原稿里,林语堂的修改笔记显示他后来删除了这段内容,故佐藤亮一的转译本里没有翻译。

② 在日文转译本里,人物的姓名又回归到中文原著里的汉字,所以佐藤亮一没有具体翻译这段内容。

解尚且有难度,更何况是对没有深厚的中国历史文化素养的普通西方读者而言,自然会有很多丈二和尚摸不着头脑的时候。对此,林语堂一般是通过注释或者融入译文正文里的阐释来帮助读者理解的。如原著第三十二回,宝玉误将袭人当成黛玉作了表白;在第三十四回,宝玉又因金钏、蒋玉菡事件等遭到贾政笞挞后,袭人向王夫人诉说了自己对宝玉名声的担忧,建议让宝玉搬出大观园。无论东西方,读者读到此处,可能都会有人对袭人的做法难以理解,甚至认为,袭人在此扮演了一个破坏宝黛自由恋爱的不光彩的反面角色。然而林语堂认为,袭人是从当时的社会伦理道德出发来建言的。他将译稿第 19 章中详细翻译了此段对话,并做了一条脚注为袭人正名:"It must be explained that Shieren was not hypocritical. In ancient society, an affair with a maid would not have the social implications; the maid could be taken by the man or married off later. But to sully the name of a daughter of the family could only end in tragedy for the girl. Shieren was responsible and duly concerned."①(需要说明的是袭人并不虚伪。在古代社会里,男子与侍女有染并不会产生社会丑闻,侍女可以被纳为妾或者嫁给他人。但若玷污了一个大家闺秀的名声,那这个女孩的人生将以悲剧收场。袭人是有责任心且未雨绸缪的。)不仅如此,他还将第 19 章命名为"Shieren Looked Ahead"(袭人深谋远虑),即通过这种直接的阐释给予袭人积极的评价,以引导读者从正面来阅读袭人。当然,这仅是林语堂个人的理解,但这样做起码能帮助那些对中国封建礼教思想不甚明了而心中疑惑的读者找到一种答案。

(4)降低文化难度

《红楼梦》里的传统文化因素很多,于外国读者而言,是一大阅读难关。很多译本都是通过添加注释这一副文本策略来解决该问题的。林语堂的译本里也不乏对文化现象或者情节等进行解释说明的脚注。但他的独到之处是将大量对文化现象的解释非常自然地融入自己的译文正文

① 日藏林语堂《红楼梦》英译原稿,第 244 页。

里。如原著第五十一回里"晴雯只在熏笼上围坐"一句,林语堂翻译为:"Sunburst comfortably perched around the perfume heater, containing hot ashes and covered with a wire netting for perfuming clothes."[①](晴雯舒适地围坐在芳香取暖器上,这种取暖器里含有热灰,上面蒙有一层网用来熏香衣物。)这里先将"熏笼"意译为"perfume heater"(芳香取暖器),然后用一个从句解释了熏笼的构造和功用。再如原著第百一十回里的"贾政报了丁忧",他翻译为:"Jiajeng reported to the court about tingyu, or 'parent's death' which meant obligatory resignation from all offices for three years."[②](贾政向朝廷报了丁忧,或曰"亲丧",这意味着必须从所有职务上离职三年。)这里先音译"丁忧"为"tingyu",再意译为"parent's death"(亲丧),然后用一个从句解释了"丁忧"的含义。如此,既能帮助西方读者降低理解异文化的难度,又减少了使读者大幅度地移动视线去看脚注或者尾注的频度,从而能保证阅读的通畅与愉悦。当然,这一做法之所以可行的前提是英文里普遍存在的从句构造。

(二)微观视角下的翻译策略——句译法

在《论翻译》一文中,林语堂提出了"字译"与"句译"两个概念,他称"译者对于原文有字字了解而无字字译出之责任"[③],认为"字译是不对的"[④],而主张句译法。他将"句译"定义为:"译者必将原文全句意义详细准确的体会出来,吸收心中,然后将此全句意义依中文语法译出。"[⑤](此文谈论的是英译汉,在讨论汉译英时,将"中文"替换为"英文"即可。)

而《红楼梦》的翻译恰好就是他对自己提出的句译理论的实践。在原稿前言第四部分,他称:"This is not a literal translation. It cannot be, in

---

① 日藏林语堂《红楼梦》英译原稿,第 355 页。

② 日藏林语堂《红楼梦》英译原稿,第 735 页。

③ 林语堂. 论翻译//罗新璋. 翻译论集. 北京:商务印书馆,1984:425.

④ 林语堂. 论翻译//罗新璋. 翻译论集. 北京:商务印书馆,1984:422.

⑤ 林语堂. 论翻译//罗新璋. 翻译论集. 北京:商务印书馆,1984:428.

a novel translated from the Chinese. I am trying to be faithful, but not literal. ... My method is to translate a paragraph, or entire dialogue, first and find out what is perfectly clear without the Chinese circumlocutions and trim these off, until I am satisfied that it is idiomatic and readable."(这并非字译。在翻译中国小说时,字译是不可行的。我力求忠实,但却不字字对译。……我的方法是首先翻译一个段落或整个对话,然后剔除迂回的中文表达,保留清晰的文意,直至我觉得地道、易读为止。)

从林语堂在日藏原稿里所做的修改笔记不难看出他是如何在《红楼梦》的翻译中实践这种句译法的。试看以下两个例子。

【例 1】

原文:"这话奇了!我又比不得是你这里的家生子儿,我一家子都在别处,独我一个人在这里,怎么是个了局?"①(第十九回)

原始译文:"Now that is a strange question! I am not born here. My family is living elsewhere, where I am left alone in this place. What will be come of me? I can't live here forever."

修改后译文:"Now that is a strange question! I am not born here. I have my family. I can't live here forever."②(Chapter 7)

袭人这段话有点拐弯抹角。林语堂最初考虑如果直译下来的话,西方读者可能并不明白她到底想说什么,于是在最后增译了一句"I can't live here forever."(我不能永远待在这儿。),告诉读者,袭人的意思其实是她不能永远留在贾家。当他重新审视自己的译义时,发现将"我一家子都在别处,独我一个人在这里,怎么是个了局?"直译为"My family is living elsewhere, where I am left alone in this place. What will be come of me?"有点迂回,于是就索性改为"I have my family"(我是有家

① 曹雪芹,高鹗.程甲本红楼梦.北京:书目文献出版社,1992:513-514.

② 日藏林语堂《红楼梦》英译原稿,第 101 页。

的)。这样一来,文意就更加清晰、易懂了。

【例 2】

原文:黛玉听此言,李妈妈乃久经老妪,说不中用了,可知必不中用。[1](第五十七回)

原始译文:Taiyu know that Li Mama was an experienced old woman. If she said there was no hope, there was no hope.

修改后译文:Taiyu thought if an experienced old woman like Li Mama said there was no hope, there was no hope.[2](Chapter 30)

林语堂的原始译文可回译为:"黛玉知道李妈妈乃经验丰富的老妪,如果她说不中用了,那就不中用了。"而修改后的译文可回译为:"黛玉想如果像李妈妈这样经验丰富的老妪都说不中用了,那就不中用了。"一是将这段话都改为黛玉心中所想的内容,二是将"Li Mama was an experienced old woman. If she said there was no hope,"两句合为一句"if an experienced old woman like Li Mama said there was no hope"。修改之后的译文更加紧凑,也更加符合英文的表达习惯,变得非常地道了。

五、翻译风格

笔者认为林语堂的《红楼梦》翻译风格可以大致概括为:故事性强,英文地道、简明易懂,融入阐释与创作,灵活巧妙。

(一)故事性强

《红楼梦》的价值体现在思想、技巧、语言、文化、故事等诸多方面,而林语堂的翻译突出的是原著的故事性。首先,他删去了一些故事性较薄弱或者与主线情节关联不大的情节,像第七回、五十三回、五十四回、五十

① 曹雪芹,高鹗. 程甲本红楼梦. 北京:书目文献出版社,1992:1515.

② 日藏林语堂《红楼梦》英译原稿,第 371 页。

五回、五十六回、六十一回、六十二回、六十三回、九十二回、九十三回、百零三回、百零四回都几乎完全删去。其次,他的译本改变了原著里“且听下回分解”这类在回末设置悬念的做法,几乎每一章(极个别是两章)都是一个完整的小故事。再者,对于原著中同一主题但横跨多个章回的故事,他会尽量集中在一章里。例如在原著中,黛玉去世后紫鹃对宝玉的冷淡及宝玉试图化解的努力,是分散在第一百回、百零四回、百十三回里的,林语堂将这些情节集中在了译本的第 52 章“The Deep, Fathomless Night of Remorse”(深深的、无尽的悔恨之夜)里。

之所以突出故事性,是因为林语堂深谙西方普通读者的阅读心理。其实无论中外,一般读者在阅读小说时下意识追求的都是或有趣,或动人,或惊悚,或出人意料,或一波三折,或发人深省的故事。从这个角度来看,林语堂不仅是一个译者,还是一个善于讲故事的人。

(二)英文地道、简明易懂

了解林语堂的人应该知道,他无论是创作还是翻译,都很排斥“学究气”(pedantic)。他在前言第四部分称:“I hope we have here a readable English translation that does not read like the pedantic, pompous and often excruciating language of some scholars trying to sound learned, exotic and foreign.”(在这里,我希望我们能有一个可读性强的英文译本,它的语言不像是某些学究的译文,他们为了让自己的译文看起来博学而有异国情调,往往使用那些酸腐的、华而不实的、晦涩艰深的语言。)因此,他的译文使用的都是简明易懂的英文,少见冗长、复杂的句子或者生僻词汇,而且遣词造句都很地道,避免了不符合英文使用习惯的“中式”英语。如原著第四十七回“呆霸王调情遭苦打”和第四十八回“滥情人情误思游艺”两处情节不是他的翻译重点,于是他就用下面寥寥几句简洁地做了概括:

> Lately Shuaypan had escaped from the city on the pretext of a “business trip”; as a matter of fact, he had been beaten up

severely by a young man whom he had mistaken for a pansy and tried to seduce. ①

最近,薛蟠以外出经商为由逃出了城里。其实,他是错将一个年轻人当成同性恋者去勾搭,结果被对方狠狠地揍了一顿。

如此毫不拖泥带水、地道、简明易懂的英文自然不会给西方读者带来任何阅读的负担,这是他们能轻松阅读全书的关键。

(三)融入阐释与创作

林语堂对《红楼梦》有独到的见解与研究,因此译文正文及注释里不乏他对情节或者人物的阐释。而他身为作家,在翻译时虽会尽量克制自己天生的创作欲,理性地忠实于原文的内容,但某些译文的字里行间还是会流露出他的创作痕迹。选择编译这一翻译形式也为他的此种做法提供了便利。

在原著第三十五回“白玉钏亲尝莲叶羹　黄金莺巧结梅花络”中,莺儿与玉钏同去宝玉处送荷叶汤,到了宝玉房间,“玉钏便向一张杌子上坐了,莺儿不敢坐下。袭人便忙端了个脚踏来,莺儿还不敢坐”②。对于莺儿为何会如此拘礼,曹雪芹并未明言。林语堂在原稿第 20 章里是这样翻译这一细节的:

Lily sat down on a stool, but Oriale, trained by Pocia, remained standing up in the young master's presence, though she was offered a seat. ③

玉钏坐在一张小凳子上;但莺儿因为受过宝钗的训练,尽管(袭人)为她端了把椅子,她仍然在年轻主子的面前保持侍立。

在这句译文里,林语堂在莺儿的名字“Oriale”后添加了一个后置定语

① 日藏林语堂《红楼梦》英译原稿,第 338 页。

② 曹雪芹,高鹗. 程甲本红楼梦. 北京:书目文献出版社,1992:912.

③ 日藏林语堂《红楼梦》英译原稿,第 255 页。

"trained by Pocia"(受过宝钗的训练),这其实是他对莺儿如此拘礼的阐释。读者读到此处,对个中缘由也就了然于心了:有其主必有其仆。

在原著第九十六回"瞒消息凤姐设奇谋　泄机关颦儿迷本性"里,黛玉从傻大姐口中得知宝玉要娶宝钗一事后,径直去贾母处找宝玉。林语堂在原稿第48章里详细翻译了这部分内容,但在翻译到宝玉、黛玉"两个却又不答言,仍旧傻笑起来"时,他的译文是这样的:

> The two of them had fallen into silence again and began once more the mutual fascinated stare, spellbound in a whole-hearted, blissful, ignorant happiness beyond all the laws of human society.①
>
> 两人再次陷入沉默,陶醉在相互凝望中,宛若全心全意地沉浸在一种极致的、茫然的、超越一切社会规则的幸福里。

这段文字与其说是翻译,不如说是一种采用了现代文学描述手法的创作了。而在《论翻译》一文中,林语堂就引用了贝奈戴托·克罗齐(Benedetto Croce)之"翻译即创作"的观点。

勒菲弗尔称"翻译是一种最为显著而易辨别的重写(rewriting)"②。笔者认为,无论是林语堂融入《红楼梦》译文里的阐释和创作,还是他的整部《红楼梦》译稿,从广义上而言,都可以说是他对《红楼梦》的一种重写,最终呈现出来的是他心目中所理解和构筑的一幅《红楼梦》像。

(四)灵活巧妙

林语堂的《红楼梦》翻译无法轻易地归为直译与意译、归化与异化、形式对等与动态对等、语义翻译与交际翻译、显性翻译与隐形翻译等这些常见的翻译二元论中的任何一组中的任何一类。原因是他的译文是高度灵

---

① 日藏林语堂《红楼梦》英译原稿,第618页。

② 转引自:杰里米·芒迪.翻译学导论——理论与实践.李德凤,等译.北京:商务印书馆,2010:180.

活的。

如他对《红楼梦》里出现的中国传统文化事物、熟语等的翻译就是相当灵活的。对于服饰、器物、食物,他多用直译。如将“靠色三镶领袖秋香色盘金五色绣龙窄褙小袖掩衿银鼠短袄”译为“squirrel jacket in lilac base with embroidered dragons, treble-braid collar and narrow upturned cuffs”;将“乌银梅花自斟壶”译为“black-silver plum-design self-service wine pot”;将“酸笋鸡皮汤”译为“soup of chicken skin and vinegared bamboo”。对于职官、时刻等,多用意译。如将“工部郎中”译为“senior secretary’s post in the Ministry of Works”;将“戌末亥初之间”译为“about ten”。对于称谓和医药,则既有直译,也有意译。如“姐姐”“妹妹”既有译为“jiejie”“meimei”处,也有译为“sister”处;既将“人参”“肉桂”分别直译为“ginseng”“cinnamon”,又将“香雪润津丹”意译为“breath-sweetener”。对于熟语,则是直译与意译相结合。如将“病来如山倒,病去如抽丝”译为“Sickness comes like an avalanche and goes away like treacle”(病来如雪崩,消失如蜜糖);将“女子无才便有德”译为“Uneducated girls are more virtuous”(未受教育的女子更有德行)等。

而他对原著里的一些翻译难点的处理也很巧妙。试看原著第三十三回“手足眈眈小动唇舌　不肖种种大承笞挞”中贾政要打宝玉,宝玉向一个老妈妈求助的对话原文和日藏林语堂英译原稿第18章的翻译:

> “快进去报告:老爷要打我呢!快去,快去!要紧,要紧!”宝玉一则急了,说话不明白;二则老婆子偏生又耳聋,不曾听见是什么话,把“要紧”二字只听做“跳井”二字,便笑道:“跳井让他跳去,二爷怕什么?”①
>
> “Please go in at once to report. The master is going to whip me to death. Hurry! Hurry! Shoot inside!”
>
> “Suicide!” she laughed in reply. Poyu had stuttered in his

① 曹雪芹,高鹗. 程甲本红楼梦. 北京:书目文献出版社,1992:861.

excitement and the old woman was hard of hearing. "What of it? If she wanted to commit suicide, that was her business. What are you afraid of?"①

这段对话最难翻译的是"要紧"与"跳井"的谐音效果。林语堂另辟蹊径地译为"Shoot inside"与"Suicide"。"Shoot inside"意为"冲进去",由于宝玉情急之下说话快速不清,老妈妈又耳背,可能只听到"Shoot"的"Shoo"的音和"inside"的"side"的音,她联想到金钏跳井自杀一事,于是将"Shoot inside"两个词误听成"Suicide"(自杀)这一个词。这样翻译,既译出了原文的谐音效果,又能与上下文的情节衔接上。如果拘泥于"要紧"和"跳井"这两个词的字面意思的话,是很难达到这种翻译效果的。这就要求译者的翻译具有高度的灵活性与巧妙性,有时也仰仗于译者苦思冥想后的灵机一动。

不过,如此灵巧的翻译也不是一蹴而就的。唐德刚在《胡适口述自传》的注释部分回忆林语堂20世纪50年代翻译《红楼梦》时,唐曾问林语堂如何翻译这"要紧"与"跳井",林语堂的回答是:宝玉对老妈妈说"Very important! Very important!"老妈妈听成"Very innocent! Very innocent!"②看来林语堂对这两个词的翻译是做了几番斟酌推敲的。

林语堂在译者前言里用一个生动的比喻道出了他理想的翻译类型:

> The best translation does not read like a translation, like a lady's silk stocking, so sheer that you do not know she is wearing it, while it reveals the beauties—and the dog hair—underneath.③
>
> 最好的翻译,是读起来不像翻译的翻译。它像是女士们的长筒丝袜,透明得让人看不出来她穿了丝袜,同时却能呈现出她的美丽和那层丝绒。

---

① 日藏林语堂《红楼梦》英译原稿,第229页。

② 胡适. 胡适口述自传. 唐德刚,译. 北京:华文出版社,1992:272.

③ 日藏林语堂《红楼梦》英译原稿,第xxiii页。

总之,笔者认为,林语堂选择编译这一翻译形式、在编译时对原著的取舍增删与重组、对译文架构的谋篇布局、融入译文里的阐释与创作、不拘一格的灵巧的翻译手法、在处理翻译难点时的奇思妙想,再配合他简明易懂、流畅地道的英文文笔等诸种因素的结合构成了他独一无二的《红楼梦》翻译风格。他通过《红楼梦》的翻译实现了其在《论翻译》一文里提出的主张——“翻译是一种艺术”①。

六、日藏林语堂《红楼梦》英译原稿的价值

笔者认为,可以从以下四个方面来看待这份原稿的价值:

(1)为中国典籍外译提供借鉴和参考。当下,在政府鼓励和推动中国文化“走出去”的大背景下,典籍外译方兴未艾。不过,经典文学到底应该如何外译?是全译还是编译?可以采取哪些翻译策略?如何在保留原作风格和适应外国读者的阅读取向之间找到平衡?如何让外国读者轻松愉快地理解中国传统文化?对此,这份原稿能为我们提供很多启示与参考。

(2)文献价值。毋庸置疑,这份原稿能为《红楼梦》的译介研究、林语堂研究、中西文化交流等提供新的文献资料。

(3)学术研究价值。这份原稿的学术研究价值至少体现在以下三个领域:第一,在《红楼梦》英译研究领域。可将它与现有的三个英文全译本、王际真的英文编译本、库恩编译本的英文转译本等做比较研究;也可将这份原稿与世界范围内的《红楼梦》编译本做横向比较研究,尤其是与库恩的德文编译本,因为林语堂本人在译者前言里就已强调他的编译方式与库恩的大不相同。第二,在《红楼梦》日译研究领域。据笔者至今的调查,《红楼梦》的各类日译本总计有 38 种,其中唯有佐藤亮一的译本是以英文译本为底本翻译的,这即便在日本的整个中国文学翻译领域都是难得一见的现象。因此,可将佐藤亮一的转译本与其他以《红楼梦》的中

① 林语堂.论翻译//罗新璋.翻译论集.北京:商务印书馆,1984:417.

文版本为底本的日译本进行比较研究;而《红楼梦》在中英日三语之间的文本转换研究更是值得一做。第三,在林语堂研究领域。通过这份原稿,既可深入了解林语堂的《红楼梦》观,也可进一步研究他的翻译思想与翻译实践,而现有的林语堂研究成果也应该做相应的修正或补充。

(4)出版价值。林语堂逝世后,《中国时报》的社论说,“若干浅识的西方人知有林语堂而后知有中国,知有中国而后知有中国的灿烂文化”①。这足以说明林语堂的世界知名度与影响力。他“两脚踏东西文化”,深谙西方人之阅读心理,以他们能愉快接受的方式介绍中国文化的美妙。他的英文著作《吾国与吾民》《生活的艺术》等以睿智、闲适、幽默的笔调和地道、易懂的文笔赢得了西方人的青睐而一时洛阳纸贵。虽然这份《红楼梦》译稿尚未出版,但是根据上文所述的林语堂在该译稿中为符合西方人的阅读习惯和消除影响他们阅读的文化隔阂所做出的诸种努力,根据林语堂其人和其作品在西方世界享有的盛名,根据林语堂无与伦比的英文写作能力,笔者相信,他的《红楼梦》编译本一旦出版,应当会大受欢迎,从而也会为《红楼梦》对外传播打开一个新的局面。

附录:

日藏林语堂《红楼梦》英译原稿发现始末

一、寻找契机

2013 年年初,我在做《红楼梦》在日本的译介与传播研究时,在日本推理作家芦边拓以《红楼梦》为蓝本改编创作的推理小说《红楼梦杀人事件》的后记里,看到他罗列自己所参考的《红楼梦》日译本的名单中,有一部佐

---

① 林太乙. 林语堂传. 陕西:陕西师范大学出版社,2002:291.

藤亮一译自林语堂英译"The Red Chamber Dream"的译本[①]。我当时非常吃惊,因为对于林语堂翻译了《红楼梦》一事,据我所知,我国学界基本上是持否定或者怀疑态度的。原因是林语堂的长女林如斯为《京华烟云》撰写的序言《关于〈京华烟云〉》中有这样的记载:"一九三八年的春天,父亲突然想起翻译《红楼梦》,后来再三思虑而感此非其时也,且《红楼梦》与现代中国相离太远,所以决定写一部小说。"[②]

我马上做了调查工作。先是发现我国台湾学者刘广定曾经撰文介绍过他在日本看到了翻译家佐藤亮一根据林语堂《红楼梦》英译稿转译的日译本,此文后来收入他的专著《大师的零玉》中。2008 年,上海的文汇出版社引进该书版权,以《大师遗珍》之名在内地出版,但当时并未引起学界广泛关注。然后,我在日本国立国会图书馆和国立情报学研究所的两大网站上以「紅楼夢　林語堂」为关键词进行搜索,发现的确有六兴出版社 1983 年出版的「林語堂編　佐藤亮一訳」的"紅楼夢"四册本和第三书馆 1992 年出版的「林語堂編　佐藤亮一訳」的"ザ・紅楼夢"单行本。于是,便通过日本古书屋网站购买了这两套日译本。两套译本内容一样,第三书馆出版的属于再版。

在日译本的译者后记里,佐藤亮一详细介绍了林语堂委托他将自己的《红楼梦》英译原稿在日本翻译出版的来龙去脉:

> 私が本書を訳出したいきさつは——。私が"北京好日"[③](一九三九年)、"杜十娘"(一九五〇年)、"朱門"(一九五四年)その他の林先生の著作を翻訳出版した関係から、かなり以前から親交を重ね、先生が来日されるたびにお会いしていた。……
>
> 一九七〇年夏、私たち日本ペン・クラブの関係者が台北で開

---

① 芦辺拓. 紅楼夢の殺人. 東京:文芸春秋社,2007:441.

② 林如斯. 关于《京华烟云》//林语堂. 京华烟云. 张振玉,译. 长春:时代文艺出版社,1987:3.

③ "北京好日"是佐藤亮一翻译的《京华烟云》日译本的书名。

催された第三回アジア作家会議に出席して、当時中国ペンクラブ会長だった林先生夫妻と親しく歓談したが、そのときも古き中国に強いノスタルジアを抱く林先生は、いまやリオエントの良さは日本の京都に残っているだけだと、京都をこよなく愛しておられた。それから三年後の一九七三年十一月、香港の林博士から、十余年の歳月をかけて翻訳された英文の"The Red Chamber Dream"が届いた。つづいて数ヵ月後に訂正箇所を示した包みがまた届き、林先生はこれを二年ぐらいで翻訳して日本で出版してくれるようにとのことだった。

私は責任の重大さを痛感したが、前からのいきさつもあり、先生の名訳をなんとか無難に日本文に移す作業を開始したが、訳文を進めるうちに疑問の個所や中国語の表現などの個所を、数十回に及ぶ文通で教えていただいた。私も教職や他の仕事も抱えて思うにまかせず時日が経過し、ついに林先生が一九七六年三月二十六日八十一歳で香港の私邸で永眠されたため、私はこの日本文訳書を先生の霊前に捧げる書とせざるを得なくなった。……①

我翻译本书的契机——由于我翻译了林语堂先生的《京华烟云》(1939年)、《杜十娘》(1950年)、《朱门》(1954年)及其他著作的关系，多年以前就与先生过从甚密。每逢先生来日，都会碰面。……

1970年的夏天，我们日本笔会的成员出席了在台北召开的第三届亚洲作家大会，与时任台北笔会会长的林先生及其夫人交谈甚欢。林先生对古老中国怀抱浓浓乡愁，他说唯有日本京都尚存东方文化的美妙，因而对京都情有独钟。三年后的1973年11月，我收到了林博士从香港寄来的包裹，是他耗时十余年英译的"The Red Chamber Dream"。紧接着几个月后，又一个指出译文更正之处的包裹寄过来了，林先生希望我将他的译本用两年左右的时间翻译出来在日本

① 林語堂，編．紅楼夢④．佐藤亮一，訳．東京：六興出版社，1983：248-249．

出版。

我深感背负重任。由于之前翻译过先生的作品，所以还算比较顺利地开始了将先生的名译翻译为日语的工作。在翻译过程中，对抱有疑问之处和中文的表达方法等，与先生通信数十次请教。因为身兼教职，外加其他工作的干扰，我无法全身心投入翻译，眼见时光飞逝，先生最终于 1976 年 3 月 26 日在香港宅邸与世长辞，享年 81 岁，我的日文译本也就只能供奉灵前了。……

佐藤亮一(1907—1994)是日本著名的翻译家，出生于青森县三户郡名久井村，毕业于庆应义塾大学法学部政治科，毕业后先后就职于时事新报社、东京日日新闻社(今每日新闻社)。1939 年，以每日新闻社中国特派员的身份，作为从军记者赴中国。1945 年日本投降后，因可能携带中国共产党资料的嫌疑而被关进北平收容所，饱尝艰辛。1947 年 7 月接到释放通知，于当年年底回国。回国后在每日新闻社出版局工作，并开始从事翻译工作，是日本翻译家协会、日本作家协会、日本文艺家协会成员。从每日新闻社退休后，任庆应义塾大学讲师、慈惠医科大学讲师、共立女子大学教授。曾代表日本出席第一届文学翻译家国际会议、国际翻译家会议、第三届亚洲作家会议等。1984 年荣获国际翻译家联盟颁发的国际翻译奖。1988 年至 1994 年担任日本翻译家协会会长。翻译了林语堂著或译的《京华烟云》《朱门》《杜十娘》《匿名》《红楼梦》《中国传奇小说》，查尔斯·奥古斯都·林德伯格的《圣·路易斯号精神》，丘吉尔的《第二次世界大战》，赛珍珠的《大地》等大量英文作品，毕生著、译作达 170 余部。

由此可见，佐藤亮一是日本翻译界德高望重之人，又是林语堂诸多作品的日译者，因此他在译者后记中的讲述应该是可信的，况且又有日文转译本为证。至此，我基本相信林语堂的确翻译了《红楼梦》。但佐藤亮一没有提及翻译工作结束后，是如何处理原稿的。当务之急是寻找到林语堂英译《红楼梦》原稿的下落，以彻底证明此事。

二、日本寻访

林语堂是 1976 年去世的,而佐藤亮一的日文转译本是在 7 年后的 1983 年才出版的,所以我最初推测原稿可能还在日本。后来才知道,这一貌似“武断”的推测恰好是我能找到日藏原稿的关键。个中缘故,稍后再述。

2014 年年初,我被南开大学公派至日本早稻田大学文学研究科交换留学,得到了能在日本寻找原稿的便利条件。

出版日译本的六兴出版社创立于 1940 年,曾为日本出版业界的中坚力量,出版了大量文艺、学术类书刊,后因在泡沫经济时期投资不动产失败,于 1992 年倒闭。出版社这条重要的线索断了,接下来只能在佐藤亮一身上寻找突破口了。而佐藤亮一于 1994 年就已去世。我经过多方调查,找到了他生前的住址,前去探访时,却是人去楼空。虽知希望渺茫,但当时的我认为这是唯一的线索,因此后来又去过该地多次。终于有一次从一位热心邻居的口中打听到他的夫人佐藤雅子女士尚在人世,不过由于年事已高,已入住老人院,无法与人交流,而且佐藤夫妇无亲生子嗣。我通过那位邻居辗转联系到了佐藤雅子的监护人,得知佐藤夫人已将丈夫的藏书捐赠给了某图书馆。与该图书馆取得联系后,馆员告诉我佐藤夫人为这批藏书所做的目录里,的确有一条「林語堂　紅楼夢　タイプ原稿」(林语堂　红楼梦　打字原稿)的记录,但由于佐藤夫人在捐赠时曾经叮嘱该图书馆,在她健在时,不要对外公开这批藏书,因此图书馆方面需要我提供佐藤夫人监护人的书面许可,方能阅读这批藏书。我想年事已高的佐藤夫人可能是担心藏书公布后会受到外界的打扰,才有此叮嘱。

2014 年 8 月底,经与监护人多次沟通后,我终于拿到了书面许可,前往该图书馆,看到了佐藤亮一的藏书,其中就含有总计 860 张的林语堂《红楼梦》英译原稿。

对于日本所藏的这份原稿,我在论文《日藏林语堂〈红楼梦〉英译原稿考论》中有详细的介绍与研究,故先介绍到这里。下面要提到的是还有一份修订稿的存在。

三、修订稿的存在

佐藤夫人在日藏原稿上面附了一纸留言,时间是 1999 年 11 月 12 日。留言全文如下:

> これは最初に送られたもので、すぐ訂正したものを送ってくださいました。訂正原稿は台湾台北市 にある「林語堂記念館」に他の本と共にお送りしました。
>
> 台湾にいらしたら是非林語堂氏の記念館にお立ち寄りください。

> 这是最初寄过来的(稿子),后来马上又寄来了修订稿。修订原稿同其他书一起寄到了位于台湾台北市的林语堂纪念馆。
>
> 如果去台湾的话,请一定要去一趟林语堂氏的纪念馆。

佐藤亮一在日译本的译者前言里说"紧接着几个月后,又一个指出译文更正之处的包裹寄过来了"。看来,这"又一个""包裹"里装的就是指佐藤夫人所说的修订稿。

为确定此事,我从图书馆回来后,对与佐藤亮一和佐藤雅子相关的文献重新做了调查。

佐藤雅子 1928 年出生于大阪,原名结城雅子。毕业于东京女子高等师范学校附属高等女学校的国语部。毕业后先后在出版社、演剧研究所工作过。1950 年与佐藤亮一结婚。1953 年,「日本テレビ」(日本电视台)建台时入职,成为该电视台第一位女主持人。1957 年,辞职回归家庭,全身心支持丈夫事业。

佐藤夫妇共著了"翻訳秘話——翼よ、あれがパリの灯だ"[①](《翻译秘话——翅膀啊,那是巴黎的灯光》)一书。书中,佐藤亮一在「林語堂博士との出会い」(《与林语堂博士的邂逅》)一文中再次回忆了他受林语堂的委托翻译《红楼梦》的经过[②]。而佐藤夫人在「地下鉄」(《地下铁》)一文中也提及了此事:

> 林語堂先生は"紅楼夢"を外国の人にもよく理解してもらえるように、あの長編を原作の雰囲気を残しながら、上手に読みやすくまとめられ、英文で原稿を書かれた。夫は一九七三年に林先生から一用紙に打たれた原稿を、ぜひ翻訳してほしいと依頼されていた。[③]

> 林语堂先生为了让外国人也能很好地理解《红楼梦》,在保留这部长篇的风格之下,巧妙地将其归纳得简明易懂,并用英文撰写了原稿。1973年,林先生委托我丈夫务必把他用打字机打出来的原稿翻译出来。

芙蓉书房1996年出版的佐藤亮一翻译的《京华烟云》日译本"北京好日"的下卷,有佐藤夫人撰写的刊行寄语。这篇刊行寄语也提到了佐藤亮一翻译《红楼梦》的经过,而且其中有一条我之前没有注意到的重要线索,那就是提到了林语堂《红楼梦》英译原稿的下落:

> 九州大学の合山究先生のお力添えもあって、台北の林語堂記念館に"北京好日""朱ぬりの門""杜十娘""マダムD""紅楼夢"他、林先生著作の夫の訳本、大切な用紙の原著、写真、資料などをお収めし

① "翼よ、あれがりの灯だ"是佐藤亮一为他翻译的查尔斯・奥古斯都・林德伯格的《圣・路易斯号精神》日译本所取的日文书名,对于这一书名,他本人一直引以为傲。

② 佐藤亮一,佐藤雅子. 翻訳秘話. 東京:恒文社,1998:55.

③ 佐藤亮一,佐藤雅子. 翻訳秘話. 東京:恒文社,1998:171-172.

て先生のご冥福をお祈りしている。①

在九州大学合山究教授的帮助下，往台北的林语堂纪念馆寄送了我丈夫翻译的林先生的《京华烟云》《朱门》《杜十娘》《中国传奇小说》《红楼梦》等作品的译本、打字机打印的珍贵的原著、照片、资料等，以祈愿先生冥福。

在日本的图书馆，我看到佐藤夫人把与丈夫相关的所有资料，包括书籍、原稿、照片、信件等都做了妥善的分类整理，并放到一个个的纸箱里，且每箱资料都会留下说明性的文字。其中唯独没有与林语堂相关的照片和通信。看到这段记载，我终于明白佐藤夫妇不光是把林语堂《红楼梦》英译修订稿寄回了台北，而且是在九州大学合山究教授的协助下，把他们收藏的与林语堂相关的所有资料连同这份修订稿一并寄到了林语堂故居。

四、中国台湾寻访

看到佐藤夫人的留言后，我马上致电台北林语堂故居(林语堂纪念图书馆的现名)咨询，得到的答复是没有这批资料。但我不想就此放弃，2014 年 11 月，我前往台北的林语堂故居找寻这份资料。很遗憾，最终也没能找到这份修订稿。

不过，这次寻访还是有一定收获的。我在查阅故居的一个编号为 M06、名为“红楼梦相关研究资料”的档案袋时，发现里面有与佐藤夫人寄赠资料相关的一些线索。

首先，档案袋里有一封九州大学合山究教授写给当时的馆长杨秋明的日文信件。信是用很粗的黑色油性笔写在一张约 A3 纸大小的白色硬纸上的，写信时间是 1988 年 1 月 29 日。从这封信中可知，合山究受佐藤

---

① 佐藤雅子. 刊行に寄せこ//林語堂. 北京好日. 佐藤亮一，訳. 東京：芙蓉書房，1996：575.

夫妇的委托,将与林语堂相关的资料寄到台北,而合山究又委托当时台北医学部的陈秀云将这份资料转交给林语堂纪念图书馆。合山究在信中称「“紅楼夢”の影印原稿はまだ出版されてないので、貴重です。記念図書館に保管しておいて下さい。もし米国で出版社が見つかれば、それを使うことになるかもしれませんので。」(《红楼梦》的影印原稿尚未出版,非常珍贵。请保管在纪念图书馆。如果我能在美国找到出版社的话,可能会用到它。)这封信件后还附有一张约 A4 纸大小的白纸,纸上文字用蓝色水笔写成,是对合山究信件的中文翻译。合山究这封信证明了前述佐藤夫人在刊行寄语中的记载是真实可信的。

再者,这个档案袋里还有一张白色便笺纸,纸上用铅笔记录了「紅楼夢 イントロダクション プロローグ 本文 1～41 章 まで 1. 18.'88 整理 於東京 佐藤」(《红楼梦》前言 序幕 本文 1～41 章 1988. 1. 18 整理 于东京 佐藤)。这张便笺纸应该是佐藤亮一或其夫人在把修订稿寄到中国台湾之前,对这份稿件所做的整理记录的原件。从这份记录来看,与初稿相比,修订稿并不完整,缺少第 42—64 章和尾声。

除此以外,还有两张比 A4 纸略大的纸上复印了一些信息,应该也是佐藤亮一或其夫人对原稿和其他寄赠资料所做的整理记录及相关信息。其中一张纸上复印了五项信息,包含上述便笺纸原件所记内容,捐赠的日文译本的清单(含分别于 1952 年、1972 年出版的“北京好日”各一套,“西域の反乱”(《朱门》)、“紅楼夢”“マダムD”(《中国传奇小说》)各一套),四条看似是日本翻译家协会会刊的发行信息,以及「林語堂先生写真 四種類計八枚」(林语堂先生照片 四种总计八张),「翻訳に関する参考書簡 林先生よりの 佐藤亮一 合山先生経由」(与翻译相关的参考书信 来自林先生 佐藤亮一 通过合山先生)这两条日文整理记录。另一张纸上复印了佐藤亮一名片的正反面(正面日文、背面英文)和两张便笺纸的内容,其中一张便笺纸上记载了「Red Chamber Dream Translated by Lin Yutang(1954 年 昭和 29 年) ニューヨーク new york 日本文訳 佐藤亮一 1980 年 8 月 3 日 雨天 全部 3,153 枚(日本文)」(《红楼梦》 林语堂翻译(1954 年 昭和 29 年) 纽约 纽约 日文翻译 佐藤亮一 1980 年 8 月 3 日 雨天 全部 3153 张(日文)),另一张便笺纸及其下端记载的信息也大致相同。这张复印件的三处复印内容上各有一个佐藤亮一印章的复印痕迹。

既然合山究的信件和佐藤夫妇对寄赠资料所做的整理记录的一张原件与若干复印件都在故居,那说明林语堂的《红楼梦》英译修订原稿在 1988 年年初时,的确已寄到了故居。从合山究的信件被翻译为中文以及相关信息的复印件来看,当时接手此事的工作人员有专业的文物保护知识、通晓日语,而且对这份资料也很重视。这个人有可能是当时的馆长杨秋明,因为我在林语堂故居看到了他翻译的合山究研究林语堂的日文论文,可见他是懂日语的。

合山究是日本著名的中国文学研究者,也是研究林语堂的专家,还翻译过林语堂的《苏东坡传》和《八十自叙》,现为九州大学名誉教授。我向他致电咨询此事,但由于年代久远,他已完全不记得此事。至于杨秋明先生,他是台北市立图书馆已经退休的馆员,曾经因为工作表现杰出而受到蒋介石的接见。林语堂纪念图书馆从 1985 年建馆至 1999 年由台北市立图书馆负责经营。我委托台北市立图书馆的人事室联系上了杨秋明的家人。遗憾的是,杨先生的家人称他已得重病住院,谢绝拜访。我又委托台北市立图书馆转交咨询此事的信件给杨先生的家人,但音讯全无。

在林语堂故居,我不仅查看了文物清册,而且还获得允许,在工作人员的陪同下,进入文物储藏室仔细查看每一份文物,但都没有发现这份原稿,看来稿件仍在故居的可能性很小。

林语堂故居从 1999 年起改由台北市文化管理部门管理。台北市文化管理部门先是委托佛光人文社会学院经营至 2005 年,2005 年后又委托东吴大学经营至今。现在的工作人员对此事毫不知情。我还联系了林语堂的秘书黄肇珩女士和台湾研究林语堂的学者秦贤次先生等人,但他们对此事均不知情。我也曾发邮件给现居美国的林语堂的三女儿林相如女士,但没有收到回复。

这份修订稿现在何处,已无从得知。好在日藏原稿除开头的作者自序部分有两页左右的译稿遗失之外,堪称完好。我仔细比对了佐藤亮一日译本的正文与日藏英译原稿,基本上是能逐句对应的;而且从佐藤亮一在这份原稿上所做的翻译笔记看来,他就是以这份原稿为底本进行翻译的。可见林语堂的修订稿应该只是对个别词汇与表达做了修改,改动幅度不大。

修订稿只有41章,并非完璧。但即便如此,其价值也是不容忽视的。而且,随修订稿一起寄回中国台湾的还有林语堂与佐藤亮一的所有通信、照片及其他资料。其中,应该就含有林语堂委托佐藤亮一翻译他的《红楼梦》英译稿的信件和前述佐藤亮一提到的两人关于《红楼梦》翻译问题的数十次通信的信件。这些信件或许能帮我们解答为何林语堂没有自己联系出版社出版这份原稿,而是委托佐藤亮一翻译为日文在日本出版的疑问;同时也是研究林语堂翻译工作的第一手文献。在此,我呼吁有识之士行动起来,共同寻找寄到中国台湾的这份修订稿及相关信件资料的下落。

五、后　话

现在想来,如果我最初不是判断原稿还留在日本,而又看到佐藤夫人为"北京好日"撰写的刊行寄语的话,那我就会认定稿件已经寄到中国台湾,因而就只会去台湾寻找,而不会发现日本所藏的这份原稿了。

由于佐藤夫人对图书馆的嘱托,图书馆目前尚未对外公布连同这份原稿在内的佐藤亮一的所有藏书资料。我后来拜托她的监护人,想在回国前见老人一面,争取获得老人的同意,对外公布这批藏书,但遭到婉拒。图书馆方面也写信联系了监护人,却一直没有收到回复。我会一直与图书馆保持联系,一旦可以对外公开这批资料,将第一时间告知学界。最终希望能与学界同仁一道努力,出版这份原稿,让世人得以目睹大师遗珍。

(致谢:感谢佐藤雅子夫人,多亏了她的贤明,日本的图书馆才得以保存林语堂完整的《红楼梦》英译原稿，使后人能有幸目睹大师遗珍的全貌；感谢佐藤家的邻居、佐藤夫人的监护人、日本图书馆的馆员、林语堂故居的工作人员、台北市立图书馆的工作人员对我的热心帮助；感谢我的博士导师、南开大学外国语学院日语系刘雨珍教授，正是在老师无私的鼓励与支持下，我才能在机会渺茫的情况下，坚持不懈地寻找这份原稿，并最终得见真容。）

（宋丹，湖南大学外国语学院；原载于《红楼梦学刊》2016 年第 2 期）

林语堂《红楼梦》译本的他者文化意识与对传统翻译观的超越

吕世生

内容提要:本文尝试分析了林语堂《红楼梦》译本的叙事结构,发现林译《红楼梦》文本体现了跨文化实践的他者文化意识,超越了传统的翻译观念。这种超越主要体现为两点:其一是努力寻求中西文化的普遍经验,以此作为两种文化的连接点,引导译文读者进入《红楼梦》的文本世界;其二是译文文本叙事的调整,包括结构、文本立意的调整。林语堂的他者文化意识的思想渊源或可归于中国文化的关联性宇宙观和差异共存思想,他对原文叙事的调整是中西文化权力关系制约的结果,这种调整是理性的,也是历史性的。

关键词:林语堂,《红楼梦》,翻译,他者文化,文化接触

一、引　言

林语堂《红楼梦》英译稿藏于日本某市立图书馆,2015 年国内媒体做了公开报道①。长期以来,人们对其英译《红楼梦》的期盼终成现实。林语

① 林语堂《红楼梦》英译本现存于日本某市立图书馆,南开大学宋丹博士发现于2013 年。2015 年,《光明日报》(2015 年 7 月 27 日)和《中国社会科学报》(2015 年 7 月 31 日)等媒体做了广泛报道。日本收藏的林语堂译稿及发现过程,请参见:宋丹. 日藏林语堂《红楼梦》英译原稿考论. 红楼梦学刊,2016(2):73-116.

堂对《红楼梦》的翻译一直备受关注，原因在于其弘扬中国文化的巨大成就，更有人们对《红楼梦》在他者文化语境中的更多期待。

《红楼梦》的英译始于 1830 年，迄今为止，较为系统的《红楼梦》译本，包括全译本、节译本等共有 11 个[①]。《红楼梦》英译本数量之多，时间跨度之长，以及西方学界的评价之高，使其被誉为中国传统小说中最伟大的作品，其他的中国古典小说都不能与之相提并论。《红楼梦》获得了中西学者的首肯，在英语文化中发扬光大已化为他们的普遍意愿。但不论中国译者还是外国译者，他们的译本都依然驻留于学者的书斋案头，依然未能进入普通英语读者的精神世界。这已成为近年中国文化、翻译研究领域的话语焦点。

人们对林译《红楼梦》寄予厚望，主要原因是寄望他的译本不仅能为学界接受，更能为寻常读者喜爱。因为从林语堂以往的中国经典文本的翻译，包括他的英文创作中，我们常常可以看到这种情形。这要归因于林语堂的他者文化意识，他的翻译文本在目标语中或因此取得了少有人及的成功。那么，他的这部英译手稿是否体现了其一贯的他者文化意识及这种意识在翻译实践中的表现形式？他如何实现对传统翻译理念的超越及这种超越的理据与价值何在？本文将不揣浅陋逐一探讨。

二、林语堂《红楼梦》译本的他者文化意识

林译《红楼梦》的译者前言表述了其独特的翻译观，这是其他者文化意识在翻译思想层面上的体现，而在翻译实践上这种意识则体现为诉诸他者文化经验、文本叙事结构的调整等操作。文本叙事的调整包括结构顺序的调整、内容删减，还有文本立意的调整，甚至文本添加。林语堂超

---

① Yi-Tse Mei Feuerwerker. Chinese Novel. In Theodore Debarry. *Approaches to the Oriental Classics: Asia Literature and Thought in General Education*. New York and London: Columbia Univ. Press, 1958: 181；江帆. 他乡的石头记:《红楼梦》百年英译史研究. 天津:南开大学出版社, 2014:27-29.

越传统翻译观的典型体现在于后两种调整,这两种调整本质上是他者文化意识的彰显。

在译者前言中,林语堂较为详细地阐述了他的翻译思想,他的翻译思想超越了传统翻译观仅仅关注原文与译文文本一致性关系的局限,代之以观照翻译文本跨文化交流的终极目标。他认为:"翻译中国的古典小说不可能采用直译的策略,而诗歌可能更不应直译。相比原文的字面意义,我更关注文本意义。如果我掌握了文本意义,则舍弃字面意义。我勉力忠实原文,但绝不是逐字翻译。因为译者负有双重责任,对译文读者及原文作者;对译入语语言及原文语言。忠实原文的字面意义,炫耀文字技巧,粗暴地对待译入语语言,虽然不难做到,但有失明智。翻译的最高境界就是译文读者感觉不到他阅读的是翻译的文本,我真诚地希望我的《红楼梦》英译本应该如此。"①

林语堂的这段文字表达了三层意义。第一,他的《红楼梦》翻译重在内容,而非形式。当内容与形式无法兼顾时,则舍形式以就内容。林语堂之前少有人给出过如此明确的表述,虽然翻译实践中经常出现这种情形,因为如此直截了当很可能授人以不忠实原文的口实。这是译者普遍不希望承受的批评。但林语堂广阔的文化视野,决定了其超越性的翻译观,他者文化意识则助力了对传统翻译观的超越。第二,他指出译者对人与语言都负有责任,包括原文作者及译文读者、原文语言及译文语言这两方面所指,但他更倾向于优先关注译入语言,关注译入语言的规则习惯。这一主张与意义优先的主张是一致的,因为形式层面的东西对译文读者而言往往是难以克服的障碍。第三,提出了他的《红楼梦》翻译的最高理想,译文应该不像译文,应该仿佛是原文写就的文本,这是其他者文化意识在翻译理想层面上的体现。总而言之,这三点彰显了林语堂的他者文化意识在翻译策略、译者责任及翻译理想三个层面上对传统翻译观的超越。他的译者前言简述了《红楼梦》的文本价值、主要人物、叙事特色等,这种做

---

① 林语堂《红楼梦》译稿,Introduction。

法与其他译者没有明显不同，其目的都在于帮助译文读者克服理解的障碍，更为顺利地进入译文文本世界。

然而，异于其他译者的是，文本翻译过程中，林语堂采用了诉诸译文读者文化经验的办法，找到了原文文化与目标语文化的共同点，借此很大程度上消除了中西文化的隔阂，两者的融合因而具备了条件。莎士比亚的经典作品是英语文化普遍的文本阅读经验，又因其对人性的深刻洞察而成为世界文化的经典，莎翁的经典已经内化于西方读者的心灵。《红楼梦》对人性的揭示同样深刻，这一点堪与其媲美。在译者前言中，林语堂将《红楼梦》比作莎士比亚的《哈姆雷特》。这种比较激活了目标语读者莎士比亚文本的阅读经验。这种经验进入《红楼梦》的文本阅读过程无疑增强了《红楼梦》对译文读者的亲和力，从而使两种文化的距离得以拉近。

发掘原文、译文文本的关联经验是林氏诉诸译文读者文化经验的另一种做法。百二十回本的《红楼梦》传闻为曹雪芹与高鹗共著，曹雪芹成书前八十回，高鹗续作后四十回。这一文学掌故我们熟视无睹，但在林语堂笔下却成为调动译文读者文本阅读经验的又一发力点，这是其他者文化意识所产生的推陈出新的效果。在西方文学史上，曾有传说《哈姆雷特》的原作者为莎士比亚，培根为续作。林语堂译者前言中重提培根续作之说，非为论证作者作品之争，而是意在找出两部经典的相似之处，唤醒《红楼梦》译文读者的文化记忆。在跨文化翻译过程中，诉诸目标语读者的文化经验体现了林语堂广阔的文化视野及他者文化意识。

如果说林语堂的译者前言是其跨文化实践中他者文化意识的宣示，那么他的翻译文本调整则是这种宣示的具体体现。他的调整主要有文本叙事调整和文本内容的删减与添加两种，叙事调整又包括叙事结构及文本立意调整两种形式。

林译《红楼梦》以时空为经纬重构了文本叙事框架，以主人公贾宝玉的生命体验为主线，叙述他的成长、快乐、理想及理想的幻灭，最后结尾于家族的崩溃。

林语堂译稿的底本为王希廉的百二十回本[①]。英译稿改变了原文的叙事顺序，基于叙事主题在结构上按照英语小说的习惯分为七卷 64 章，这与已发行的两个全译本完全按照原文本的百二十回本章回体的翻译文本叙事结构截然不同。七卷大致对应主人公贾宝玉的出生、少年、青年，对家族的背叛、家族崩溃各个时期，结尾一章是主要人物命运伏笔的解说。叙事展示了贾宝玉的出世及成长心路历程，而几大家族的命运则被作为主人公心路历程主线的背景叙事。与叙事主线关联不多的人物、情节，以及众多的诗词唱和、生日节庆的饮宴作乐等俱被删除，原文 200 多首诗赋，仅保留了 10 余首。经过如此删减，英译稿的长度仅为原文的一半略多。原文的删减，其实质是译者基于西方文化的美学观做出的决策，这在译者前言中能找到证据。林语堂认为，《红楼梦》这部巨著的长度超出了西方读者所能承受的限度。从西方读者的文化视角看，小说叙事节奏缓慢，这与他们的阅读习惯不容。典型的例子是，为使译文达到"读起来仿佛原文写成的"理想效果，原文中节庆假日的吟诗作赋、酒令谜语、人物外貌、穿着服饰等拖慢叙事节奏的描写几乎被全部删除。

英译稿不仅调整了原文的叙事结构，而且其文本立意也做了调整。译文围绕贾宝玉、林黛玉、薛宝钗的爱情纠葛，突出了生死爱欲这些人类共同的情感，而原文则主要通过贾、史、王、薛四个贵族之家荣华幻灭的描述表现了世事无常、万事皆空这一思想。译文表现的是西方文学的常见主题，而原文则是中国文化的独有观念。译者调整译文文本立意，突出西方文化的常见主题是其他者文化意识的又一表现。

虽然从西方文化视角看，小说原文篇幅过长、叙事节奏拖沓，应该删枝减叶，甚至在"编译"的掩饰下突出原著文本立意的某一方面等都可理解，但译者对原文的添加则无论如何也难以接受，而且这似乎也使林语堂译者前言中所谓忠实原文的表白失去了译文事实的依托。然而，跳出传统的翻译观，不难看出，译文中的添加仅仅是叙事形式的改变，并非

① 宋丹.《红楼梦》的日译本研究：1892—2015. 天津：南开大学博士学位论文，2015：216.

内容的添加。再者，文本立意的改变并非译者的创作，而是译者对原文多个文本立意的选择，突出了原文文本立意的某一方面，弱化了另外一些方面。这如同翻译时原文词语可能有多个意义，译者只能选择其一。不过意义的选择取决于译者的文化立场、翻译目的、文本解读等方面。林语堂的这种改变实质上是将翻译实践中译者通常的意义选择用到了文本立意的选择上。他选择这一文本立意是其为他者文化意识左右的结果，即基于他者文化视角以他者文化乐于接受的方式阐释《红楼梦》文本。这是一种渐进的文化交流策略。而把一个中国文化百科全书式的古典文本一次性塞给文化距离遥远的普通译文读者，即使不被拒绝，至少也会导致文化厌食。这已为其他的《红楼梦》译本所证明。

林译文的内容添加大致分为两类：一是译者对事件或人物的评述，二是人物心理活动的描写。《红楼梦》原文人物性格特征少有作者的直接评述，大多通过人物的言行举止加以表现，读者需据此自己判断。译本中的这些添加，更类似西方小说的叙事习惯。

原著第九十七回宝钗母亲薛姨妈告知宝钗，她已被许配给宝玉为妻。此处书中写道："次日，薛姨妈回家将这边的话细细的告诉了宝钗，还说：'我已经应承了。'宝钗始则低头不语，后来便自垂泪。薛姨妈用好言劝慰解释了好些话。宝钗自回房内，宝琴随去解闷。"

宝钗听到这个消息后的反应如何，原文并没有更多交代，仅有"低头不语，后来便自垂泪"一句。宝钗为何垂泪，当时的心理状态，作者一概没有指明，显然这是当代西方读者意欲追问的内容。林语堂似乎窥透了译文读者的心思而添加了如下一段译者（作者）解说。

> Without being told, she could not help but know that Poyu's affections were bestowed elsewhere. She did not have to marry him. She was too fine a girl to marry for money and too wise to wish it. As was evident from her preference for a certain severity in her from arrangements and her deliberate abstention from jewelry, she had hardened herself consciously to meet all

circumstances, to expect the least of life and be strong and ready for it when adversity knocked at her door, to be content in poverty, and restrained and not extravagant in riches. Her position was the most difficult of all. Always able to see a situation in its implications and from all angles, she would have refused if her mother were not there. Her mother had told her that she had promised, as a parent had the right to do.(译稿第 48 章)

(译文:不用说,她十分清楚宝玉另有所爱,她不必非他不嫁,天生丽质,不会为财而嫁;聪明伶俐,也不致心系钱财;居家简朴,不饰珠宝,即为此证;刻意磨砺自我,戒除过多身外之物,即便将来厄运降临,也能坦然面对;穷困节俭,也无多抱怨。她处境维艰,但总是通达事理。不论如何,如果不是母命,她会断然拒绝。然而母亲已经应允,毕竟她有权利如此。)

林氏添加的这段描述,可以说是对宝钗人格品行的综合评价。这种由作者(译者)以第三人称直接评价书中人物的笔法在《红楼梦》原著中并不多见。然而,译文添加的关于宝钗性格特征的评价似乎并不违背原文读者的宝钗想象。因为从宝钗在大观园中的为人行事,或是出自书中其他人物之口的评价,读者都能得出如此判断,《红楼梦》的多个书评也印证了这种判断。由此看来,林语堂添加的这段文字,从文本意义上讲,并非无中生有,只不过是改变了原文惯常的叙事形式。林语堂所谓的添加仅仅是将原文的叙事形式转换为目标语文化的叙事形式,并非文本意义的添加。文本叙事形式的转换未尝不是翻译这一概念的应有之意。不难看出,林语堂此处添加的文本既是他对译文文本与原文文本一致性的追求,更是其跨文化翻译实践中他者文化意识的别样体现。

林译《红楼梦》中类似的添加并不鲜见,原文第五十五回探春代王熙凤管家一节关于探春决断能力的描述又为一例。凤姐因病休息调养,将管理荣国府的内部事宜暂托探春。适逢探春舅舅病故,探春决定依例给予银两补贴丧葬费用,府中仆人欺其年幼,故意不予配合,探春巧妙应对。

其生母赵姨娘企图借探春管家之机索取格外关照，也被探春以理拒绝。处理这两件事务显示了探春的聪明才干，但需要读者自己判断，原文对此并没有给予直接的评价。两种文化叙事的差异在此十分明显。有鉴于此，林语堂再次转向西方文化视角，以译文读者习惯的叙事方式用作者的口吻评价了探春的才干。

> She did not talk much, held down by the rigorous training for girl's manners. But her head was good as any of the boy's. She had been brought up to recognize Madam Wang as her mother, but had been constantly irritated by the stupidity of Mistress Jow. Consequently, she had developed a cool, detached altitude toward the family.（译稿第 36 章）
>
> （译文：她没有多说话，对女孩儿的严格家教使她有所克制。但她头脑精明，不亚于男孩。她从小到大一直视王夫人为母亲，但生母赵氏的愚昧常令她十分不快，因此，对这个家有些冷淡、疏远。）

原文此处没有出现这段文字，这是译者的添加。不过这段添加对原文读者来说或有似曾相识的感觉。同前述所引一样，这些添加事实上散在于原文的不同章节，他只是将这些散在的叙述加以集中，或是基于原文叙事的进一步阐发。这种形式的添加，并非翻译文本内容的"译者制造"，而是文本跨出文化边界后的不同表现，并未超出原文的文本主旨，仍然属于原文本到译文本的叙事形式的转换。

三、他者文化意识的思想渊源

林语堂《红楼梦》英译本体现了其跨文化实践中的他者文化意识，这种意识被他自己形象地表述为"两脚踏东西文化"，已成为先生独特的他者文化思想标识。基于他者文化意识，林语堂在翻译过程中得以变换文化视角，从自我文化变换到他者文化。这种变换的思想渊源或可归因于中国文化的关联性宇宙观和差异共存的思想,中国文化赋予了他超越性视野和他者文化意识。

中国文化的"天人一体,天人感应"是关联性宇宙观的哲学表述。这种观念认为,"事物都相互关联与相互依存,故人与自然,人与人,文化与文化都是在与他者的关系中显现自己的存在价值"[①]。关联性宇宙观是林语堂超越传统翻译观的理论依据。

中国哲学中阴阳的概念可视为关联性宇宙观的集中体现,"一阴一阳谓之道""二气感应以相与""天地感而万物化生"等说法都表明"阴阳的对立与作用是宇宙存在变化的普遍法则"[②]。阴阳二气作为宇宙最基本的构成要素既相互对应,也相互作用,二者的对立与互动是世界存在与变化的根源[③]。中国文化思维的这一特征也得到了西方学者的认同。李约瑟(Joseph Needham)最早认为中国文化把宇宙过程描述为相互交织的事件之网[④]。法国社会人类学家葛立言(Marcel Granet)认为中国的思维是把各种事物看成关联性的存在[⑤]。美国汉学家牟复礼(Frederick Mote)指出,中国的宇宙生成论主张宇宙各个部分都从属于一个有机整体,它们都参与到这个自生的生命过程的相互作用之中[⑥]。

中国文化的另一特征是差异共存,即"和实生物,同则不继"之谓。"和实生物"的"和"是差异共存。这一思想的进一步表述是"以他平他谓之和,故能丰长而物归之。若以同裨同,尽乃弃矣"。此谓不同的事物相

① 陈来. 中华文明的核心价值:国学流变与传统价值观. 北京:生活·读书·新知三联书店,2015:4.

② 陈来. 中华文明的核心价值:国学流变与传统价值观. 北京:生活·读书·新知三联书店,2015:15.

③ 陈来. 中华文明的核心价值:国学流变与传统价值观. 北京:生活·读书·新知三联书店,2015:15.

④ 陈来. 中华文明的核心价值:国学流变与传统价值观. 北京:生活·读书·新知三联书店,2015:31.

⑤ 转引自:安乐哲. 和而不同:中西哲学的会通. 温海明,等译. 北京大学出版社,2009:202.

⑥ 牟复礼. 中国思想之渊源. 王立刚,译. 北京:北京大学出版社,2009:序言 19.

互依存，取长补短，而没有差异的事物共存则不会产生新事物。差异共存的最高理想是“万物并行而不相害，道并行而不相悖”。

根据关联性思想，中国文化与西方文化构成了全球文化体系的两个重要组成部分，两者相互关联，相互在对方的体系中显现自身的价值。在全球文化联系日益紧密的当下，这一特征更为明显。自中西文化开始接触以来，西方文化借助中国文化重新认识了自身，同样中国文化也以西方文化为镜鉴开始了反思与文化定位。这又加强了两者的相互依存关系。因此把全球多元文化视作一个关联的整体，从他者文化视角反思自我文化是全球多元文化体系形成的必然过程。在当下，从他者文化视角解读中国文化具有双重意义，既是多元文化“和”的条件，也是深入认识自我文化的途径，借此才能期望解构西方文化的中心地位，改变中西文化的权力关系，形成全球的多元文化秩序，迎来“丰长而物归之”的多元文化蓬勃发展局面。

多元文化的共存，体现的是“和实生物”的“和”，与“和而不同”的“和”的思想。这个共存的“和”不是消除差异，而是差异的互补，达到新的境界；不是“同化”与“合一”，而是在一个不同的环境中转化为新物的过程，在不同选择、不同条件的相互作用下创造出新物，它不再保有旧物的“纯粹”，是从旧物中脱颖而出，仍然具有不同于他物的独特之处①。

和而不同的当代解读是全球文化体系中的多元文化在保持自身“不同于他物的独特之处”的前提下的相互关联、和谐共处、差异共存。这种共存受制于不同社会历史阶段的文化权力关系。文化权力关系决定了不同文化的独特之处、相互关系及存在形式，即两种文化相遇时一种文化的独特之处保留与否、保留的程度或何种形式等。换言之，两种文化相遇时，某种文化特征及保留形式不能摆脱其时文化权力关系的制约，因此，翻译实践中对文化特征的协调自是必然，这也是翻译行为的价值所在。对此，林语堂的认识十分清晰，他的《红楼梦》译文“译者前言”关于原文叙事调整的表述可为一佐证。

---

① 乐黛云. 涅槃与再生：在多元重构中复兴. 北京：中央编译出版社，2015：97.

It is remarkable how much can be saved and preserved with skillful cutting. What is sacrificed are quite a number of birthday parties, New Year's Eve and mid-autumn celebration, long detailed wine games and versification contests (of which only one example is given, in full, in Chapter 28), one of two dream visits to the Paradise (Elysium of Eternal Void), the first one being dropped in favor of the second, and many minor episodes in the garden involving some actresses and minor characters, including the story of Shuaypan's shrewish wife.

(译文:删节需要灵活,但保留了什么以及保留的多寡最为要紧。译文有大量删节,包括生日宴会,新年、中秋节庆,不厌其烦的宴席酒令,赛诗作对(得以完整保留的只有第28章中的一首诗),原文中两次梦游太虚幻境仅保留了第二次,还有大观园中小演员、次要人物的很多无足轻重的轶事,也包括薛蟠的精明老婆的很多逸事等。)

林语堂《红楼梦》的英译是促进多元文化"差异共存"的努力尝试。将具有典型中国文化特征的经典文本介绍给西方文化,是"差异共存"导向的跨文化行为。这种行为的目的是促进文化接触形成新的文化空间,使两种文化的对话得以进行。两种文化间的对话是多元文化"和"的条件,没有这种条件,就无法出现"生物"的结果,就不会生成新的事物。然而,多元文化的"和"的前提是最大限度地保持各自的文化差异。表面看来,林译《红楼梦》似乎为了迎合西方文化的价值观及美学观,译者转向了目标语文化视角,消减了异于西方文化的诸多中国文化特征。这并不是差异共存的原初意义,只会导向趋同的结果,而不是生成新的事物。这是林译《红楼梦》可能引发的文化焦虑。

中国文化主张的差异共存是对事物发展基本规律的认识,这一规律在不同的社会历史条件下的表现形式是不同的。在中心—边缘文化格局下,中心文化对边缘文化的开放程度要小于边缘文化对中心文化的开放程度。这意味着中心文化的差异易为边缘文化接受,反之则否。其结果是，边缘文化要为中心文化接受，就要克服更大的文化阻力。而边缘文化要打破这种阻力，实现多元文化并存的格局就要付出更大的努力。这一过程必将伴随相互间政治、经济实力的此消彼长，因而注定是长期的、渐近的。目前的中心—边缘世界文化格局下，中国文化处于边缘地位，只能以渐近的方式与他者接触，使自身的特征为他者文化所接受。随着社会历史条件的变化、中西文化接触的增加，各自的文化态度也将渐变，中国文化的独特性也将越益为他者文化所接受。这是基于当前文化关系现实的考量。出于强烈的民族情感，无视社会历史条件和特定历史发展阶段中的文化权力关系，不加区分地保留自我文化特征，是文化交流理想的乌托邦，最终将有悖于“和而不同”的中国文化情怀。

四、结　论

在目前的中西文化关系格局下，中国文化主动与西方文化接触应该努力寻求双方的共同点、具有普遍意义的共同经验，以此作为两种文化的触点。在此基础上不断扩大文化接触范围，促进中心文化逐渐加大向边缘文化的开放，直至双方文化处于平等关系，即双方文化特征的接受将逐渐演变为平等的文化协商过程。林语堂的《红楼梦》英译正是循行这一现实思路的样本。

全球的中心与边缘的文化秩序，源于两种文化的社会历史发展阶段的差异。中心地位的文化往往处于先进的社会历史发展阶段，而边缘文化往往处于落后的社会历史发展阶段，落后的社会历史阶段的文化具有向先进社会历史阶段文化学习的内在需求，这种需求超过了先进文化对落后文化的需求。两种文化的权力关系本质上是各自社会历史发展阶段内在需求的不同。

改变现实的文化权力关系需要深入的文化接触，文化接触需具备什么条件、采取何种文化交流策略以及基于何种理念，都是要认真研究的课题。林语堂的《红楼梦》译本无疑给了我们重要启示。林语堂的《红楼梦》

译本突破了传统忠实翻译观的局限，为这一观念注入了新的内涵。他跨文化的关联性思维与超越性文化视野给了他跨文化实践的他者文化意识。基于他者文化意识，他在翻译实践中实现了文化视角的转换，能自觉地以他者文化视角解读中国文化，从中发现中西文化的共同经验，为中西文化接触创造了条件，使两种文化的对话成为可能。

在中心与边缘文化秩序下，边缘文化接触中心文化存在两难困境，保留自我文化特征越充分，中心文化接受的阻力就越大。阅读林语堂的《红楼梦》英译本，不难看出，两种文化接触时，边缘文化形态的改变是历史性的。在当前历史发展阶段和文化权力秩序下，中国文化主动与西方文化接触，自身形态的改变无法避免。文化形态改变是边缘文化欲获得与中心文化接触的收益必需的成本，是在打破中心—边缘文化格局与实现这一目标必须支出的成本之间的权衡。文化接触是多元文化差异共存的形式，其结果是生成新的文化，而非强化两者中的任何一方，否则只能导致“以同裨同，尽乃弃矣”的局面。中国哲学对此早已给出了解释。

（吕世生，南开大学外语学院；原载于《红楼梦学刊》2016 年第 4 期）

中華譯學館·中华翻译研究文库

许 钧◎总主编

第一辑

中国文学译介与传播研究(卷一) 许 钧 李国平 主编
中国文学译介与传播研究(卷二) 许 钧 李国平 主编
中国文学译介与传播研究(卷三) 冯全功 卢巧丹 主编
译道与文心——论译品文录 许 钧 著
翻译与翻译研究——许钧教授访谈录 许 钧 等著
《红楼梦》翻译研究散论 冯全功 著
跨越文化边界:中国现当代小说在英语世界的译介与接受 卢巧丹 著
全球化背景下翻译伦理模式研究 申连云 著
西儒经注中的经义重构——理雅各《关雎》注疏话语研究 胡美馨 著

第二辑

译翁译话 杨武能 著
译道无疆 金圣华 著
重写翻译史 谢天振 主编
谈译论学录 许 钧 著
基于"大中华文库"的中国典籍英译翻译策略研究 王 宏 等著
欣顿与山水诗的生态话语性 陈 琳 著
批评与阐释——许钧翻译与研究评论集 许 多 主编
中国翻译硕士教育研究 穆 雷 著
中国文学四大名著译介与传播研究 许 多 冯全功 主编
文学翻译策略探索——基于《简·爱》六个汉译本的个案研究 袁 榕 著
传播学视域下的茶文化典籍英译研究 龙明慧 著

第三辑

关于翻译的新思考　许　钧　著

译者主体论　屠国元　著

文学翻译中的修辞认知研究　冯全功　著

文本内外——戴乃迭的中国文学外译与思考　辛红娟　刘园晨　编著

古代中文典籍法译本书目及研究　孙　越　编著

《红楼梦》英译史　赵长江　著

改革开放以来中国当代小说英译研究　吴　赟　著

中国当代小说英译出版研究　王颖冲　著

林语堂著译互文关系研究　李　平　著

林语堂翻译研究　李　平　主编

傅雷与翻译文学经典研究　宋学智　著

昆德拉在中国的译介与阐释研究　许　方　著

中国翻译硕士教育探索与发展(上卷)　穆　雷　赵军峰　主编

中国翻译硕士教育探索与发展(下卷)　穆　雷　赵军峰　主编

图书在版编目(CIP)数据

林语堂翻译研究 / 李平主编. —杭州:浙江大学出版社,2020.6

(中华翻译研究文库 / 许钧主编)

ISBN 978-7-308-20275-6

Ⅰ.①林… Ⅱ.①李… Ⅲ.①林语堂(1895—1976)—翻译理论—文集 Ⅳ.①H059-53

中国版本图书馆 CIP 数据核字(2020)第 099007 号

中華譯學館 莫言題

林语堂翻译研究

李　平　主编

出 品 人　褚超孚
总 编 辑　袁亚春
丛书策划　张　琛　包灵灵
责任编辑　张颖琪
责任校对　陆雅娟
封面设计　程　晨
出版发行　浙江大学出版社
(杭州市天目山路 148 号　邮政编码 310007)
(网址:http://www.zjupress.com)
排　　版　浙江时代出版服务有限公司
印　　刷　杭州高腾印务有限公司
开　　本　710mm×1000mm　1/16
印　　张　19.5
字　　数　298 千
版 印 次　2020 年 6 月第 1 版　2020 年 6 月第 1 次印刷
书　　号　ISBN 978-7-308-20275-6
定　　价　68.00 元